भगवद्गीता की सायकोलॉजी पर एक अभूतपूर्व व्याख्या

मैं गीता हूँ

दीप त्रिवेदी

अंग्रेजी, मराठी और गुजराती में भी उपलब्ध

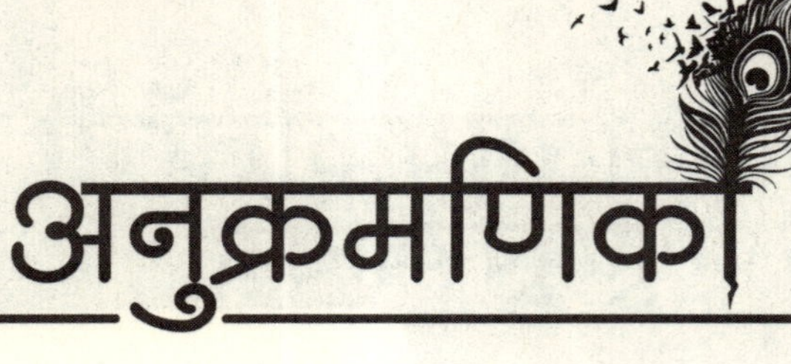

अनुक्रमणिका

दीप त्रिवेदी

दीप त्रिवेदी एक प्रसिद्ध लेखक, वक्ता और स्पीरिच्युअल सायको-डाइनैमिक्स के पायनियर हैं जो एक व्यापक दृष्टिकोण से ना सिर्फ लिखते हैं, बल्कि विभिन्न विषयों पर वर्कशॉप्स भी कंडक्ट करते हैं। इनकी सबसे बड़ी विशेषता यह है कि इन्हें पढ़ने व सुनने-मात्र से मनुष्य में आमूल सकारात्मक परिवर्तन आ जाता है। वे अपने कार्यों द्वारा आजतक लाखों लोगों को सुख और सफलता के मार्ग पर लगा चुके हैं।

दीप त्रिवेदी ने अपने इन कार्यों द्वारा प्रकृति, उसके नियम, उसका आचरण, उसकी सायकोलॉजी और उसके मनुष्यजीवन पर पड़नेवाले प्रभाव को बड़ी ही गहराई से समझाया है। जीवन का ऐसा कोई पहलू नहीं है जिसे उन्होंने न छूआ हो। वे कहते हैं कि सायकोलॉजी के बाबत कम ज्ञान और कम समझ होना ही मनुष्यजीवन के तमाम दु:खों और असफलताओं का मूल कारण है।

वे बेस्टसेलर्स 'मैं मन हूँ', 'मैं कृष्ण हूँ', 'सबकुछ सायकोलॉजी है', '101 सदाबहार कहानियां', 'आप और आपका आत्मा' तथा '3 आसान स्टेप्स में जीवन को जीतो' समेत कई अन्य किताबें लिख चुके हैं। उनके द्वारा लिखी गई बेस्टसेलिंग किताब, 'मैं मन हूँ' कई राष्ट्रीय एवं अंतर्राष्ट्रीय भाषाओं में प्रकाशित हो चुकी हैं। समाज में उनके असीमित योगदान के लिए दीप त्रिवेदी को साल 2018 के Times Power Men Award से सम्मानित किया गया है।

मनुष्यजीवन की गहरे-से-गहरी सायकोलॉजी पर उनकी पकड़ का अंदाजा इसी बात से लगाया जा सकता है कि मनुष्यजीवन और 'भगवद्गीता' पर सर्वाधिक वर्कशॉप्स कंडक्ट करने का रेकॉर्ड उन्हीं के नाम पर है जिसमें उन्होंने 58 दिनों में गीता पर 168 घंटे, 28 मिनट और 50 सेकंड तक एक लंबी चर्चा करी है। इसके अलावा अष्टावक्र गीता और ताओ-ते-चिंग पर भी सर्वाधिक वर्कशॉप्स कंडक्ट करने का रेकॉर्ड उन्हीं के नाम पर दर्ज है। ये सारे रेकॉर्ड्स राष्ट्रीय एवं अंतर्राष्ट्रीय रेकॉर्ड बुक्स में दर्ज हैं। साथ ही मनुष्य के जीवन, सायकोलॉजी, आत्मा, प्रकृति के नियम, भाग्य तथा अन्य विषयों पर सर्वाधिक (लगभग 12038) कोटेशन लिखने का रेकॉर्ड भी उन्हीं के नाम दर्ज है। भगवद्गीता की सायकोलॉजी पर किये उनके कार्यों के लिए उन्हें ऑनरेरी डॉक्टरेट की उपाधि भी प्रदान की गई है। उनके द्वारा लोगों के रोजमर्रा के जीवन की समस्याओं पर करी गई इंटरैक्टिव वर्कशॉप्स ने सभी के जीवन में क्रांतिकारी ट्रांसफॉर्मेशन लाया है। ये तमाम वर्कशॉप्स भारत में लाइव ऑडियन्स के सामने आयोजित किये गए हैं।

दीप त्रिवेदी की खास बात यह है कि वे जीवन के गहरे-से-गहरे पहलुओं को छूते हैं और उन्हें सरलतम भाषा में लोगों के सामने प्रस्तुत करते हैं जिससे कन्फ्यूजन की कहीं कोई गुंजाइश ही नहीं बचती है। वे अपनी किताबें और वर्कशॉप्स में जिस अनोखी स्पीरिच्युअल-सायकोलॉजिकल भाषा और एक्सप्रेशन का इस्तेमाल करते हैं उससे उन्हें पढ़ने तथा सुनने वालों में उसका तात्कालिक प्रभाव भी होने लगता है और यही बात उन्हें इस क्षेत्र का पायनियर बनाती है।

दीप त्रिवेदी के बारे में और अधिक जानने के लिए विजिट करें: www.deeptrivedi.com

प्रथम संस्करण: 2023
मूल्य: ₹249/-

भारत में मुद्रित

संकल्पना, चित्रण व साज-सज्जा:

www.aatmaninnovations.com

प्रकाशक: आत्मन इनोवेशन्स् प्रा. लि.
प्रकाशन का स्थान: मुंबई

ISBN 978-93-84850-71-5

मेरा परिचय

मैं भगवद्‌गीता हूँ। ऐसा कौन है जिसे मेरे बाबत नहीं मालूम। सभी जानते हैं कि मैं कृष्ण के मुख से बही हूँ। और निश्चित ही यह मेरे लिए गौरव की बात है कि कृष्ण जैसे ऐतिहासिक पुरुष मेरे जन्मदाता हैं। परंतु उससे भी ज्यादा महत्त्वपूर्ण बात तो यह है कि मैं कृष्ण के भी परम-चैतन्य से बही हूँ। और यही बात मुझे ग्रंथों का कोहिनूर बना देती है। यदि मुझे सत्य की बहती गंगा कहा जाता है, तो गलत नहीं है। क्योंकि मनुष्यजीवन के तमाम रहस्य मुझमें छिपे हुए हैं। जीवन से संबंधित ऐसा कोई प्रश्न नहीं जिसका उत्तर मुझमें

मैं **गीता** हूँ तथा मुझे **समझने** के बाद आपको किसी **ज्ञान** की **जरूरत** नहीं

न समाया हो। कर्म क्या है? कर्म से फल का क्या ताल्लुक है? जन्म-पुनर्जन्म का सिद्धांत क्या है? मनुष्यजीवन का मकसद क्या है? परमात्मा क्या है? मनुष्य के सुखी और सफल होने के सूत्र क्या हैं? इन सारे तथा इन जैसे अन्य तमाम प्रश्नों के उत्तर मुझमें उपलब्ध हैं। यही क्यों, जगत की उत्पत्ति तथा प्रलय के सिद्धांत भी मुझमें वर्णित हैं।

निश्चित ही, जब इतना कुछ मेरे भीतर छिपा हुआ है, तो मुझे पढ़ने और समझने से ज्यादा महत्त्वपूर्ण और कुछ हो ही नहीं सकता है। क्योंकि मुझे ही पढ़ लिया, मुझे ही समझ लिया... तो जीवन में दुख व असफलताएं बचे ही कैसे? लेकिन इतिहास गवाह है कि ''युगों से मनुष्यजीवन सिवाय दुख और असफलताओं के'' और कुछ नहीं है। मेरे जैसे ग्रंथ की मौजूदगी से भी इसमें कोई बदलाव नहीं आया है। इसका यह अर्थ नहीं है कि लोगों ने मुझे पढ़ने या समझने का प्रयास नहीं किया है। ...दुनिया के सर्वाधिक पढ़े जानेवाले ग्रंथों में मेरा भी शुमार होता है। तो इसका सीधा अर्थ यह है कि मुझे पढ़ा तो गया है, परंतु समझा नहीं गया है। जबकि महत्त्वपूर्ण पढ़ना नहीं, समझना होता है। और उससे भी ज्यादा महत्त्वपूर्ण समझी बात को जीवन में उतारना होता है। लेकिन पता नहीं क्यों मुझे समझने और समझाने दोनों में मनुष्यों ने गच्चा खाया है। ...फिर कहते हैं कि मैं बड़ी कॉम्प्लीकेटेड हूँ। अरे भाई, मैं तो कृष्ण जैसे सरल व्यक्ति के मुख से बही हूँ, रत्तीभर कॉम्प्लीकेटेड नहीं। अब आप शीर्षासन कर मुझे पढ़ने और समझने की कोशिश करें, तो उसमें मेरा या मेरे जन्मदाता का क्या दोष?

खैर छोड़ो! मैं अपना महत्त्व जानती हूँ। मैं जानती हूँ कि मुझे समझकर मनुष्य अपना परम-उद्धार कर सकता है। यूं भी मेरा जन्म 'अर्जुन' का उद्धार करने हेतु ही हुआ था। और कौन है संसार में जो ...अर्जुन नहीं? कौन है जिसे मुझे पढ़ने और समझने की आवश्यकता नहीं? परंतु चूंकि

आप लोगों को मुझे समझने में अड़चन आ रही है, इसलिए आज मैं स्वयं अपने रहस्यों पर से परदा उठाने चली आई हूँ। क्योंकि चाहे जो हो, मनुष्यों का उद्धार करने की कृष्ण की करुणा व्यर्थ नहीं जानी चाहिए। और मुझे उम्मीद ही नहीं, यकीन भी है कि मेरे इस प्रयास से मनुष्यजीवन पर छाए दुख व असफलता के बादल हमेशा के लिए छंट जाएंगे। निश्चित ही इससे एक ऐसे स्वर्णिम युग का आगमन होगा कि जहां घर-घर में 'कृष्ण' के स्वरूप नजर आएंगे।

...और इसी आशा के साथ मेरे अस्तित्व में आने के करीब पांच हजार वर्ष बाद आज मैं आपके सामने प्रकट हो रही हूँ।

आपकी अपनी,
भगवद्गीता।

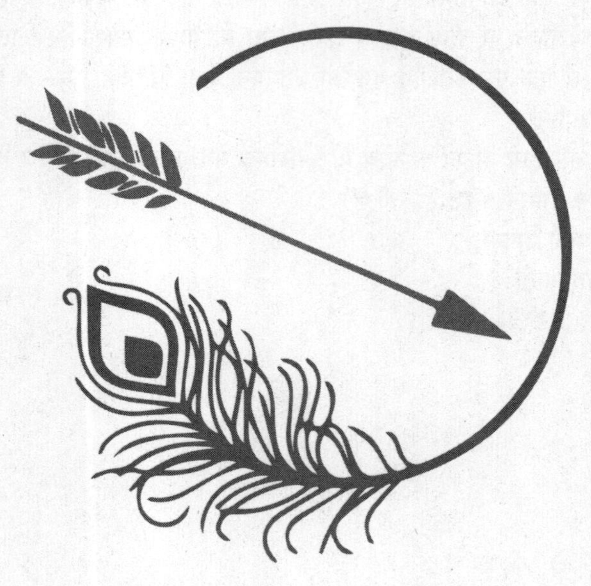

मुझे समझने और ग्रहण करने में

आने वाली बाधाएं

मुझे समझने में चार प्रमुख बाधाएं हैं। और मैं सबसे पहले उन बाधाओं को दूर कर देना चाहती हूँ।

मेरे बाबत पूर्वाग्रह

कृष्ण के मुख से बहे मुझे पांच हजार वर्ष हो गए। इस दरम्यान मुझे पढ़ा तो करोड़ों ने परंतु समझा चंद लोगों ने ही...। क्यों...? क्योंकि मुझे जिसने भी पढ़ा, पूर्वाग्रह से पढ़ा।

कृष्ण भगवान है। गीता सत्य है। अब किसी ग्रंथ के बाबत पहले से इतना पूर्वाग्रह रखेंगे तो समझेंगे कैसे? अरे, यह सीधे-सीधे दो व्यक्तियों की चर्चा है। दोनों में मतभेद है। आपको तो खुले मन से समझना है कि दोनों में कौन सही है? कौन क्या कह रहा है? लेकिन यदि पहले से ही तय है कि कृष्ण सही है और अर्जुन गलत है, तो समझेंगे कैसे? बात समझने से पूर्व ही सही-गलत का फैसला आप कर चुके हैं, तो आप सही निर्णय पर पहुंचेंगे कैसे? उन बातों की गहराई समझेंगे कैसे? दोनों के तर्क-वितर्क के उतार-चढ़ावों को कैसे पहचानेंगे? और फिर जब निर्णय कर ही चुके हैं तो बातचीत सुनने या पढ़ने का महत्त्व ही क्या है?

सो, इतना ही समझें कि मैं एक ऐसा ग्रंथ हूँ जिसमें दो व्यक्तियों के बीच ''युद्ध करने या न करने में क्या श्रेष्ठ है'' उसपर वाद-विवाद चल रहा है। ...और निर्णय आपको करना है कि कौन सही है और कौन गलत है? और जब निर्णय आपको करना है तो दोनों के हर एक तर्क को ध्यान से समझिए। ...बस इतनी-सी तो बात है।

सत्य की गलत परिभाषा

मुझे समझने में यह दूसरी बाधा है। हरकोई यह मानकर चलता है कि गीता कृष्ण ने कही है तो इसमें उन्होंने सबकुछ सत्य ही कहा है, अत: उसपर सोचना ही नहीं...। बस जो, जितना और जैसा समझ में आए, उसपर अमल कर दो। कृष्ण ने कहा, ''मैं जुआ हूँ'' तो सोचो ही मत। चुपचाप जन्माष्टमी पर जुआ खेलने बैठ जाओ। ...अब यह तो मुझ जैसे महान ग्रंथ का ही नहीं, कृष्ण जैसे युगपुरुष का भी अपमान हुआ। ...अब कृष्ण ने तो सत्य ही कहा है। परंतु समझते क्यों नहीं कि जगत त्रिगुणी-माया से घिरा हुआ है। ...और सत्य भी उसमें अपवाद नहीं है। कोई कर्म, कोई विचार, कोई शब्द...कुछ भी; जगत की त्रिगुणी-माया से आजाद नहीं है। और जिसे जगत की त्रिगुणी-माया का ही ज्ञान नहीं, वह मुझे तो बहुत दूर की बात है; वह तो संसार के मामूली सत्य तक नहीं समझ सकता है।

खैर, अभी तो मैं आपको सत्य की त्रिगुणी-माया के बाबत बता रही थी। सो, यह सच है कि गीता में सत्य कहा है, परंतु यह बता दूं कि ''जगत की त्रिगुणी माया के आधार पर'' सत्य के भी तीन प्रकार होते हैं:

i) सनातन सत्य

सनातन सत्य, अर्थात ऐसे सिद्धांत जो हर युग के हर मनुष्य पर बराबरी पे लागू हों। बिना अपवाद और बिना पक्षपात के। जैसे कर्म और उसके फल के सिद्धांत। जैसे जन्म और पुनर्जन्म के सिद्धांत।

ii) समय का सत्य

जो युग के अनुसार कहे जाते हैं। और कृष्ण अनेकों बार अर्जुन को समझाने हेतु उस युग के प्रचलित शास्त्रों और परंपराओं का सहारा लेते हैं। हालांकि कृष्ण को अपनी बात कहने हेतु किसी सहारे की आवश्यकता नहीं, परंतु अर्जुन की यह आवश्यकता है। सो कृष्ण, मात्र बेहतर संवाद स्थापित करने हेतु उस समय के शास्त्रों के चंद उदाहरण देते हैं। ...परंतु चूंकि ये सब कोरे उदाहरण-मात्र हैं, अत: युग और शास्त्र के परिवर्तित होते ही ये सब भी परिवर्तित हो जाते हैं। लेकिन दुर्भाग्य से हर काल का मनुष्य गीता में कहे उन 'समय के सत्यों' को ही ज्यादा महत्त्व देता आया है। और यह बात भी मेरा मर्म समझने में बाधा है।

iii) व्यक्तिगत सत्य

हरेक को यह समझना ही रहा कि कृष्ण ये सारी बातें अर्जुन से कह रहे हैं। सो, अनेक बातें वे अर्जुन की उस वक्त की मनोदशा को देखते हुए भी कहते हैं। जिसे आप आज की भाषा में यह भी कह सकते हैं कि वे अर्जुन को सायकोट्रीटमेन्ट दे रहे हैं। आपको यह भी समझना ही रहा कि ये सारी बातें उन्होंने अर्जुन से कही है, आप से नहीं। वे आपके लिए तभी उपयोगी हैं जब आपकी और अर्जुन की मानसिकता मेल खाती हो। ...वरना तो आपको कृष्ण की कही बातों को अपनी मानसिकता के अनुसार ढालना है। और यह गीता आपके लिए तभी उपयोगी हो सकती है जब आप कृष्ण की कही बातों को अपनी मानसिकता में ढाल पाएं। चलो, यही बात मैं आपको एक और युगपुरुष "बुद्ध" के एक दृष्टांत से समझाती हूँ। एक बार बुद्ध अपने शिष्यों को प्रवचन दे रहे थे। ...तभी एक मरियल-सा व्यक्ति बुद्ध से ज्ञान लेने आया। बुद्ध ने उसकी हालत पर एक नजर घुमाई... और फिर करुणावश बोले- ज्ञान तो तुझे मिल ही जाएगा, परंतु उस हेतु पहले तुझे खा-पीकर हट्टाकट्टा होना पड़ेगा।

...जैसी आज्ञा, कहते हुए वह व्यक्ति चला गया। कुछ देर बाद एक तोंदूमल आया। उसका पेट इतना तो बड़ा था कि उससे ठीक से चलते तक नहीं बन रहा था। वह भी बुद्ध से ज्ञान पाने की अपेक्षा लिए ही आया था। बुद्ध ने उसपर भी एक पैनी दृष्टि घुमाई। ...फिर हंसते हुए बोले- ज्ञान तो कोई बड़ी बात है ही नहीं, वह तो पलभर में हो जाएगा। बस उस हेतु तुझे कठोर उपवास व कड़े व्यायाम के जरिए अपना शरीर आधा करना होगा। ...जैसी प्रभु की आज्ञा, कहते हुए वह भी चला गया।

इधर बुद्ध का शिष्य आनंद वहीं बुद्ध के पास बैठा था। वह संशय में पड़ गया। उससे रहा न गया...। उसने तत्क्षण बुद्ध से पूछा- कमाल है! आप एक को खाने को कहते

हैं और दूसरे को उपवास करने का। कृपाकर यह बताइए कि ज्ञान पाने हेतु मैं कौन-सा मार्ग अपनाऊं?

बुद्ध हंसते हुए बोले- आनंद! मैंने तुमसे कुछ भी कहा? नहीं न...। बस तो तुम दूसरों से कही बातें क्यों सुनते हो? वे उनदोनों को कहे उनके व्यक्तिगत सत्य थे, उससे तुम्हारा कहीं-कोई ताल्लुक नहीं।

...उम्मीद है कि अब ''व्यक्तिगत सत्य'' के बाबत जो मैं समझाना चाह रही हूँ, वह आप समझ गए होंगे।

गीता एक अविरल ग्रंथ

मुझे समझने में यह भी एक बाधा है। मैंने अक्सर लोगों को श्लोकों के अन्वय और विच्छेद को ही समझने तथा समझाने का प्रयास करते देखा है। और यह गलत है। इसके हर श्लोक की अपनी एक पृष्ठभूमि तो है ही, साथ ही यह दो व्यक्तियों की लगातार चल रही बातचीत की एक शृंखला भी है। इसके किसी भी श्लोक की अलग से कोई विवेचना करी ही नहीं जा सकती है। यह किसी के एकतरफा कहे सूत्र नहीं हैं। यह अठारह अध्यायों में निबद्ध सात सौ श्लोकों तक चलने वाली एक अनवरत बातचीत है। इसमें 'कृष्ण' अर्जुन के सवालों का जवाब देते हैं, और अर्जुन 'कृष्ण' के जवाब से फिर सवाल उठाता है। कृष्ण जहां छोड़ते हैं, अर्जुन वहीं से बातचीत को आगे बढ़ाता है। अत: मुझे टुकड़े-टुकड़े में समझा ही नहीं जा सकता है। मुझे सिलसिलेवार पूरा-का-पूरा एकसाथ समझना पड़ता है। और सच कहूं तो पूरा सिलसिलेवार समझाने हेतु ही मैं आज प्रकट हुई हूँ। ...ताकि मेरा सही मर्म हरकोई समझ सके।

क्रिया की त्रिगुणी-माया

मैं पहले ही कह चुकी हूँ कि संसार का ऐसा कोई कण या विचार नहीं, ऐसा कोई कर्म या भाव नहीं; जो कि

मैं भगवद्गीता अपना महत्त्व जानती हूँ। मैं जानती हूँ कि मुझे समझकर मनुष्य अपना परम उद्धार कर सकता है

जगत की इस त्रिगुणी-माया से परे हो। ...वैसे ही मेरा बहना भी एक क्रिया है, और इस क्रिया की भी अपनी एक त्रिगुणी माया है। उस क्रिया के भी अपने तीन आधार हैं। और वे हैं ...कृष्ण, अर्जुन और महाभारत का युद्ध। यदि इनमें से किसी एक का भी अभाव होता तो मैं अस्तित्व में न आती। अत: मेरा मर्म समझना है तो इन तीनों की पृष्ठभूमि समझना बहुत जरूरी है:

कृष्ण

जो परमज्ञानी हैं एवं पूर्ण ब्रह्मचर्य में स्थित हैं। अर्थात प्रकृति की इस महान लीला में वे कभी कोई दखलंदाजी नहीं करते हैं। यही कारण है कि इससे पूर्व उन्होंने कभी किसी को कुछ करने को नहीं कहा, ना ही कभी किसी को कुछ करने से रोका। और गीता का सार समझने हेतु कृष्ण का यह ब्रह्मचर्य हमेशा के लिए जहन में बिठा लेना जरूरी है। कृष्ण के व्यक्तित्व की दूसरी महत्त्वपूर्ण बात यह है कि उनका पूरा जीवन सर्व हेतु न्योछावर था। और उन्हें इस महायुद्ध की भनक बीस वर्ष पूर्व से थी। वे इस महाविनाश को टालना चाहते थे। और इस हेतु उन्होंने जी-जान से प्रयास भी किये थे। ...परंतु जब युद्ध अटल हो चुका तो ''अर्जुन के युद्ध से इनकार किये जाने के कारण'' उन्होंने जो कुछ कहा, उससे मैं अस्तित्व में आई।

अर्जुन

जो पिछले चालीस से भी ज्यादा वर्षों से राज्य पाने हेतु कौरवों से शत्रुता पालता आ रहा है। ...और आज अपने आपसी झगड़े को युद्ध के अंजाम तक पहुंचाने के बाद अचानक युद्ध करने से इनकार कर रहा है।

महाभारत

उस युग के अधिकांश राजा आपसी द्वेष व जाती महत्त्वाकांक्षा से ग्रसित थे। इस युद्ध में इतने राजाओं का शामिल होना उनके आपसी द्वेष और महत्त्वाकांक्षाओं का महाविस्फोट है। अत: यह युद्ध केवल कौरवों तथा पांडवों की ही नहीं, बल्कि पूरे युग की मानसिकता को दर्शाता है।

...सो उम्मीद करती हूँ कि मुझे समझने में जो चार बाधाएं मैंने बताई हैं, उन्हें दूर कर आप मेरे मुख से मेरा मर्म समझने हेतु तैयार हो चुके होंगे।

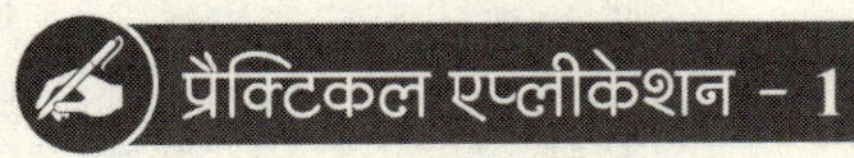

प्रैक्टिकल एप्लीकेशन - 1

गीता व कृष्ण के संबंध में आप जो कुछ जानते व मानते हैं, वह लिखें।

A) ....

....

....

....

B) ....

....

....

....

C) ....

....

....

....

D) ....

....

....

....

E) ....

....

....

....

F) ....

....

....

....

अब दोहराएं कि मैं गीता व कृष्ण के संबंध में अपनी सारी पुरानी मान्यताएं त्यागता हूँ। और यह गीता अब मैं ऐसे पढ़ूंगा और समझूंगा जैसे मैं पहली बार पढ़ रहा हूँ।

प्रैक्टिकल एप्लीकेशन - 2

गीता प्राय: समझ के परे रही है तथा उसके कारण यहां स्पष्ट कर दिये गए हैं। और इन कारणों को स्पष्टतापूर्वक समझकर ही आगे बढ़ना, क्योंकि तभी गीता आपका जीवन संवार पाएगी। अत: गीता का पूरा फायदा उठाने हेतु इसे समझने में आने वाली बाधाओं के बाबत आप क्या समझे, यह अपनी भाषा में विस्तार से लिखें ताकि इस जीवन परिवर्तित कर देने वाले ज्ञान को समझने में कोई बाधा बाकी न रह जाए।

....

....

....

....

....

....

....

....

....

....

....

....

....

....

....

मुझे सम्पूर्णता से समझो

यह तो मैं पहले ही कह चुकी हूँ कि मैं बहुत गहरे अर्थ अपने में समाये हुए हूँ। मनुष्य के मन, जीवन तथा ब्रह्मांड से संबंधित तमाम महत्त्वपूर्ण बातों पर मुझमें विस्तार से चर्चा करी गई है। और निश्चित ही इस किताब में हम अर्जुन व कृष्ण के जरिए सम्पूर्ण सात सौ श्लोकों का सार समझेंगे। परंतु मेरा निवेदन यह है कि आप यहां रुक मत जाना। मेरे द्वारा समझाये गए सार को आप एक गाइड के तौर पर लेना। क्योंकि मुझमें तो इतना समाया हुआ है कि पचास किताबें लिखी जाएं तो भी कम पड़े। फिर कृष्ण तो सत्य की पराकाष्ठा

पर विराजमान हैं। और सत्य की एक ही खूबी है कि जबतक वह भीतर गहरे में अनुभव न हो जाए, तबतक किसी काम का नहीं। कागजी या कोरे सत्य के सहारे मनुष्य दो कदम भी नहीं चल सकता। निश्चित ही अध्याय का सार समझने के बाद आपके लिए उन श्लोकों को समझना इतना मुश्किल नहीं रहेगा। आप तो अर्जुन की बातों से उसकी बदलती मनोदशा पर गौर करें और कृष्ण की बातों से तमाम सत्यों का अनुभव करने की कोशिश करें। यह कोशिश रोज-रोज व लगातार करें। इससे सत्य आपके गहरे में उतरता चला जाएगा। विश्वास जानें कि मुझसे बेहतर आपका दोस्त, शुभचिंतक तथा मार्गदर्शक दूसरा कोई नहीं हो सकता। ध्यान सिर्फ इतना रखना कि कृष्ण सत्य की अंतिम ऊंचाई से सब कह रहे हैं। अतः उनकी बातों को प्रचलित धर्मग्रंथों तथा अपनी मान्यताओं व विचारों के तराजू पर तौलने मत बैठ जाना। वरना भटक जाएंगे। कृष्ण संसार में कही गई तमाम बातों से ऊपर हैं। वे सत्य की सीधी उद्घोषणा कर रहे हैं। अतः उनकी अधिकांश बातें नवीन हैं। इससे सत्य से आपका एकात्म हो जाएगा। और वह शुभ संयोग घटित हो, इसी उम्मीद के साथ मैं यह किताब आपको समर्पित कर रही हूँ।

अध्याय – 1

कुरुक्षेत्र का एक खूबसूरत और विशाल मैदान, जिसे युद्ध की रणभूमि में तब्दील कर दिया गया है। और हजारों राजा अपनी सेनाओं समेत मरने-मारने हेतु आमने-सामने खड़े हैं। सबके सरपर खून सवार है। मौत का तांडव मचाने हेतु सभी लालायित हैं। युद्ध के इंतजार में चारों ओर ढोल व नगाड़े तो ऐसे बजाये जा रहे हैं, मानो किसी महान कार्य का प्रारंभ होने वाला हो।

यहां यह समझ लेना कि कुरुक्षेत्र का यह मैदान बाहर नहीं है। यह संसार, हर मनुष्य का अपना एक कुरुक्षेत्र का मैदान है। जिसे देखो वह संसार से एक संघर्ष छेड़े ही हुए है। लेकिन सच यह है कि जीवन का कोई भी युद्ध बाहर नहीं है। जीवन के तमाम संघर्षों का मूल भीतर ही होता है। महाभारत के युद्ध के तीनों प्रमुख पात्र हर मनुष्य के भीतर ही हैं। अर्जुन मन और बुद्धि के रूप में, दुर्योधन अहंकार के रूप में तथा कृष्ण एक द्रष्टा के रूप में हरेक के भीतर हरहमेशा मौजूद ही रहते हैं। और हरेक के भीतर के अर्जुन और दुर्योधन में संघर्ष चलता ही रहता है। और बाहर के चल रहे सारे संघर्ष, उसके भीतर चल रहे इसी संघर्ष का परिणाम होता है। लेकिन जो कृष्ण की तरह द्रष्टा हो गया, उसके भीतर कोई संघर्ष नहीं, उसके मन, बुद्धि और अहंकार में कोई विवाद नहीं। और जब भीतर संघर्ष नहीं तो वह बाहर कभी किसी युद्ध का हिस्सा हो ही नहीं सकता है। अत: जीवन को देखने की दो दृष्टि है। एक बाहर से देखना, जिसे माया कहते हैं। और दूसरी है स्पीरिच्युअल दृष्टि, जो भीतर देखना सिखाती है। और यह स्पीरिच्युआलिटी ही जीवन को देखने की एक सच्ची दृष्टि है। सो यदि आप मेरा यानी आपकी अपनी भगवद्‌गीता का मर्म समझना चाहते हो तो इस युद्ध को बाहर मत देखो, अपने भीतर देखो। सिर्फ इतना समझो कि यदि कौरवों तथा पांडवों के भीतर आपसी द्वेष न होता तो क्या बाहर यह महायुद्ध संभव था? कुल-मिलाकर अर्जुन यदि इस समय युद्ध के मैदान में खड़ा है तो वह उसके भीतर के मन, बुद्धि व अहंकार के बीच चल रहे संघर्ष का परिणाम है। वह उसी के भीतर स्थित अर्जुन व दुर्योधन के बीच के विवाद का परिणाम है। अत: बस इतना समझ लो कि सारे कारण भीतर हैं, बाहर तो मात्र उन कारणों के परिणाम प्रकट हो रहे हैं। यदि आपके भीतर के मन, बुद्धि और अहंकार में संघर्ष नहीं, तो जीवन में बाहर भी कभी कोई संघर्ष नहीं। और यह संघर्षहीन बहता हुआ जीवन जीना ही मनुष्यजीवन की श्रेष्ठता है। और आपकी यह 'गीता' आपके भीतर के मन और बुद्धि में तालमेल बिठाने हेतु कहा गया सर्वश्रेष्ठ ग्रंथ है। एकबार उन दोनों में तालमेल हो जाए तो जीवन में कहीं कोई संघर्ष नहीं। संक्षेप में कहूं तो यह गीता आपको अर्जुन व दुर्योधन से कृष्ण बनाने हेतु है। आपके भीतर के अर्जुन व दुर्योधन को शांत कर उसे द्रष्टा बनाने हेतु है। फिर कहीं कोई संघर्ष नहीं। कृष्ण युद्ध के मैदान में खड़े हैं पर संघर्ष में नहीं हैं। भीतर पूरी तरह से शांत है।

खैर, चारों ओर ढोल-नगाड़ों की आवाज तेज होती जा रही है। किसी भी क्षण युद्ध का बिगुल बजने को है। ठीक उसी समय अपने महल में बैठे कौरवों के पिता धृतराष्ट्र, जो कि आंख से अंधे हैं; वे अपने पास बैठे संजय से पूछते हैं कि युद्ध के मैदान में क्या चल रहा है? और संजय, जिसे दूर का दिखता है, वह ध्यान लगाकर धृतराष्ट्र की जिज्ञासा

शांत करने हेतु स्वयं को तैयार करता है। यहां यह मत समझ लेना कि दूर का देख पाना कोई हवाई बात है या बहुत बड़ी बात है। नहीं, यह सामान्य घटना है। आपको यही तो समझना है कि मनुष्य अपने आंख हो, कान हो या फिर अपनी बुद्धि ही क्यों न हो, उसका बमुश्किल चंद प्रतिशत ही उपयोग कर पा रहा है। और यही तो उसके दुखी और असफल रहने का रहस्य है। ...बाकी तो उसके भीतर हर चीज की परम संभावना छिपी हुई है। समझना यही है कि यदि कृष्ण को बीस वर्ष पहले महाभारत के इस युद्ध का आभास हो सकता है तो बाकी लोगों को क्यों नहीं? अरे, मनुष्य में ऐसा तो इन्ट्यूशन पावर छिपा हुआ है कि वह क्या होने वाला है, उसे ताड़ सकता है। उसमें इतना तो ज्ञान छिपा हुआ है कि आगे क्या हो सकता है, उस तक की वह गणना कर सकता है। और-तो-और, यहां बैठे-बैठे वह दुनिया में कौन उसके बारे में क्या सोच रहा है, यह भी जान सकता है। वह हर जगह की तथा हर व्यक्ति की फ्रिक्वेन्सी पकड़ सकता है। और सच कहूं तो मैं, यानी आपकी लाड़ली भगवद्गीता आपकी इन सारी क्षमताओं को निखारने वाली एक अद्भुत कविता हूँ।

वहीं यहां यह समझना भी जरूरी है कि युद्ध के मैदान में क्या चल रहा है, यह जानने की धृतराष्ट्र 'संजय' से जिज्ञासा क्यों कर रहे हैं; क्योंकि वे आंख से अंधे हैं। और अंधे सारे जिज्ञासु होते ही हैं। फिर वे अंधे आंख के हों, अक्ल के हों या ज्ञान के हों। और मैं नहीं चाहती कि आप ''क्या चल रहा है या क्या होगा'' जैसे सवाल चारों ओर पूछते फिरें। मैं चाहती हूँ कि आप अपनी भीतरी शक्ति इतनी बढ़ाएं कि ''क्या है और क्या होगा'' सब आपको मालूम रहे।

खैर संजय, धृतराष्ट्र से युद्ध के मैदान का दृश्य वर्णित करते हुए कहते हैं कि इस समय कुरुक्षेत्र के इस

जीवन का कोई भी **युद्ध बाहर** नहीं है। **जीवन** के तमाम **संघर्षों** का मूल **भीतर** ही होता है

मनुष्य में ऐसा तो **इन्ट्यूशन पावर** छिपा हुआ है कि वह **क्या होनेवाला है** उसे ताड़ **सकता** है

विशाल मैदान में आपके और पांडवों के, दोनों के पक्ष में अनेक वीर योद्धा जान की बाजी लगाने हेतु एकत्रित हुए हैं। कौन-सी सेना भारी व कौन-सी कमजोर है, यह आकलन करना मुश्किल है। परंतु हां, इन सब बातों की वहां युद्ध के मैदान में कोई परवाह भी नहीं कर रहा है। वहां तो चारों ओर उत्साह का माहौल है। ...और युद्ध किसी भी समय आरंभ होने को है।

अरे यह क्या...? अचानक अर्जुन ने अपने सारथी कृष्ण से कहा कि मेरा रथ दोनों सेनाओं के बीच में खड़ा करो। मैं युद्ध में एकत्रित शत्रु-सेना को भलीभांति देखना चाहता हूँ। मैं देखना चाहता हूँ कि कौन-कौन से राजा दुर्बुद्धि-दुर्योधन का साथ दे रहे हैं? यह सुनते ही कृष्ण ने तुरंत रथ दोनों सेनाओं के बीच ले जाकर खड़ा कर दिया। अब इस छोटी-सी घटना में भी कई बातें समझने की है। पहली तो यह कि कृष्ण युद्ध के मैदान में अर्जुन के सारथी हैं। और सारथी का कर्तव्य सिर्फ इतना है कि योद्धा जहां बोले, वहां रथ को ले जाना। ...यहां समझने वाली बात यह है कि कृष्ण, युद्ध के मैदान में ही नहीं, वास्तविकता में भी एक ''द्रष्टा'' के रूप में हर मनुष्य के सारथी हैं। परंतु दुर्भाग्य से द्रष्टा को छोड़ हर मनुष्य ने यहां अपने ''बुद्धि-अहंकार'' को अपने जीवन का मार्गदर्शक बना रखा है। बस इस कारण मनुष्य के बुद्धि-अहंकार जहां कहते, उनका ''द्रष्टारूपी-कृष्ण'' एक सारथी के तौर पर जीवन को वहां ले जाता है। जीवन का यह नियम है कि उसकी बागडोर एक ही के हाथ में रह सकती है। मनुष्य चाहे तो 'द्रष्टा' को सारथी बना ले, और चाहे तो ''बुद्धि-अहंकार'' को अपने जीवन का सारथी बना ले। परंतु चूंकि अधिकांश लोगों ने अपने 'बुद्धि-अहंकार' को अपने जीवन का सारथी बना रखा है, इसलिए यहां जीवन में आ रही ऊंच-नीच हेतु वे अपने ''द्रष्टा'' को दोषी नहीं ठहरा सकते। दूसरी बात,

जैसे युद्ध के मैदान में रथ की कमान कृष्ण के पास है, वैसे ही जीवन की कमान भी यहां हरेक को अपने ''द्रष्टारूपी-कृष्ण'' को सौंप देनी चाहिए। यह समझ ही लो कि जबतक आपके जीवन की कमान अर्जुन या दुर्योधन के हाथ में है, यानी आपके बुद्धि और अहंकार के हाथ में है, आप बार-बार अपने जीवन की गाड़ी को महाभारत के युद्ध में ही पाएंगे। एक और बात, अर्जुन का यह कहना कि मैं दुश्मनों की सेना को देखना चाहता हूँ, यह मनुष्य की बुद्धि के उसके अहंकार से श्रेष्ठ होने का सबूत है। इससे बुद्धि-अहंकार का फर्क समझना आसान हो जाता है। बुद्धि सोचती है कि युद्ध करना है तो पहले शत्रु की सेना का ठीक से आकलन कर लेना जरूरी है। जबकि अहंकार बिन-सोचे अंधेरे में कूद पड़ने का आदी होता है। और इसी वजह से वह बार-बार टूट-फूटकर बिखर जाता है।

खैर, रथ के दोनों सेनाओं के बीच खड़े होते ही अर्जुन ने कौरवों की सेना पर दृष्टि घुमाना प्रारंभ किया। निश्चित ही कौरवों की इस विशाल सेना में उसे अपने भाई-बंधु व रिश्तेदार भी नजर आए। यह सब देख अचानक उसे क्या हुआ कि वह पूरी तरह से गमगीन हो गया। और फिर उसी गमगीन मनोदशा में उसने कृष्ण से कहा कि युद्ध में डटे हुए स्वजन समुदाय को देखकर मेरे अंग शिथिल हुए जा रहे हैं, मुख सूखा जा रहा है तथा मेरे शरीर में कंप व रोमांच भी हो रहा है। कृष्ण, मैं अपनी मनोदशा क्या कहूं; धनुष हाथ से गिर रहा है, त्वचा जल रही है तथा मन भ्रमित हो रहा है। हे कृष्ण, मुझे सबकुछ उल्टा व विनाशकारी दिखाई दे रहा है। और सब उल्टा व विनाशकारी न भी हो, तो भी मैं स्वजनसमुदाय को मारकर अपना कल्याण होता भी नहीं देख रहा। सच कहूं कृष्ण तो यह सब देखकर मैं न तो विजय चाहता हूँ और न राज्य। हे कृष्ण! यह सब कर हमें राज्य मिल भी गया तो भी ऐसे राजकीय भोग तथा ऐसे तुच्छ जीवन से क्या फायदा?

हे कृष्ण! सामने की सेना में गुरुजन, ताऊ, चाचे, लड़के, दादे, मामे, साले तथा और भी ना जाने कौन-कौन से सगे-सम्बन्धी हैं। सच कहूं कृष्ण... तो मैं तो तीनों लोकों की प्राप्ति के लिए भी इन्हें मारना नहीं चाहता, फिर तुच्छ राज्य के लिए तो अपने रिश्तेदारों को मारने का सवाल ही नहीं उठता है। मैं मर भी जाऊं तो भी यह दुष्कर्म तो मैं कर ही नहीं सकता। और फिर यूं भी इन्हें मारकर हमें मिलेगा क्या? उल्टा इन्हें मारने का हमें पाप ही लगेगा। भला हम अपने ही कुटुम्ब को मारकर कैसे सुखी रह सकते हैं? ...ये लोग तो नादान हैं, इन मोहचित्त कौरवों को इस महापाप का कोई अंदाजा नहीं, परंतु हमलोग तो यह सब जानते हैं। ऐसे में हे कृष्ण, हमें इस महापाप से हटने हेतु आपसी विचार-विमर्श क्यों नहीं करना चाहिए?

कृष्ण, शास्त्रों में भी लिखा है कि रिश्तेदारों को मारने पर कुल की स्त्रियां दूषित होगी और कुल का नाश होगा। शास्त्रों में यह भी लिखा है कि ऐसा करने पर अनिश्चित काल तक हमें नर्क भोगना पड़ेगा। आश्चर्य तो यह है कृष्ण कि हमलोग बुद्धिमान होकर भी इस महापाप हेतु तैयार कैसे हो गए? अतः चाहे जो हो, मैं तो शस्त्र त्याग रहा हूँ। मैं यह महापाप नहीं कर सकता। फिर भले ही वे मुझे मार डालें, मुझे मरना मंजूर है, परंतु यह पाप करना मंजूर नहीं है। ...यह कहते हुए बाण त्यागकर अर्जुन रथ के पिछले भाग में बैठ गया। वह बुरी तरह शोकाकुल हो चुका था।

अब अर्जुन के रथ में बैठते ही गीता का पहला अध्याय समाप्त हुआ। मैं निवेदन करूंगी कि आप अर्जुन की कही बातें बार-बार पढ़ें और अपने भीतर झांकें कि क्या आप अर्जुन की कही बातों से सहमत हैं? क्योंकि आपके लिए आगे की गीता का दारोमदार इसी पर टिका हुआ है कि आपके व अर्जुन के विचार किस मात्रा में मेल खाते हैं? सोचो इतना कि अर्जुन की जगह आप युद्ध के मैदान में खड़े होते तो क्या करते? क्या कहते कृष्ण से? या फिर दुर्योधन की तरह बिना कुछ सोचे-समझे युद्ध करने हेतु उतावले होते? आपको यह समझना ही रहा कि आप में अर्जुन की मात्रा ज्यादा है या दुर्योधन की? आपको यह जानना ही रहा कि आपकी बुद्धि ज्यादा मजबूत है या आपका अहंकार? बस यह सब आप अच्छे से समझ लें। ...फिर अगले अध्याय में देखते हैं कि कृष्ण, अर्जुन की कही बातों से कितने सहमत हैं?

प्रैक्टिकल एप्लीकेशन - 3

हम बाहर हजार चीजों में उलझे पड़े हैं। न जाने कितने संघर्ष जीवन में एकसाथ झेल रहे हैं। और गीता के पहले अध्याय की शिक्षा यही है कि बाहर के तमाम संघर्षों की जड़ हमारे भीतर है। इसलिए जबतक हम भीतर की जड़ को पहचानकर उसे निकाल नहीं देते तबतक बाहर के संघर्ष मिटने वाले नहीं हैं। और यह तो आप जानते ही हैं कि हर संघर्ष समय व ऊर्जा तो खाते ही हैं, साथ में दिमाग भी खराब करते हैं। सो जीवन से संघर्ष कम करो, क्योंकि तभी आप कुछ सकारात्मक कर पाएंगे। इस हेतु आप पीछे दिये गए चार्ट को भरो। यह आपके संघर्ष कम करने में सहायक सिद्ध होगा।

नोट: जीवन में संघर्ष पचासों भी हो सकते हैं। परंतु पहले अपने प्रमुख पांच संघर्षों के बाबत लिखो। इससे आपको सबसे पहले किन दुश्मनों को परास्त करना है, यह समझ में आ जाएगा। फिर उन संघर्षों की भीतरी जड़ को पहचानकर लिखो। यह थोड़ा भीतर मनन करके लिखना। क्योंकि अधिकांश बाहरी संघर्ष भीतरी इच्छा, अपेक्षा, भय, जिद्द, अहंकार, गुलामी, मान्यता, प्रतिज्ञा, सिद्धांत, जलन वगैरह के कारण होते हैं। सो जिन संघर्षों से जान छुड़ाना चाहते हो उनके भीतरी कारणों को हटा दो, बाहर संघर्ष स्वत: समाप्त हो जाएंगे। और फिर बाहर संघर्ष टले या न टले, भीतरी जड़ पर विजय पाते ही वे संघर्ष आपको भीतर से परेशान करना बंद अवश्य कर देंगे।

आपके बाहरी जीवन में चल रहे पांच प्रमुख संघर्षों बाबत विस्तार से लिखो। हर बाहरी संघर्ष की भीतरी जड़ को पहचानकर लिखो और भीतरी जड़ पर विजय पाने की कोशिश करो। विजय पाने पर टिक ✔ लगाओ

A पहला संघर्ष

....

....

....

....

बाहरी संघर्ष की भीतरी जड़

....

....

....

....

☐ **संघर्ष की जड़ पर विजय पा गए**

B दूसरा संघर्ष

....

....

....

....

बाहरी संघर्ष की भीतरी जड़

....

....

....

....

☐ **संघर्ष की जड़ पर विजय पा गए**

C

तीसरा संघर्ष

....

....

....

....

....

बाहरी संघर्ष की भीतरी जड़

....

....

....

....

....

☐ **संघर्ष की जड़ पर विजय पा गए**

D

चौथा संघर्ष

....

....

....

....

....

बाहरी संघर्ष की भीतरी जड़

....

....

....

....

....

☐ **संघर्ष की जड़ पर विजय पा गए**

E

पांचवां संघर्ष

....

....

....

....

....

बाहरी संघर्ष की भीतरी जड़

....

....

....

....

....

☐ **संघर्ष की जड़ पर विजय पा गए**

प्रैक्टिकल एप्लीकेशन - 4

गीता का पहला अध्याय हमें सिखाता है कि हर मनुष्य की अपनी एक महाभारत है तथा वह उसके भीतर ही चल रही होती है। बाहर तो सबकी भीतरी महाभारत सिर्फ प्रकट हो रही होती है। और जब महाभारत भीतर है तो उसके तीनों प्रमुख पात्र कृष्ण, अर्जुन व दुर्योधन भी हमारे भीतर ही हैं। सो अपने भीतर के कृष्ण, अर्जुन व दुर्योधन को पहचानें। तीनों किसी न किसी मात्रा में सबमें मौजूद हैं ही। यहां पर मैं तीनों के गुण बताता हूँ तथा उस आधार पर आप लिखें कि आपके भीतर महाभारत के ये तीनों पात्र किस प्रतिशत में मौजूद हैं?

A कृष्ण

एक द्रष्टा हैं। वे निर्णय परिस्थितियों का सही आकलन करने के बाद लेते हैं। वे कर्म स्वार्थ के लिए नहीं, बल्कि परमार्थ के लिए करते हैं। और जो करना है वो करना है, फिर वे बाहरी प्रभावों से उस बाबत भ्रमित नहीं होते हैं।

कृष्ण की मात्रा ☐ %

B अर्जुन

चालाक व समझदार है। बाहरी प्रभावों से तुरंत विचलित हो जाता है। हमेशा भ्रमित रहता है। प्रतिभा पूरी है परंतु ऐन वक्त पर कभी परफॉर्म नहीं कर पाता है। वह तर्क को सत्य व ज्ञान से ज्यादा महत्त्व देता है।

अर्जुन की मात्रा ☐ %

C

दुर्योधन

कान का कच्चा है। बल व सत्ता पाने का शौकीन है। अच्छे-बुरे की चिंता किये बगैर उपद्रव करता रहता है। सुनता किसी की नहीं है। जिद्दी है। वह अधिकांश निर्णय मरवाने वाले ही लेता है।

दुर्योधन की मात्रा ☐ %

अब आपमें ये तीनों किस मात्रा में मौजूद हैं, यह तो आपने लिख ही लिया। अब रोज-रोज अपनी अर्जुन व दुर्योधन वाली प्रवृत्तियां कमजोर करते चले जाओ तथा कृष्ण के गुण अपनाते चले जाओ। जीवन उसी मात्रा में निरंतर सुधरता चला जाएगा, यह वादा है।

अध्याय – 2

पिछले अध्याय में आपने देखा कि अर्जुन ने युद्ध नहीं करने के अनेक कारण देते हुए धनुष-बाण त्याग दिये। इस सूरत में अब एक ही सवाल बचता है कि कृष्ण किस हद तक व कितना अर्जुन की बातों से राजी हैं? यदि कृष्ण अर्जुन की बातों से सहमत हैं, तब तो फिर कोई बात ही नहीं बचती है। ...गीता यहीं समाप्त हो जाती। लेकिन ऐसा हुआ नहीं। अर्जुन से सहमति दिखाने के बजाय कृष्ण ने शोकाकुल अर्जुन से आश्चर्यचकित होते हुए कहा कि हे अर्जुन, तुझे असमय का यह मोह किस हेतु से प्राप्त हुआ है? और यह एक

वाक्य ही कृष्ण के सायकोलॉजिकल ज्ञान को दर्शाने हेतु पर्याप्त है। ...यह पहला वाक्य है जो गीता में कृष्ण ने कहा है, परंतु इतना सटीक कि बार-बार कृष्ण के सायकोलॉजिकल ज्ञान को सलाम करने को जी करता है। असमय, यानी गलत समय। कृष्ण कह रहे हैं कि अर्जुन, तुझे कौरवों से युद्ध टालना ही था तो पिछले चालीस वर्षों में तुझे युद्ध टालने के चालीसों मौके उपलब्ध थे। मैं तो युद्ध टालना चाहता ही था, तू भी सहयोग कर देता तो यह नौबत ही न आती। लेकिन आज, जब किसी भी क्षण युद्ध प्रारंभ होने को है, तब तेरा यह विचार समय की चाल से मेल नहीं खाता। क्योंकि अब यह युद्ध अटल हो चुका है। और जो अटल हो जाए, जिसे बदला ही न जा सकता हो; हे अर्जुन, उसे स्वीकारने के अलावा मनुष्य के पास अन्य कोई उपाय होता ही नहीं है। आज तो तू यहां से जाना भी चाहे, तो भी तुझे जाने कौन देगा? आज यहां तेरी कोई नहीं सुनेगा। अतः आज तेरा युद्ध न करने का विचार सिवाय एक मोह के और कुछ नहीं है।

आगे कृष्ण कह रहे हैं कि अर्जुन तू चाहे जो समझकर बड़ी-बड़ी बातें कह गया हो, युद्ध न करने के कैसे ही तर्कपूर्ण कारण दे रहा हो; परंतु यह स्पष्ट समझ ले कि "असमय का ऐसा मोह पकड़ना" श्रेष्ठ पुरुषों का लक्षण नहीं है। और यह कहकर कृष्ण ने एकबार फिर सिद्ध कर दिया कि वे मनुष्य की सायकोलॉजी के सरताज हैं। और यह हरेक को समझना जरूरी है। ...यही मेरा महत्त्व है। कृष्ण की यही सायकोलॉजिकल पकड़ मुझे महान से महानतम ग्रंथ बनाती है। और कृष्ण की कही इस बात को विस्तार से समझने हेतु थोड़ा मनुष्य की संरचना तथा उसकी कार्यप्रणाली को समझ लेना। मनुष्य के पास तीन बड़ी शक्तियां हैं...। एक है अहंकार, जो स्वार्थ की सोचता है और फिर उसपर अड़ जाता है। दूसरी है बुद्धि, जो कि गलत अहंकार को भी अच्छे शब्दों और विचारों का जामा पहनाती है। और तीसरा है उसका मन, जो कुदरत के निकट है व एक फ्लो में बहता है। और उसकी इन तीनों शक्तियों के भीतर क्या चल रहा है, वह वो तीन जगहों से प्रकट करता है; एक आंख, दूसरा जुबान व तीसरा हावभाव से...। अब यदि मनुष्य, जो भीतर है वही बाहर प्रकट कर रहा है, तो तीनों में एक सामंजस्य होता है। तीनों में कोई विरोधाभास कभी नहीं होता है। यही कारण है कि झूठ बोलते वक्त मनुष्य आंख चुराता है। और अब कृष्ण को तो यह सब समझाने की जरूरत ही नहीं। वे तो इस पूरी संरचना के बेताज बादशाह हैं।

सो कुल-मिलाकर कृष्ण ने अर्जुन का एक-एक शब्द सुना है। उसके हाव-भाव तथा उसकी आंखों का टपटपाना भी देखा है। और वे जानते हैं कि अर्जुन के शब्दों, उसकी आंखों तथा उसके हावभावों में कोई सामंजस्य नहीं है। अर्थात भीतर कुछ और चल रहा है तथा वह बाहर कुछ और प्रकट कर रहा है। यह स्पष्ट समझ लेना कि अर्जुन जो कह रहा

है, वही उसके मन में होता; तो भी कृष्ण उससे एकबार को सहमत हो जाते। लेकिन वह चालाकी दिखा रहा है। मन में कुछ और है व कह कुछ और रहा है। ...और यह तो कृष्ण को चल ही नहीं सकता। बस यही बात आपको विशेष तौर पर समझने की है। क्योंकि डे-टू-डे की सायकोलॉजी समझने हेतु मैं वाकई बड़ी उपयोगी हूँ। आप लोगों को जीवन में हजारों लोगों से व्यवहार करने होते हैं। अधिकांश लोगों के मन में कुछ होता है और बाहर वे कुछ और प्रकट करते हैं। और आप भी जानते हैं कि महत्त्व भीतर क्या है, उसका है। सो, अर्जुन के बाहर क्या है वह तो आपने उसके कहे शब्दों से सुन लिया, लेकिन वास्तव में उसके भीतर क्या है... यह समझना ज्यादा जरूरी है। क्योंकि अर्जुन जैसी ऊंची-ऊंची बातें तो यहां दिन-रात हरकोई करता रहता है। लेकिन उससे सायकोलॉजी समझने वाले प्रभावित नहीं होते हैं। फिर ऐसे में सायकोलॉजी के सरताज कृष्ण के प्रभावित होने का तो सवाल ही नहीं उठता है। सो अब सीधे यह समझ लेते हैं कि कृष्ण, अर्जुन की प्रभावी बातों तथा सटीक तर्कों से प्रभावित क्यों नहीं हुए? और यह सब समझने हेतु सायकोलॉजी का गहरा ज्ञान आवश्यक है। हालांकि इसके बजाय यह कहूं तो ज्यादा सही होगा कि सायकोलॉजी का कोई भी ज्ञान पाने हेतु मुझे समझना जरूरी है। क्योंकि दूसरा कोई ग्रंथ ही नहीं है जिसमें ''मनुष्य की सायकोलॉजी'' को इतनी गहराई से पकड़ा गया हो। मेरा जन्म हुए पांच हजार वर्ष से ऊपर बीत चुके हैं। मैंने इन पांच हजार वर्षों में मनुष्य को बहुत प्रगति करते देखा है। परंतु सायकोलॉजी के क्षेत्र में वह आज भी उतने ही अंधकार में है जितना कि वह मेरे जन्म के वक्त था। जबकि सत्य यह है कि मनुष्यजीवन सिवाय एक सायकोलॉजी के और कुछ नहीं है। जिन्होंने सायकोलॉजिकल गहराई छूई, उन्होंने ही सुख व सफलता से भरा जीवन गुजारा। और

मुझ भगवद्गीता का **जन्म** **'अर्जुन'** का **उद्धार** करने हेतु ही हुआ था। और कौन है इस **संसार** में... जो **अर्जुन** नहीं?

हे अर्जुन जहां जो कुछ भी श्रेष्ठ है, वह मेरा ही स्वरूप है

सच कहूं तो इस लिहाज से आप मुझे "सुख और सफलता दिलवाने वाला एक महाकाव्य" भी कह सकते हैं। और इस महाकाव्य को समझने हेतु जरूरी है कि मैं आपसे आज की वैज्ञानिक भाषा में ही बात करूं। इसलिए मैं जब जरूरत पड़ेगी तब समझाने हेतु आज उपयोग में आने वाले शब्दों तथा आज के प्रचलित सिद्धांतों का सहारा लूंगी।

खैर, आगे की बात समझने हेतु पहले थोड़ा प्रकृति की रचना को समझें। सायकोलॉजी के चंद प्रमुख सिद्धांतों को समझें। निश्चित ही अर्जुन के भीतर कुछ परिवर्तन हुआ है। और अर्जुन अपने तरीके से उसके भीतर के परिवर्तन को बाहर प्रकट भी कर रहा है। यह तो सामान्य घटना हुई। महत्त्वपूर्ण है, इसके पीछे कार्य कर रहे "सायकोलॉजी के सिद्धांत" को समझना। क्योंकि सायकोलॉजी का ही इस प्रकृति पर राज है। अत: सायकोलॉजी के इस सिद्धांत को समझने हेतु पहले यह समझ लो कि "टाइम ॲण्ड स्पेस के सिद्धांत के आधार पर" यहां दो जगत एकसाथ अस्तित्व में है। पहला है बाह्य जगत, जिसे आप आज की वैज्ञानिक भाषा में स्पेस कह सकते हैं। यह बाह्य जगत मात्र परिणामों का जगत है। दूसरा है भीतरी जगत, जिसे आप आज की भाषा में टाइम भी कह सकते हैं। ...और महत्त्वपूर्ण यह कि बाह्य जगत में घटने वाली तमाम घटनाओं के 'कारण' यहां भीतरी जगत में छिपे रहते हैं। और यह नियम है कि बिना भीतरी परिवर्तन के कोई बाहरी परिवर्तन नहीं आता है। इसी बात को आज की भाषा में कहूं तो बिना समय के परिवर्तित हुए बाहर कोई परिवर्तन नहीं आता है। इसीलिए समय और उसके सिद्धांत बड़े महत्त्वपूर्ण हैं। खैर, अभी तो कुल-मिलाकर कहने का तात्पर्य यह कि अर्जुन के भीतर कुछ परिवर्तन आया है, जो बाहर प्रकट हो रहा है। लेकिन बाहरी परिवर्तन का महत्त्व नहीं, क्योंकि उसकी जड़ भीतर छिपी हुई होती है। और आगे की कोई भी बात

समझने हेतु ''उसमें क्या भीतरी परिवर्तन आया है और वह क्यों आया है'' यह समझना जरूरी है। ...बस उसी के लिए सायकोलॉजी का ज्ञान चाहिए, जो मैं यानी आपकी अपनी ''भगवद्‌गीता'' देने का प्रयास कर रही हूँ।

खैर, यहां एक बात और समझ लेना कि मनुष्य के लिए कुदरत में कोई अलग से नियम नहीं बने हुए हैं। प्रकृति के नियम इतने प्रगाढ़ हैं कि वे एक छोटे कण से लेकर पूरे-के-पूरे मनुष्यजीवन तक पर बराबरी पे लागू हैं। और प्रकृति के सारे परिवर्तनों पर आपके युग के महान वैज्ञानिक न्यूटन, जिन्हें आप आज के युग के महान दार्शनिक भी कह सकते हैं, का दिया गति का सिद्धांत लागू है। फिर वह गति-परिवर्तन चाहे निर्जीव वस्तुओं में हो या मनुष्य के मन में। और न्यूटन का गति का वह सिद्धांत क्या है, जरा याद कर लो। सिद्धांत है: कोई भी गतिमान वस्तु तबतक समान गति से गतिमान रहेगी जब तक कि उसपर किसी बाह्य फोर्स का दबाव न आ जाए। और निश्चित ही यह बाह्य प्रभाव दोतरफा हो सकता है, यदि दबाव गति की दिशा में हो तो उस दिशा में जाने की गति तेज हो जाती है, और दबाव यदि विपरीत दिशा में हो तो गति मंद पड़ जाती है।

अब थोड़ा इसी बात को अर्जुन के उदाहरण से समझें। पिछले चालीस के करीब वर्षों से अर्जुन, कौरवों को अपना शत्रु मानता आ रहा है। उनके प्रति अर्जुन की शत्रुता में समय के साथ वृद्धि ही हुई है। अभी क्षणभर पहले भी उसने पूरे जोश में कृष्ण को कहा था कि मेरा रथ दोनों सेनाओं के बीच में खड़ा करो ''मैं दुर्बुद्धि-दुर्योधन का साथ देनेवालों को देखना चाहता हूँ। मुझे जिनसे युद्ध करना है, उनकी शक्ति का ठीक-ठीक अवलोकन करना चाहता हूँ''। ...यानी वह क्षणभर पहले भी युद्ध की चाह से भरा था। उसका दुर्योधन को दुर्बुद्धि कहना, स्पष्टत: दर्शाता है कि उसे क्षणभर पूर्व भी कौरवों पर क्रोध ही था। तो फिर चालीस वर्षों में जो परिवर्तन नहीं आया, वह पलभर में कैसे आ गया? और गति के नियम के आधार पर समझें तो बिना कुछ नया घटे गति में परिवर्तन आ नहीं सकता है। यह भी स्पष्ट है कि परिवर्तन बहुत बड़ा आया है। चालीस वर्षों से युद्ध को लालायित अर्जुन अब युद्ध करने से इनकार कर रहा है। यानी परिवर्तन निश्चित ही विपरीत दिशा में आया है। अर्थात दबाव अर्जुन पर विपरीत दिशा में पड़ा है। सवाल यही कि यह सब अचानक क्यों हुआ? बाहर ऐसा क्या घटा? बाहर ऐसा तो कौन-सा दबाव आया जिसने चालीस वर्षों की एकतरफा गति को विपरीत दिशा दे दी?

तो निश्चित ही बाहर अर्जुन ने कौरवों की विशाल सेना देखी तथा उसमें उपस्थित अपने सगे-सम्बन्धी देखे। अब इतना तो आप समझ ही गए होंगे कि अर्जुन में परिवर्तन कौरवों की सेना को देखने से आया। यह भी समझ गए होंगे कि उस देखने ने अर्जुन के युद्ध

की लालसा को गति देने की बजाय व्यवधान पहुंचाने का कार्य किया। और मैं आपसे यह तो कह ही चुकी हूँ कि जगत त्रिगुणी-माया से घिरा हुआ है। सो कोई ''परिवर्तन'' भी इस त्रिगुणी-माया से बाकात नहीं है। अर्जुन के भीतर परिवर्तन तो आया, परंतु इस परिवर्तन के कारणों में तीन संभावनाएं छिपी हुई हैं। पहली यह कि अर्जुन अहिंसा को उपलब्ध हो गया हो। उसे ''जान-माल की हानि करके कुछ पाना'' योग्य नहीं लग रहा हो। दूसरी संभावना यह है कि उसे कौरवों पर ''प्रेम'' उमड़ पड़ा हो। वह सोच रहा हो कि राज्य मैं भोगूं या कौरव, हैं तो दोनों भाई-भाई ही। ऐसे में राज्य हेतु भाइयों से क्यों झगड़ना? और तीसरी संभावना यह है कि वह कौरवों की विशाल सेना को देखकर डर गया हो। और सबसे महत्त्वपूर्ण यही समझना है कि इन तीन में से कौन-से कारण से अर्जुन में इतना बड़ा परिवर्तन आया? ऐसा क्या हुआ कि युद्ध को लालायित अर्जुन 'युद्ध' से इनकार कर रहा है? और यह कारण पहचानने में कृष्ण के तो मात खाने का सवाल ही नहीं उठता है। यदि अर्जुन अहिंसा को उपलब्ध हुआ होता, तो गीता यहीं समाप्त हो जाती। कृष्ण तुरंत कह देते कि तू ठीक कह रहा है, चला जा यहां से। यदि कौरवों के प्रति प्रेम उमड़ा होता तो शायद कृष्ण ''पांडवों तथा कौरवों की'' तात्कालिक किसी मीटिंग का प्रबंध करने की संभावना खोजते। हालांकि वह असंभव था। क्योंकि पहले तो पांडवों को अपने आपस में ही फैसला करना पड़े ऐसा था। यह भी तय ही था कि इसमें चलना उन सबकी पत्नी द्रौपदी की ही थी। और द्रौपदी को तो दुर्योधन व दु:शासन के खून से कम कुछ भी स्वीकार्य नहीं था। वहीं युद्ध रोकने हेतु कौरवों को भी राजी करना जरूरी था। वहां भी दुर्योधन के पहाड़ जैसे अहंकार के राजी होने की कोई संभावना नहीं थी। और सबसे बड़ी बात यह कि इन सबके लिए अब समय ही कहां था? किसी भी समय युद्ध का बिगुल बज सकता था। फिर भी यदि वाकई अर्जुन का भातृप्रेम जागा होता तो कृष्ण एक अंतिम कोशिश अवश्य करते। हालांकि कुछ मात्रा में निश्चित ही अर्जुन का भातृप्रेम जागा भी था, लेकिन इस वक्त कृष्ण के पास उसके ''उस भातृप्रेम को'' हवा देने का समय ही कहां था? उनके पास तो अर्जुन के इस भातृप्रेम की अनदेखी करने के अलावा दूसरा कोई ऑप्शन ही नहीं था। क्योंकि सबसे बड़ी बात तो यह थी कि जागे भातृप्रेम से कहीं ज्यादा तो ''कौरवों की विशाल सेना तथा उसमें कर्ण, भीष्म व द्रोण'' जैसे धनुर्धारियों को देखकर अर्जुन डर गया था। परंतु चूंकि वह बुद्धिमान था; सो एकतरफ तो वह अपने डर को शब्दों द्वारा अहिंसा की ऊंची-ऊंची बातों से छिपाने की कोशिश कर रहा था, तो दूसरी तरफ वह अपने भीतर जागे भय को ''कौरव-प्रेम का जामा पहनाने की'' कोशिश कर रहा था। यानी कौरवों के प्रति उसे जो सहानुभूति जागी थी, उसे कई गुना बढ़ा-चढ़ाकर दर्शाने में लगा हुआ था। अब अपनी इस कोशिश से वह

दुनिया के किसी भी व्यक्ति को भ्रमित कर सकता था, परंतु सायकोलॉजी के सरताज कृष्ण को नहीं।

अब अर्जुन कैसे अपने भय को अहिंसा तथा कौरव-प्रेम का जामा पहना रहा है, वह समझो। और उस हेतु अर्जुन का कहा एक-एक शब्द ध्यान से पढ़ो। मैंने पहले ही कहा कि सत्य छिपाया ही नहीं जा सकता है। मनुष्य कोशिश तो करता है परंतु वह आंख, शब्द व हावभाव से प्रकट हो ही जाता है। सवाल सिर्फ "सायकोलॉजिकल-ज्ञान" का ही है। खैर, हम तो अब सीधे अर्जुन के कहे शब्दों की एनालिसिस करते हैं। और वह कौरवों की सेना देखकर कहता है कि स्वजनसमुदाय को देखकर अंग शिथिल हुए जा रहे हैं, मुख सूखा जा रहा है तथा शरीर में कम्प उत्पन्न हो रहा है। अब स्वजनसमुदाय को देखकर भी कहीं अंग शिथिल होते हैं? मुख सूखता है? शरीर में कंप होता है? यह सब तो सिर्फ ताकतवर शत्रु को देखकर ही होता है। स्पष्टत: उसके आंख, शब्द व हावभाव में कोई सामंजस्य नहीं बैठ रहा है। वह कह तो स्वजनसमुदाय रहा है, परंतु भीतर उसके मन में अब भी कौरवों के प्रति शत्रुता ही भरी पड़ी है। यूं भी पिछले चंद क्षणों में कौरवों ने ऐसा कुछ नया किया भी नहीं था कि अर्जुन को उनके प्रति प्रेम उमड़ जाए। और मैं पहले ही कह चुकी हूँ कि बिना कुछ नया घटे भीतर परिवर्तन नहीं आ सकता है। खैर, फिर इसी शृंखला में वह आगे कह रहा है कि त्वचा जल रही है, धनुष हाथ से गिर रहा है, मन भ्रमित हो रहा है तथा अब तो ठीक से खड़ा तक नहीं रह पा रहा हूँ। कहने की जरूरत नहीं कि यह सब भयभीत मनुष्य के लक्षण हैं। आश्चर्य यह कि इसी अर्जुन ने करीब एक वर्ष पूर्व विराट की सेना के साथ मिलकर द्रोण, भीष्म व कर्ण को मार खदेड़ा था। लेकिन अर्जुन एक अच्छा योद्धा है। वह जानता है कि उस समय परिस्थितियां भिन्न थी। उस समय दुर्योधन

अर्जुन तू युद्ध न करने के दस कारण गिनाएगा तो मैं युद्ध करने के हजार कारण बताऊंगा

फल की इच्छा चाहे पुण्य पाने की हो या स्वर्ग पाने की वह गलत ही है

एक छोटी-सी सेना लेकर अर्जुन को खोजने निकला था। और चूंकि सेना एक लंबा सफर तय कर पहुंची थी, अतः थकी हुई भी थी। साथ ही उन्हें अर्जुन से अकेले भिड़ने की उम्मीद थी। ऐसे में अर्जुन के साथ मत्स्य राज की विशाल सेना का होना उनके लिए पूरी तरह से अप्रत्याशित था। और युद्ध में अप्रत्याशित का क्या महत्त्व है, यह समझाने की कोई आवश्यकता नहीं। जीवन के किसी भी युद्ध का सबसे बड़ा हथियार ही 'अप्रत्याशित' होता है। हालांकि अर्जुन द्वारा उनको मार खदेड़ने का एक और कारण था। कौरव युद्ध तो कर रहे थे, परंतु उस समय वे इस बाबत भी तय नहीं थे कि सामने लड़ने वाला योद्धा अर्जुन ही है। उन्होंने पूरा युद्ध इसी असमंजस में लड़ा था कि यह अर्जुन है भी या नहीं। क्योंकि पांडव अज्ञातवास भोग रहे थे, सो वे अपने स्वाभाविक रूप-स्वरूप में नहीं थे। और इन सब कारणों को मिलाकर अर्जुन जैसे वैचारिक योद्धा को आज रत्तीभर भ्रम नहीं है कि उस युद्ध को जीतने और आज के युद्ध को जीतने में बड़ा फर्क है। उसे कौरवों की सेना देखकर लग गया है कि यह युद्ध जीतना मुश्किल है। और यही बात वह पूरी कोशिश के बाद भी छिपा नहीं पा रहा है। वह आगे के वाक्य में ही कह रहा है कि हे कृष्ण, मैं तो लक्षणों को भी विपरीत ही देख रहा हूँ। कौरवों की इस विशाल सेना को देखकर कुछ भी अच्छा नहीं लग रहा है। हालांकि वह तुरंत बात सम्भालते हुए कहता है: और फिर कृष्ण, स्वजनसमुदाय को मारकर मैं कल्याण भी नहीं देख रहा हूँ। यानी एक तरफ हार की संभावना नजर आ रही है, और दूसरी तरफ जीतने पर भी स्वजनसमुदाय को मारने का गम सता रहा है। सच कहूं कृष्ण, तो मैं न तो राज्य चाहता हूँ... और ना विजय ही। गुरुजन, ताऊ, चाचों को मारने का क्या फायदा? मुझे तो तीनों लोक मिले तो भी मैं यह करना नहीं चाहता, तो पृथ्वी के लिए तो कहना ही क्या?

...अर्जुन भूल रहा है कि युद्ध जीतने पर ना तो कोई उसे तीनों लोक दे रहा है, और ना पृथ्वी ही। युद्ध सिर्फ हस्तिनापुर के सिंहासन तक ही सीमित है। और यह समझ लेना कि हरकोई हारने पर या हारने की संभावना खड़ी होने पर सीधे ''क्या लेकर आए थे, क्या लेकर जाएंगे'' पर ही उतर आता है। दो-चार थपेड़े खाने पर ही ''सब माया है'' नजर आने लगता है। परंतु यह श्मशान वैराग्य है, मन की वास्तविकता नहीं। और अर्जुन के मन की वास्तविकता यह है कि एकतरफ वह डरा हुआ है, तथा दूसरी तरफ स्वजनसमुदाय से लड़कर उसे कोई बड़ा लाभ भी नजर नहीं आ रहा है।

खैर, अर्जुन की बात यहीं समाप्त नहीं होती। फिर तो वह कृष्ण को प्रभावित करने की तथा उन्हें भ्रमित करने की हद ही लांघ जाता है। आगे वह शास्त्रों का सहारा लेकर कहता है कि शास्त्र भी भाई-बंधुओं को मारने की इजाजत नहीं देते हैं। हे कृष्ण, ये लोग तो अज्ञानी हैं परंतु शास्त्रों के ज्ञाता हम दोनों यह सब जानते हुए भी महापाप करने को तैयार हो गए, यह आश्चर्य है। ...यानी उल्टा वह कृष्ण को ज्ञान दे रहा है। कह रहा है कि देखो कृष्ण; यह सब बातें मैं तुम्हें महापाप से बचाने हेतु समझा रहा हूँ। ...तुम्हारी आंखें खोल रहा हूँ। हमें जान-बूझकर अपने लिए नरक के द्वार नहीं खोलने चाहिए। और अंत में कह रहा है कि कृष्ण, तुम्हारी तुम जानो, तुम्हें इस महापाप का भागीदार बनना हो तो बनो, परंतु मैंने तय कर लिया है कि मैं यह युद्ध नहीं लड़ूंगा। ...इतना कहते-कहते वह धनुष त्यागकर रथ के पिछले हिस्से में बैठ जाता है।

निश्चित ही इतने प्रभावी तथा भ्रमित कर देनेवाले वक्तव्य को देखकर उसने अपेक्षा करी होगी कि कृष्ण कहेंगे कि वाह अर्जुन, तुमने तो मेरी आंखें ही खोल दी। तुमने तो वाकई मुझे महापाप से बचा लिया। लेकिन कृष्ण सायकोलॉजी के सरताज हैं। उन्होंने तो पहले वाक्य से ही ताड़ लिया था कि अर्जुन भयभीत हो चुका है। यूं भी परिवर्तन का नियम कहता है कि परिवर्तन आना होता है तो तभी आ जाता है, जब बाधा पहुंचती है। यह नहीं होता कि ब्रेक आज लगाओ व गाड़ी कल रुके। गाड़ी को रुकना होता है तो ब्रेक लगते ही रुक जाती है। वैसे ही शास्त्र अर्जुन ने आज नहीं पढ़े हैं। उनका कुछ असर अर्जुन पर होना होता, तो उस समय ही हो चुका होता। वैसे ही कौरव भाई हैं, यह भी अर्जुन बचपन से जानता है। सो, उसका भी कोई असर होना होता, तो कबका हो चुका होता। आज के व्यवधान की वजह निश्चित ही कुछ और है; और प्रमुख तौर पर वह एक ही है कि कौरवों की विशाल सेना से जीतना उसे असंभव नजर आ रहा है। और आपलोग भी डे-टू-डे सायकोलॉजी में गौर कर लेना...। आदमी को शत्रु पर प्रेम तभी उमड़ता है जब वह उसे ज्यादा शक्तिशाली दिखाई देने लगता है। धर्म के ऊंचे-ऊंचे सिद्धांतों का सहारा मनुष्य तभी

लेता है जब जीवन में कुछ थपेड़े खाता है। क्योंकि यहां कोई यह स्वीकारने को तैयार ही नहीं है कि वह हार गया है, या डर गया है। हरकोई यहां अपनी हार को चौबीसों घंटे ऊंचे विचारों में ही पिरोता रहता है। क्योंकि यहां हर किसी को बर्बादी का इतना डर नहीं होता, जितना उसकी चर्चा फैल जाने का होता है। ...और यही तो आपकी लाड़ली भगवद्गीता का महत्त्व है। यह डे-टू-डे सायकोलॉजी से प्रारंभ होकर...बात-ही-बात में सत्य की सारी गहराइयां छूती चली जाती है।

होगा, अभी तो महत्त्वपूर्ण यह कि अर्जुन ने युद्ध से इनकार करके यदि कृष्ण को आश्चर्य में डाला, तो कृष्ण ने भी अर्जुन की बातों से प्रभावित न होकर अर्जुन को आश्चर्य में डाल दिया। उन्होंने तो पहले ही वाक्य में कह दिया कि यहां-वहां की बात छोड़ और यह स्पष्ट समझ ले कि तू असमय का मोह कर रहा है। तू यहां-वहां के शास्त्रों के सहारे लेकर तथा कौरवों पर प्रेमभाव जताकर अपनी श्रेष्ठता साबित करने की कोशिश कर रहा है; परंतु यह भी स्पष्ट सुन ले कि श्रेष्ठ पुरुष ऐसा व्यवहार नहीं करते, जो तू इस समय कर रहा है।

खैर, आगे की गीता समझने हेतु दो बातें स्पष्ट तौर पर और समझ लेना। यदि सामान्य परिस्थिति होती तो शायद कृष्ण इतनी बात कहकर चुप हो जाते। क्योंकि वे जानते हैं कि हर मनुष्य यहां स्वतंत्र है। और वह जो करेगा, उस अनुसार भुगतेगा। कुदरत और मनुष्य के बीच चल रही जीवन की इस महान लीला में कायदे से किसी के द्वारा किसी भी प्रकार की जबरदस्ती को कोई जगह नहीं। लेकिन यह तो हुई व्यक्तिगत बात। ...बाकी तो सत्य यही है कि जबतक जीवन है तबतक यहां सभी को जीना ही पड़ता है। फिर चाहे वह कृष्ण, बुद्ध, क्राइस्ट हों या कोई अन्य ज्ञानी ही क्यों न हो...। सो व्यक्तिगत तौर पर न सही, सामूहिक तौर पर मनुष्यता के उद्धार हेतु सभी जी रहे होते हैं। यही उनके जीने का बहाना भी होता है तथा मकसद भी। और इस क्षण कृष्ण भी मनुष्यता के सामूहिक उद्धार हेतु अर्जुन को युद्ध करने के लिए राजी करने के कर्म से बंध गए हैं। क्योंकि अर्जुन युद्ध नहीं करेगा, तो कौरवों की जीत तय हो जाएगी। और ऐसा होगा तो इतिहास में एक गलत उदाहरण पेश होगा। ...फिर तो आनेवाले युगों में स्त्रियों की मर्यादा को और भी बेशर्मी के साथ तथा बिना किसी भय के दांव पर लगाया जाएगा। ...अब युद्ध तो अटल हो ही चुका है। जान-माल की जो हानि होनी है, वह तो होनी ही है। ऐसे में पांडवों का जीतना ज्यादा बेहतर है। कम-से-कम इससे आनेवाले युगों में दुष्टताएं करने से पूर्व मनुष्य सोचेगा। कौरवों का अंजाम देखकर वह दुष्टताओं से बचेगा। वरना तो जब तक युद्ध टाले जाने की संभावना थी, तबतक कृष्ण ने इसे टालने के अथक प्रयास किये ही थे। अपने जीवन के बीसियों वर्ष उन्होंने सिर्फ इस प्रयास में बिताए थे कि किसी तरह से कौरव व पांडवों में युद्ध टले। सो

यहां मेहरबानीकर यह कतई मत समझ लेना कि अर्जुन, कृष्ण के रिश्तेदार हैं या वे कृष्ण के मित्र हैं, इसलिए कृष्ण चाहते हैं कि पांडव जीते। नहीं, ऐसा नहीं है क्योंकि दुर्योधन भी कृष्ण का रिश्तेदार है; वह भी कृष्ण का समधी ही है। अत: कृष्ण को रिश्ते के किसी पल्ले में बांधकर न देखें, वरना बड़ी गड़बड़ हो जाएगी। आप मेरा मर्म ही नहीं समझ पाएंगे। मैं पहले ही कह चुकी हूँ कि कृष्ण, अर्जुन व महाभारत मेरे होने के आधार हैं। अत: मुझे समझने हेतु इन तीनों को समझना बहुत जरूरी है। ...और कृष्ण का मन उस ऊंचाई पर विराजमान है, जहां उनका कोई मित्र नहीं और कोई शत्रु नहीं। उनके मन सवाल सिर्फ सर्वहित का ही है। और अटल युद्ध में पांडवों का जीतना ही सर्व के हित में है। क्योंकि जब आज होनेवाला विनाश टाला ही नहीं जा सकता है, तो ऐसे में जाहिरी तौर पर कृष्ण की निगाह भविष्य का उदाहरण स्थापित करने पर टिकी हुई है। और यह तो कतई मत समझ लेना कि पांडव पुण्यात्मा है और कौरव पापी। ...सत्य कड़वा होता ही है। और पांडवों की कड़वी सच्चाई यह है कि पुण्यात्माएं मां की आज्ञा के बहाने किसी स्त्री की गरिमा को पांच भाइयों में कभी नहीं बांटती है। सत्य यह भी है कि अपनी ही पत्नी को जुए में दांव पर लगाने वाले व्यक्ति सज्जन कतई नहीं कहे जा सकते हैं। सो कुल-मिलाकर कृष्ण का रस सर्वहित को ध्यान में रखते हुए पांडवों को युद्ध जिताने पर ही है। ...तथा उस हेतु अर्जुन का दिल खोलकर युद्ध लड़ना जरूरी है। परंतु इसमें कृष्ण का कोई पक्षपात नहीं, कृष्ण सिर्फ सर्वहित की डोर से ऐसा करने को बाध्य हैं। और आगे भी मेरा वास्तविक मर्म समझने हेतु यह बात अच्छे से समझ लेना बहुत जरूरी है। क्योंकि कहने को तो कई लोग यह भी कहते हैं कि अर्जुन अच्छाखासा अहिंसा के मार्ग पर चल पड़ा था, परंतु कृष्ण ही अड़ गए और उसे युद्ध हेतु उकसाया। कृष्ण की

हरकोई यहां कुदरत की ''जो होना चाहिए वह होना ही चाहिए'' की महान लीला से बंधा हुआ है

मनुष्य की अंतरात्मा ही हर मनुष्य का अपना शास्त्र है

कोई ऐसी जाती जरूरियात नहीं है। युद्ध कल भी अर्जुन चाहता था व आज भी युद्ध अर्जुन ही चाहता है। कृष्ण तो कल भी सर्वहित हेतु इस महायुद्ध को टालने के लिए प्रयासरत थे, और आज भी सर्वहित का ध्यान रखते हुए अर्जुन को युद्ध करने हेतु समझाने को बाध्य हैं। ...वरना तो कृष्ण हमेशा से दो सेनाओं के युद्ध के खिलाफ रहे हैं। उन्होंने दो सेनाओं के युद्ध के बजाय हमेशा सीधे फसाद की जड़ पर ही सीधा प्रहार किया है। और इसी शृंखला में उन्होंने अनेक पापियों का वध किया है। लेकिन इस प्रक्रिया में कभी किसी निर्दोष को नुकसान नहीं पहुंचा है। ऐसे करुणावान कृष्ण पर हिंसा करने का आरोप लगाना मनुष्य के अज्ञान को दर्शाता है। जबकि सत्य यह है कि कृष्ण से ज्यादा करुणावान इतिहास में कभी कोई पैदा ही नहीं हुआ है। ...और महत्त्वपूर्ण यह कि जब मेरे जन्मदाता ही करुणा के शिखर पर बैठे कृष्ण हैं, तो मैं भगवद्‌गीता भी करुणा से ओतप्रोत होनी ही हूँ। सो निश्चित ही ये सब बातें मैं आपसे करुणावश ही कह रही हूँ, ताकि आप मेरा सही मर्म समझ सकें। क्योंकि आपके उद्धार हेतु आपके लिए कृष्ण को पूरी तरह से समझना कितना जरूरी है, यह मुझसे ज्यादा कौन जान सकता है?

खैर, सौ बातों की एक बात यह समझ लें कि इस समय कृष्ण की पूरी चेतना अर्जुन को युद्ध करने हेतु राजी करने में लगी हुई है। और यह कब संभव है? जब वे अर्जुन के युद्ध से इनकार करने के तीनों कारणों को अस्तित्वहीन कर दें। और वे कौन-से तीन कारण हैं, जरा याद करो। सबसे पहली बात तो यह कि वह युद्ध से भागने हेतु शास्त्रों में वर्णित पाप-पुण्यों का सहारा ले रहा है। दूसरी बात यह कि युद्ध से भागने हेतु वह भातृप्रेम जता रहा है। ...और ये दोनों बातें वह कृष्ण को भ्रमित करने हेतु कह रहा है। इनमें से एक भी उसके वास्तविक अस्तित्व का

मुख्य आधार नहीं है। अत: अर्जुन को युद्ध हेतु राजी करने के लिए कृष्ण को उसके ये दो भ्रम गलत साबित करने ही रहे। यानी पहले तो कृष्ण को अर्जुन के शास्त्र ज्ञान की निरर्थकता साबित करनी रही। ...तभी उसके "शास्त्रों की बातों के सहारे" युद्ध से भागने के द्वार बंद हो सकते हैं। वैसे ही कृष्ण को उसके कौरव-प्रेम को भी मोह साबित करना रहा। तभी उसके भातृप्रेम के सहारे युद्ध से भागने की बात पर भी पूर्णविराम लगाया जा सकता है। ...और फिर बचता है तीसरा कारण अर्जुन के भय की काट खोजना। क्योंकि जब तक भीतर भय है, अर्जुन बाहर युद्ध लड़ने हेतु राजी नहीं हो सकता है। और राजी हो भी जाए, तो भी ऐसे आधे-अधूरे मन से वह युद्ध नहीं जीत सकता है। और कृष्ण का काम अर्जुन के युद्ध लड़ने हेतु राजी होने मात्र से नहीं निपट जाता है। सर्वहित हेतु अर्जुन का युद्ध जीतना भी जरूरी है।

कुल-मिलाकर कहूं तो कृष्ण इस समय सर्वहित हेतु पांडवों को युद्ध जिताने को कटिबद्ध हैं। तथा यह तभी संभव है जब अर्जुन पूरे विश्वास से दिल खोलकर युद्ध करे। और उस हेतु कृष्ण के लिए तीन बातें जरूरी हैं। एक उसे शास्त्र-बंधन से मुक्त करना, दूसरा भातृप्रेम को मोह साबित करना तथा तीसरा उसके भीतर घुसे भय को विश्वास में बदल देना। ...बस आगे मेरी इस खुली किताब में कृष्ण की कोई भी बात इन्हीं तीनों बिंदुओं के आसपास ही घूमेगी। और यही कृष्ण का उद्देश्य है। यह स्पष्ट समझ लेना कि कृष्ण का रस अर्जुन को ज्ञान देने में नहीं, उसे युद्ध हेतु राजी करने में है। मैंने पहले ही कहा है कि कृष्ण पूर्ण ब्रह्मचर्य में स्थित व्यक्ति हैं। प्रकृति की इस महान लीला में वे रत्तीभर दखलंदाजी नहीं करते हैं। इसी कारण ज्ञानी लोग उन्हें एकमात्र पूर्ण-अवतार भी कहते हैं। अत: कृष्ण, अर्जुन को ज्ञान देना चाहते हैं...ऐसा कभी मत समझ लेना। ...वरना ऐसा सोचकर आप कृष्ण को तो छोटा करेंगे-ही-करेंगे, साथ ही मेरा वास्तविक मर्म समझने से भी वंचित रह जाएंगे।

खैर, हम वापस कृष्ण के कहे पहले वाक्य पर लौट आते हैं। और वे अपने पहले वाक्य में क्या कहते हैं? कहते हैं कि हे अर्जुन, तुझे असमय यह मोह किस हेतु से प्राप्त हुआ है? ...यानी भातृप्रेम पर प्रहार करते हैं। कह रहे हैं कि यह कोई समय है भातृप्रेम जताने का? दूसरी बात वे कह रहे हैं कि श्रेष्ठ पुरुषों को असमय ऐसा मोह नहीं उमड़ता है। अर्थात शास्त्र-ज्ञान को झाड़कर तू अपने को श्रेष्ठ समझ रहा है, परंतु समझ ले कि शास्त्रों की दुहाई देने से कोई श्रेष्ठ नहीं हो जाता है। वास्तविकता तो यह है कि "श्रेष्ठ पुरुष" समय के साथ बहते हैं। और फिर तीसरी बात कृष्ण कहते हैं कि तेरा ऐसा मोह कीर्ति देनेवाला नहीं है। कृष्ण का कहा यह वाक्य अच्छे से समझ लेना। कृष्ण यहां अर्जुन की कीर्ति को उसके भय की काट के तौर पर इस्तेमाल कर रहे हैं। यहां यह समझ लो कि सायकोलॉजिकली भय को दूर करने के दो ही उपाय हैं। एक है तगड़ा आश्वासन देना, और

दूसरा है कोई उससे भी बड़ा भय पकड़ा देना। यदि भय को काटने हेतु लंबा समय हो तो आश्वासन काम कर जाता है। परंतु समय न हो और भय को तत्काल दूर करना जरूरी हो, तो फिर एक ही उपाय बचता है कि आनन-फानन में कोई नया भय पकड़ा दिया जाए। और चूंकि अर्जुन एक ख्यातनाम पुरुष है, वीर-योद्धा के रूप में उसकी पहचान है, तो कृष्ण यहां उसे उसकी उसी "कीर्ति" का भय पकड़ा रहे हैं। उसे याद दिला रहे हैं कि तू ख्यातनाम तीरंदाज है, ऐसे में युद्ध से भागेगा तो तेरी कीर्ति पर कलंक लग जाएगा। ...यानी कृष्ण पहले ही वाक्य में उसके युद्ध से भागने की तीनों जड़ों पर कड़ा प्रहार करते हैं। तभी तो कह रही थी कि कृष्ण सायकोलॉजी के सरताज हैं। ...उन्हें कोई भ्रमित नहीं कर सकता है।

खैर, जब इतना समझा है तो डे-टू-डे जीवन में सायकोलॉजी का क्या अर्थ होता है, यह भी समझ लो। सायकोलॉजी वह ज्ञान है जिससे मनुष्य के भीतर क्या चल रहा है, इसे आप पूर्णत: जान सकते हैं। और सायको-ट्रीटमेंट एक कला है जिसके सहारे आप मनुष्य के मन को आपके चाहे अनुसार मोल्ड कर देते हैं। कृष्ण इस समय और कुछ नहीं सिर्फ अर्जुन को युद्ध हेतु राजी करने की सायको-ट्रीटमेंट दे रहे हैं। अब आगे देखना यही है कि अर्जुन इस सायको-ट्रीटमेन्ट की काट खोज पाता है, या कृष्ण उसका मन परिवर्तित करने में सफल हो जाते हैं। यहां यह भी समझ लेना कि आगे का सबकुछ अर्जुन के भय की गहराई पर ही निर्भर है। क्योंकि भय ही उसके युद्ध से इनकार की मूल जड़ है। शास्त्र-ज्ञान और भातृप्रेम का सहारा तो वह अपने भय को छिपाने हेतु ले रहा है। सो भय के हटते ही वह यह दोनों सहारे स्वत: ही छोड़ देगा। वहीं यह भी संभव है कि कृष्ण द्वारा लगातार भातृप्रेम व शास्त्र-ज्ञान पर प्रहार किये जाने पर, उसका भय कमजोर हो जाए। कुल-मिलाकर कहने का तात्पर्य यह है कि अर्जुन को युद्ध हेतु राजी करने के लिए कृष्ण को लगातार "युद्ध से इनकार के तीनों कारणों" पर प्रहार करने ही होंगे। ...पता नहीं कब कौन-सी चीज असर कर जाए और अर्जुन युद्ध करने हेतु राजी हो जाए।

खैर, अब सीधे कृष्ण-अर्जुन के इस दिलचस्प वार्तालाप में आगे क्या हो रहा है, उसपर आ जाते हैं। कृष्ण अर्जुन के भय, भातृप्रेम तथा शास्त्र-ज्ञान पर पहले ही वाक्य में प्रहार कर चुके हैं। परंतु इतने-मात्र से अर्जुन अपना मोह छोड़ दे, यह तो होने वाला ही नहीं था। सो, कृष्ण को बात आगे बढ़ानी ही थी। क्योंकि एकबार सर्वहित हेतु कोई कार्य प्रारंभ किया तो फिर उसे पूर्ण किये बगैर चैन से न बैठना, यह कृष्ण के अस्तित्व का एक हिस्सा था। अत: अब, जबतक अर्जुन युद्ध करने हेतु राजी नहीं हो जाता, कृष्ण के पीछे हटने का सवाल ही नहीं है। और ले-देकर उस हेतु उन्हें प्रहार तो अर्जुन के तीन भ्रमों पर ही करना है। और चूंकि इन तीनों भ्रमों की प्रमुख जड़ भय है... इसलिए कृष्ण आगे सीधे

स्पष्टतापूर्वक अर्जुन से कहते हैं कि हे अर्जुन, तू नपुंसकता को मत प्राप्त हो। तुझ जैसे वीर योद्धा में यह उचित नहीं जान पड़ती। अत: चुपचाप तू हृदय की तुच्छ दुर्बलताओं को त्यागकर युद्ध के लिए खड़ा हो जा। तू बड़ी-बड़ी बातें कर यह भ्रम फैलाने की कोशिश मत कर कि तू अहिंसा को उपलब्ध हो रहा है, या तेरा भातृप्रेम जागा है। मैं तो साफ देख रहा हूँ कि तू नपुंसकता को उपलब्ध हो गया है। ...निश्चित ही कृष्ण ने ''अर्जुन को नपुंसकता को प्राप्त होने की स्पष्ट बात कहकर'' अपनी ओर से उसके शास्त्र-ज्ञान तथा भातृप्रेम जैसे व्यर्थ के तर्कों पर ताले लगा दिये। कृष्ण ने यह स्पष्ट कर दिया कि ऐसे कोई भी तर्क तू आगे देगा, तो भी मैं तो सीधे तौर पर उन्हें तेरे भय के रूप में ही देखूंगा।

अब अर्जुन के पास कोई उपाय नहीं रह गया। सो उसने सीधा कृष्ण से पूछा कि मैं किस प्रकार भीष्म और द्रोणाचार्य से लड़ूंगा? ...जरा अर्जुन के शब्दों पर गौर करना। वह कह रहा है कि ''किस प्रकार''...? वह यह नहीं कह रहा है कि क्यों लड़ूंगा? लेकिन अर्जुन बुद्धिमान है। भय एकबार को प्रदर्शित तो हो गया, परंतु तुरंत फिर बात सम्भालते हुए बोला कि हे कृष्ण, कहने का तात्पर्य यह है कि वे दोनों पूजनीय जो हैं...। आगे अर्जुन कहता है कि इसलिए हे कृष्ण, इन महानुभावों को मारने की बजाय तो मुझे भिक्षा मांगकर जीवन गुजारना ज्यादा स्वीकार्य है। क्योंकि आखिर इनको मारकर भी मिलेगा क्या...? राज्य, धन तथा वैभव। और फिर कृष्ण, हम तो यह भी नहीं जानते कि इस युद्ध का परिणाम क्या होगा? कौन जीतेगा? ...यानी कुछ देर तो अर्जुन ने अपने भय को सम्भाला, लेकिन मनुष्य का भीतर कहीं छिपता है? वह भी खासकर तब, जब सामने कृष्ण खड़े हों। क्योंकि कृष्ण तो स्पष्टतापूर्वक उसे नपुंसक कह ही चुके

हे
अर्जुन
मैं तुझे वह
ज्ञान
दूंगा
जिससे
तेरे सारे
भ्रम
दूर हो
जाएंगे

सत्य
की एक ही
खूबी है कि
जबतक
वह
भीतर
गहरे में
अनुभव
न हो जाए
तबतक
किसी
काम
का नहीं

हैं। और उसका असर भी अर्जुन पर हुआ ही है। जितनी छटा से वह पहले अध्याय में अपने भय को छिपाकर बड़ी-बड़ी बातें कह गया था, उसकी वह छटा कृष्ण के उसे ''नपुंसक'' कहते ही कमजोर पड़ गई है। अब बीच-बीच में वह अपने भय को प्रदर्शित कर भी रहा है। ...और उसका अंतिम वाक्य उसी शृंखला की एक कड़ी है। उसके मुख से निकल ही गया कि कृष्ण, मुख्य बात यह है कि कौन जीतेगा यह हमें नहीं मालूम। ...यानी युद्ध जीतना तय हो तो फिर शास्त्र क्या कहते हैं, उसकी परवाह नहीं। यकीनी तौर पर जीत होने वाली हो तो भातृप्रेम का भी सवाल नहीं। यही तो आम मनुष्य भी रोजमर्रा के जीवन में करता है। यह जान लेना कि प्रायः बड़ी-बड़ी बातों के पीछे नपुंसकता ही छिपी होती है। यदि भय नहीं, हार का डर नहीं; तो बड़ी-बड़ी बातों की आवश्यकता भी नहीं। हालांकि अर्जुन की बात यहीं समाप्त नहीं होती है। वह बुद्धिमान है, और उसने आगे का भी सोच लिया है। सो आगे वह कहता है कि कृष्ण, चलो छोड़ो! मानो हमने युद्ध जीत भी लिया तो भी क्या लाभ? बिना कौरवों के राज्य पाने का मतलब ही क्या? हमें तो राज्य उनके जीते-जी उनसे छीनना है। वे ही नहीं रहे तो राजा बनके रुआब किसके सामने झाड़ेंगे? अर्जुन इस समय जो कह रहा है वह भी आम मनुष्य की रोजमर्रा की सायकोलॉजी है। हरकोई यहां विजय 'विजय' के लिए नहीं चाहता है, बल्कि यहां विजय मनुष्य शत्रुओं तथा मित्रों को जलाने के लिए चाहता है। ...खासकर मित्रों को और चाहनेवालों को। यदि उनपर ही रुआब झाड़ने का मौका न मिले तो प्रायः सफलता का मजा किरकिरा हो जाता है। और यह सायकोलॉजी है, हर मनुष्य के भीतर का सत्य है; थोड़ा स्वयं अपने व दूसरों के भीतर झांककर देख लेना, सब समझ में आ जाएगा।

खैर, कृष्ण ने 'नपुंसक' शब्द का उपयोग इतनी प्रगाढ़ता से किया कि अर्जुन को इतना तो समझ में आ ही गया कि कृष्ण को भ्रमित करना आसान नहीं। उसे इतना एहसास तो हो ही गया कि यह सामने जो खड़ा है, वह बड़ा ही चतुर व्यक्ति है। और यह सही भी है। निश्चित ही कृष्ण की जगह कोई और खड़ा होता तो शायद अर्जुन की बातों से भ्रमित हो भी जाता। अरे भाई, तभी तो वे कृष्ण हैं। और यही तो मेरा गर्व है कि मेरे जन्मदाता, सायकोलॉजी के सरताज 'कृष्ण' हैं। और मैं यह ऐसे ही नहीं कह रही, मेरे जन्मदाता का प्रभाव देखो! अभी तो उन्होंने दो वाक्य ही बोले हैं और अर्जुन सीधी राह पर आना शुरू हो गया। सारी भ्रमित करनेवाली बातों को छोड़ सीधा अपने मन की हकीकत पर उतर आया। आगे वह कृष्ण से सीधा कह रहा है कि हां कृष्ण, यह सत्य है कि मैं कायरता को उपलब्ध हो गया हूँ। सो यहां-वहां की बात छोड़कर मैं आपसे सीधा पूछता हूँ कि- बताइए, इस समय मेरे लिए क्या कल्याणकारक है? अर्थात, वही कहना जो कि निश्चित तौर पर मेरे लिए कल्याणकारक हो। यानी कोई मरवाने वाली राय मत दे देना। राय देते वक्त ध्यान रखना कि मुझे कुछ नहीं होना चाहिए। अर्थात अर्जुन का भय यथावत है। उसे इस समय अपनी मजबूत चिंता पकड़ी हुई है। तथा कृष्ण के एकबार नपुंसक कहे जाने के बाद अब वह यह कबूल भी रहा है कि मैं बुरी तरह से डर गया हूँ। यह 'भय' सायकोलॉजिकली बड़ा खतरनाक भाव है। और खासकर जब भय इस कदर गहरा घुस गया हो तो उसे दूर करना आसान नहीं। अर्जुन का यह कहना कि हे कृष्ण, ''मुझे निश्चित कल्याणकारक मार्ग बताइए'' में सबकुछ आ गया। कृष्ण भी समझ गए कि अर्जुन अब आसानी से युद्ध करने हेतु राजी होने वाला नहीं है। उसे कुछ भी राय दे दो, पर जरा-सा खतरा नजर आएगा तो वह बात माननेवाला नहीं है।

खैर, कुल-मिलाकर अर्जुन कृष्ण से राय तो मांग रहा है, परंतु कंडीशनल। ...यानी मुझे हानि नहीं होनी चाहिए। अर्थात आप जो भी राय देंगे, पहले मैं उसपर गौर करूंगा, और ''निश्चित कल्याणकारक'' नजर आएगी तो ही उसपर अमल करूंगा। यह तो ठीक, पर भयभीत व्यक्ति किस कदर भ्रमित हो सकता है, इसकी आप कल्पना तक नहीं कर सकते हैं। और अपनी उसी भ्रमित अवस्था को दर्शाते हुए अर्जुन तुरंत कहता है कि मैं आपका शिष्य हूँ और मुझे आपकी समझदारी में गुरु नजर आ रहा है। मैं आपकी शरण आता हूँ। अब जरा सोचो कि शरण आना व साथ में कंडीशन भी डालना, ये दोनों बातें एकसाथ कैसे जा सकती है? परंतु हर भयभीत व्यक्ति ऐसी ही बातें करता है। आप भी डे-टू-डे में गौर करना, यहां सब एकदूसरे से राय मांगते हैं, परंतु वह होती कंडीशनल ही है। यहां कोई दी गई राय पर अंधा अमल नहीं करता है। यहां हरकोई दी गई राय की एनालिसिस

करता है। और फिर हितकर लगती है, तो ही मानता है। लेकिन फिर भी कहता अर्जुन की ही तरह है कि आपकी शरण आया हूँ। जैसा आप कहें...। और जैसे ही आप राय देंगे कि कहेगा कि नहीं...नहीं, यह तो ठीक नहीं जान पड़ रहा है। यही तो मेरा महत्त्व है कि मेरा प्रारंभ रोजमर्रा के जीवन की सायकोलॉजी से होता है। और एकबार वह समझ में आ जाए, तो आगे चलकर जीवन और प्रकृति की ऊंची सायकोलॉजी भी समझ में आने लग जाए। खैर, आगे अर्जुन कहता है कि मेरी समस्या समझो...कृष्ण। मैं बहुत बुरा फंस गया हूँ। मुझे चाहे राज्य मिले या देवताओं का सिंहासन, परंतु मैं उन सबके लोभ में भी वर्तमान युद्ध करने में सक्षम नहीं हूँ। अब कृष्ण क्या कहें? क्योंकि अर्जुन स्पष्ट कह रहा है कि जो कुछ भी कहोगे वह सुनूंगा, पर युद्ध करने की बात मत कहना। वह मैं नहीं ही करूंगा। क्योंकि इस समय बड़े-से-बड़े लोभ भी ''मेरे वर्तमान शोक को'' दूर करने में सक्षम नहीं हैं। ...और यही अर्जुन की वर्तमान समस्या है। अब तक वह राज्य के लोभ में कितने झगड़े कर चुका है, परंतु आज उससे यह नहीं हो रहा। ...फर्क क्या पड़ गया? तब लोभ इतना हावी था कि उसे जान की परवाह नहीं थी। आज जान की ऐसी चिंता पकड़ी है कि किसी भी लाभ से वह युद्ध करने हेतु राजी नहीं है। यहां महत्त्वपूर्ण दो बातें हैं। एक तो अर्जुन अपने को पकड़ा भय स्वीकार रहा है, और दूसरा वह अपने मन की ठीक एनालिसिस भी कर रहा है। और आगे हम अर्जुन की बदलती मनोदशा के साथ ही बढ़ेंगे। क्योंकि यह समझ लेना कि कृष्ण यह सब बातें अर्जुन की मनोदशा से कह रहे हैं। अर्जुन की जगह यदि भीम ने युद्ध से इनकार किया होता, तो मेरी छवि अलग होती। और दुर्योधन ने इनकार किया होता तो और भी अलग होती। वहीं यह भी समझ लेना कि कृष्ण की जगह बुद्ध या क्राइस्ट खड़े होते, तो भी मेरा रूप अलग होता। ...शायद तब अर्जुन इतनी जल्दी अपनी कायरता भी न स्वीकारता। यह भी संभव है कि अन्य कोई अर्जुन की कायरता को भांप भी न पाता? यह भी संभव है कि वे अर्जुन के बुने शाब्दिक जाल में फंस जाते और ले-देकर उससे राजी हो जाते। सो, मेरी जो इतनी उपयोगिता है तो वह सिर्फ ''कृष्ण की सायकोलॉजी पर पकड़'' के कारण है। और इसीलिए तो मैं रोजमर्रा के जीवन से लेकर सुख और सफलता के शिखर छूने तक, सबमें सहायक हूँ। खैर, यहां-वहां की तमाम बातें कहकर अंत में अर्जुन ने कृष्ण से सीधा कहा कि आप जो कहेंगे, मैं वह करूंगा। पर हां, यह स्पष्ट समझ लें कि युद्ध तो नहीं ही करूंगा। अब कृष्ण क्या कहें? वाकई बड़े बुरे फंसे कृष्ण! लेकिन कृष्ण, कृष्ण हैं। सायकोलॉजी के सरताज हैं। मनुष्य की कोई दुविधा या चतुराई उन्हें बांध नहीं सकती।

सो, अर्जुन की ऐसी उलझन भरी बातें सुनकर पलभर तो कृष्ण ने उसे गौर से देखा। लेकिन उसके भ्रमित हावभाव को देखते ही उन्हें हंसी आ गई। क्या करें कृष्ण?

अर्जुन बात ही हंसी आ जाए, ऐसी कह रहा है। एकतरफ राय मांग रहा है और दूसरी तरफ युद्ध नहीं करने का निर्णय भी सुना रहा है। एक तरफ भयभीत है और दूसरी तरफ शास्त्रों का ज्ञान झाड़ रहा है। सो कृष्ण ने हंसते हुए ही कहा कि अर्जुन- तू बात अवश्य ज्ञानियों जैसी कर रहा है, परंतु व्यवहार तू अज्ञानियों-सा ही कर रहा है। वास्तविक ज्ञानी तो जिनके प्राण चले गए हैं और जिनके नहीं गए हैं, दोनों में से किसी के लिए शोक नहीं करते हैं। अर्जुन तेरी सारी बातें इस समय मृत्यु के आसपास घूम रही हैं। भीतर तू अपनी मौत से भयभीत है तथा बाहर तू भाई, ताऊ, गुरु, चाचे वगैरह की संभावित मौत की चिंता जता रहा है। जबकि सत्य यह है कि मौत जैसी कोई चीज इस संसार में होती ही नहीं है। अत: तेरा वर्तमान दुख मृत्यु का नहीं, बल्कि मृत्यु से जुड़े अज्ञान का है। वास्तविकता तो यह है कि ऐसा कोई काल नहीं था जिसमें मैं नहीं था, तू नहीं था...या यह सारे राजेलोग नहीं थे। अर्जुन, ऐसा भी नहीं है कि आगे हम नहीं रहेंगे। एक सीधी बात समझ अर्जुन कि जैसे मनुष्य के शरीर में बालपन, जवानी और वृद्धावस्था होती है, वैसे ही जन्म और मृत्यु भी होती है। अर्थात मृत्यु के साथ ही मनुष्य को अन्य शरीर की प्राप्ति होती है। अत: धीरज रखनेवाले ज्ञानीपुरुष "जन्म और मृत्यु के चल रहे इस चक्र से" रत्तीभर प्रभावित नहीं होते हैं।

अर्जुन एक बात समझ, यह सर्दी-गर्मी और सुख-दुख को देनेवाले इन्द्रिय तथा विषयों के संयोग तो सतत उत्पत्ति और विनाशशील हैं। जीवन है, तबतक यह तो होते ही रहने वाले हैं। तेरा ही उदाहरण ले; आज तू इसलिए गमगीन है कि तेरी इन्द्रियों का संयोग कौरवों की विशाल सेना से हुआ है। कल तू इसलिए दुखी था कि हस्तिनापुर की राजगद्दी पर तू विराजमान नहीं है। परसों तू इसलिए मातम मना रहा था कि तेरी प्यारी द्रौपदी को

हरकोई यहां **अपनी** मानसिकता के अनुसार **कर्म** करने को **बाध्य** है

हे **अर्जुन** अपनी **दुर्बलता** को **शास्त्रों** की आड़ में **छिपाना** कतई **उचित नहीं** है

पांच भाइयों में विभाजित कर दिया गया था। सो बाहर तो हमारा सामना नित नई परिस्थिति से होते ही रहनेवाला है। ...लेकिन वे सब परिस्थितियां परिवर्तनशील हैं। समझदार व्यक्ति इन बदलती रहने वाली परिस्थितियों से विचलित नहीं होता है। बाहर परिस्थिति अच्छी हो या बुरी, जो उनसे भीतर में सुखी या दुखी नहीं होता है; एक वही मोक्ष के योग्य होता है। क्योंकि हे अर्जुन, यह बदल रही परिस्थितियां असत्य हैं, माया हैं। सत्य तो तू है, जिसमें हरहाल में कभी न बदलने की क्षमता है। सो बाहर के असत्यों को बदलते रहने दे, तू स्थिर हो जा। यह समझ ले अर्जुन कि ऐसे स्थिर पुरुष का विनाश करने में कोई सक्षम नहीं है।

हे अर्जुन! तू नाशरहित व नित्यस्वरूप है। तू शरीर नहीं है, तू आत्मा है। यह शरीर नाशवान है, सो इसके रहते बाहर परिस्थितियां तो बदलती ही रहनेवाली हैं। अत: तू बदलती परिस्थितियों की तथा इस शरीर की, दोनों की चिंता छोड़। क्योंकि तू इन दोनों से सर्वथा भिन्न है। तेरा दुख युद्ध का या मौत का नहीं है। तेरा दुख इस बात का है कि तू जानता नहीं कि तू आत्मा है। मुझे ही देख, मेरे जीवन में कितनी ऊंच-नीच आई; मैं तो पैदा ही कारागृह में हुआ तथा पला भी मौत के साये में ही। यही क्यों, मेरी तो पूरी उम्र भी मौत के साये में ही बीती। और आज भी दो सेनाओं के बीच में ही खड़ा हूँ। परंतु क्या तुमने आजतक मुझे कभी दुखी देखा? प्रश्न ही नहीं उठता। क्यों...? क्योंकि मैं जानता हूँ कि मैं कृष्ण नहीं, आत्मा हूँ। और आत्मा ना तो मरता है, और ना किसी को मारता है। वह तो बस है...। यह आत्मा ना तो किसी काल में जन्मता है, और ना कभी मृत्यु को उपलब्ध होता है। वह तो बस होता है...। अत: अर्जुन तू यह विश्वासपूर्वक जान ले कि तू भी एक 'आत्मा' है। वहीं यह भी समझ ले कि यह सब राजेलोग भी सिवाय आत्मा के और कुछ नहीं हैं।

और तब तेरी समझ में अपनेआप आ जाएगा कि न कोई मरता है और ना कोई मारता है। लेकिन जबतक इस बात की अनुभूति नहीं हो जाती है, तभी तक हिंसा-अहिंसा अस्तित्व में रहती है। ऐसे अज्ञानियों के जीवन में ही इन बातों का बोलबाला है। और तबतक ही मनुष्य में मरने का भय है तथा तबतक ही उसे मारने का गर्व है। ...तबतक ही उसे चींटी को बचाकर चलने का भ्रम है। ये सारे भ्रम आत्मा की अज्ञानता के कारण हैं।

अर्जुन! तू ऐसा समझ कि कोई ऐसा नाटक चल रहा हो जिसका एक पात्र किसी को मार रहा हो तथा दूसरा पात्र किसी को बचा रहा हो, तो क्या मारने वाला पात्र घर जाकर मातम मनाएगा? क्या बचानेवाला पात्र घर जाकर गर्व महसूस करेगा? नहीं, कोई ऐसा करेगा तो हम उसे पागल कहेंगे। ऐसे ही तू मेरी चेतना से देख। मैं चैतन्य के परम शिखर पर बैठा हुआ व्यक्ति हूँ। मैं सिवाय शुद्ध-बुद्ध आत्मा के और कुछ नहीं हूँ। अत: मेरे लिए हर अटल हो चुकी चीज सिवाय एक नाटक के और कुछ नहीं है। हे अर्जुन! ज्ञान का दावा करनेवाले बड़ों-बड़ों को मैंने इस विषय में भ्रमित ही पाया है। परंतु तू भ्रमित मत हो। तू विश्वास जान कि तू या अन्य कोई भी, सबकोई सिवाय शुद्ध-बुद्ध आत्मा के और कुछ नहीं है। और आत्मा के लिए ये सारे शरीर, सिवाय बदलते वस्त्रों के और कुछ नहीं हैं। हां, शरीर भी कीमती है, परंतु उसकी मृत्यु तय हो जानेपर उसका मातम मनाना या उस बाबत भय पालना गलत है। सत्य तो यह है कि जैसे मनुष्य पुराने वस्त्रों को त्यागकर नये वस्त्र ग्रहण करता रहता है, बस वैसे ही यह आत्मा पुराने शरीरों को त्यागकर नया शरीर ग्रहण करता रहता है। मनुष्य की इस आत्मा को शस्त्र काट नहीं सकते, आग जला नहीं सकती; और ना ही वायु इसे सुखा सकता है। यह तो नित्य, सर्वव्यापी, अचल और सनातन है। अत: तुझे इस सत्य को जानकर अपने तमाम दुखों पर विजय पा लेनी चाहिए। तुझे मरने का गम व मारने का भ्रम, दोनों तत्काल दूर कर लेने चाहिए। चल अर्जुन! तू आत्मा की इस अमरता और विशालता का तात्कालिक अनुभव नहीं भी कर सकता... और तू इसे जन्मने तथा मरनेवाला मानता है; तो भी हे अर्जुन, उस हालत में भी तुझे शोक करने की क्या आवश्यकता है? क्योंकि इस मान्यता के अनुसार भी जन्मने वाले की मृत्यु तो निश्चित है ही। और ऐसे में मरने वाले का जन्म भी होने ही वाला है। अत: तू कान ऐसे पकड़ या वैसे; तुझे मरने का भय व मारने का भ्रम तो किसी कीमत पर नहीं होना चाहिए। सीधा क्यों नहीं समझता कि यहां सभी जन्म से पूर्व अप्रकट ही थे, मृत्यु के पश्चात भी फिर अप्रकट हो ही जाने वाले हैं। ...यानी सभी यहां बीच में कुछ देर के लिए ही प्रकट हैं। ऐसे में चंद समय के लिए प्रकट इस शरीर हेतु शोक क्या करना?

लेकिन तू इतनी आसानी से नहीं समझेगा। क्योंकि दिक्कत यह है कि धर्म की चर्चा तो बहुत है पर आत्मा की चर्चा नहीं। कोई एक महापुरुष ही इस आत्मा को आश्चर्य

से देखता है, दूसरा कोई महापुरुष ही इसका तत्व की भांति वर्णन करता है; और कोई एक ही इसे समझने में रस दिखाता है। ...वरना तो सामान्य तौर पर धर्म के नामपर ऊपरी बातें ही होती हैं। यही कारण है कि धर्म भी हिंसा-अहिंसा के भ्रमों से भरा पड़ा है। लेकिन अर्जुन तू सत्य में रस ले। तू सत्य में स्थित हो। उसके बगैर तेरा वर्तमान कष्ट दूर होनेवाला नहीं है। तेरा क्या, उसके बगैर तो किसी का कोई भी कष्ट, कभी भी दूर होनेवाला नहीं है। ...तबतक वह "द्वंद्व रूपी मोहमाया" में उलझा ही रहेगा। अत: मेरा विश्वास जान कि तुझे अपना कष्ट दूर करने हेतु यह जानना ही रहा कि यह "आत्मा" हरेक के शरीर में सदैव से अवध्य है। ...इसे कोई भी नहीं मार सकता। और यह सत्य जान लिया तो फिर कभी किसी बात के लिए कोई गम नहीं। क्योंकि फिर, कभी किसी बात के लिए कोई भ्रम भी नहीं।

खैर, चल तू सत्य की ऊंचाई नहीं समझ पा रहा है तो तू थोड़ा एक कदम नीचे उतरकर समझ। क्योंकि मुझे तो तुझे समझाने हेतु तेरे स्तर पर आना ही रहा। तभी हम दोनों में संवाद स्थापित हो सकता है। सो तू आत्मा को धर्म नहीं मानता तो अपनी क्षत्रियता को धर्म मान ले। और एक क्षत्रिय के लिए अपने राज्य तथा अपने राज्यवासियों के लिए युद्ध करना एक सामान्य घटना है। स्त्री भोजन पकाने से, व्यवसायी कमाने से तथा शूद्र साफ-सफाई से, कोई भी कारण देकर इनकार नहीं कर सकता है। और इसमें कोई दो राय नहीं कि तू क्षत्रिय है तथा एक क्षत्रिय के लिए तो धर्मयुक्त युद्ध से बढ़कर दूसरा कोई श्रेष्ठ कार्य होता ही नहीं है। और वह इस युद्ध के रूप में तेरे सामने है, उसे लड़ व जीत। ...तथा जीतकर हस्तिनापुर राज्य और उसकी प्रजा का विकास कर। यही एक क्षत्रिय होने के नाते तेरा कर्तव्य है। तू अपनी जान बचाने हेतु हस्तिनापुर का उज्वल भविष्य दांव पर नहीं लगा सकता है। हस्तिनापुर की बागडोर एकबार फिर दुष्ट दुर्योधन के हाथों में नहीं जाने दे सकता है। और ना ही युद्ध से इनकार करके तू अपने भाइयों, पुत्रों, द्रौपदी तथा अपनी सेना की जिंदगी दांव पर लगा सकता है। तू इस सेना का सर्वश्रेष्ठ धनुर्धारी है। यदि तू ही युद्ध के मैदान से भाग गया तो कर्ण, भीष्म व द्रोण के द्वारा यह सभी बेमौत मारे जाएंगे। तू अपनी चिंता में तेरे भाइयों और पुत्रों की चिंता को नजरअंदाज नहीं कर सकता है। तू अपनी चिंता में तेरा साथ देने आए वीरों की जान दांव पर नहीं लगा सकता है। तू यह क्यों नहीं समझ रहा कि तू युद्ध से भाग गया तो हार निश्चित है। तेरे भाइयों व पुत्रों की मौत निश्चित है। और ऐसे में द्रौपदी की अस्मिता फिर दांव पर लग सकती है। एक क्षत्रिय होने के नाते सिर्फ अपनी जान बचाने हेतु तू इन सारे कर्तव्यों से मुख नहीं मोड़ सकता है।

खैर, यहां तक की दास्तान आपने अच्छे से समझ ली। अब आगे की चर्चा आप सीधे कृष्ण और अर्जुन के मुख से ही सुनें। इससे आपको उनके भीतर के "कहे-अनकहे

भावों का भी'' अच्छे से अंदाजा हो जाएगा। सो, यहां से आगे की चर्चा हेतु मैं ''साक्षी'' हो जाती हूँ व चर्चा की कमान सीधे कृष्ण व अर्जुन को सौंपती हूँ।

कृष्ण:

अब मैंने तो अपनी ओर से उसे सबकुछ कहा, हर तरीके से समझाया। लेकिन क्या कहूं आपसे? मेरे इतने समझाने पर भी अर्जुन राजी नहीं हुआ, तो नहीं ही हुआ। होता भी कैसे? इस समय उसका भय इतना गहरा था कि उसे भाइयों, पुत्रों या द्रौपदी तक की चिंता नहीं हो रही थी। वाकई, मैं तो बहुत बुरा फंसा था। क्योंकि कम-से-कम मेरी उपस्थिति में तो जो होना चाहिए, वह होना ही चाहिए। और उस अनुसार अर्जुन को युद्ध लड़ना ही चाहिए। परंतु सवाल यह कि इतने भ्रमित व भयभीत व्यक्ति को राजी कैसे किया जाए? अब अर्जुन सत्य की ऊंचाई से समझ लेता, तब तो बात कबकी समाप्त हो चुकी होती। फिर तो युद्ध अटल है, आत्मा अमर है; और ऐसे में यह सारा मरना-मारना एक माया है। परंतु चूंकि इस सत्य को समझने में बड़े-बड़े ज्ञानी मात खा जाते हैं, तो फिर अर्जुन की बिसात ही क्या? जब बड़े-बड़े ज्ञानी भी एक या दूसरे प्रकार की माया में उलझे रहते हैं, तो अर्जुन मोह कैसे छोड़ दे? मत छोड़े, पर युद्ध तो करना ही है। सो उस हेतु मैंने उसकी क्षत्रियता भी जगाने की कोशिश की। और यूं भी इस समय वह एक क्षत्रिय ही है। क्योंकि भीतर गहरे में तो अब भी उसमें राज्य पाने की चाह छिपी ही हुई है। आज भी उसके मन में कौरवों के प्रति शत्रुता भरी ही पड़ी है। यह तो पकड़े भय ने सब छिपा दिया है। लेकिन दुर्भाग्य से मैं उसकी क्षत्रियता भी नहीं जगा पाया। कोई बात नहीं, जो होना चाहिए, वह तो होना ही चाहिए। हार मान ले, वह कृष्ण कैसा? मुझे ऐसे ही ''जय-श्रीकृष्ण'' थोड़े ही

जिसके मन में जो है वही उसका सत्य है। उसे भोगकर ही वह उससे छुटकारा पा सकता है भागकर नहीं

हे
अर्जुन
यह बदल रही
परिस्थितियां
असत्य
हैं। सत्य
तो तू है
जिसमें
हरहाल में
डटे
रहने की
क्षमता
मौजूद
है

कहते हैं...? मुझ अकेले को पूर्ण अवतार ऐसे ही थोड़े कहते हैं? मैं सत्य व स्वधर्म से लेकर स्वार्थ तक के स्तर पर उतरकर जिससे जो चाहिए, वह करवा ही सकता हूँ। क्योंकि आत्मा का एक ही सिद्धांत है "जो होना चाहिए वह होना चाहिए और जो नहीं होना चाहिए वह किसी कीमत पर नहीं होना चाहिए" यानी अर्जुन को युद्ध करना चाहिए तो करना ही चाहिए। और सामान्य परिस्थिति में उसे युद्ध करने से कोई ऐतराज भी नहीं था। युद्ध के मैदान में वह पूरे जोश से ही आया था। क्योंकि तब वह अपने क्षत्रिय धर्मरूपी स्वधर्म में स्थित था। अब यह तो स्पष्ट है कि मुझे उसे फिर युद्ध करने हेतु राजी करना है, तो उसके भीतर आए परिवर्तन को शून्य करना होगा। और आप डे-टू-डे सायकोलॉजी में भी समझ लेना कि मनुष्य के मन परिवर्तित करने के तीन ही उपाय हैं। सबसे सीधा और सच्चा उपाय तो यह है कि उसे सत्य का एहसास करा दो। और वह उपाय मैं अर्जुन को आत्मा की अमरता समझाकर आजमा ही चुका हूँ। लेकिन वह नाकाम रहा। उसके नाकाम होने पर मैं उसका स्वधर्म जगाने की भी कोशिश कर ही चुका हूँ। लेकिन दुर्भाग्य से उसका क्षत्रिय-धर्म भी नहीं जागा। यहां यह भी समझ लो कि सत्य से मनुष्य का मन परिवर्तित हो जाए, तो फिर वह सदैव के लिए परिवर्तित हो जाता है। स्वधर्म से मन परिवर्तित हो तो वह कार्य दिल खोलकर करता है। परंतु जब दोनों उपाय असफल हो जाएं, तो फिर मनुष्य के मन परिवर्तन का एक ही उपाय बचता है कि उससे उसके स्वार्थ की बात कर ली जाए। और कहने की जरूरत नहीं कि मतलब की बात तो यहां हरकोई समझता ही है। वहीं मतलब की भाषा क्या होती है, यह भी आप सभी जानते ही हैं। जी हां, भय और लोभ की। लेकिन यह गिरावट की भाषा है। इससे भले ही मन परिवर्तित हो जाता है, परंतु अस्थायी तौर पर।

वहीं उसका दूसरा एक और घाटा है, और वह यह कि भय या लोभ से भागा मनुष्य दिल खोलकर कार्य नहीं कर पाता है।

खैर, मेरे पास तो इस समय उपाय ही कहां बचा है? सो बस मैंने सीधे अब अर्जुन पर भय व लोभ रूपी हथियार चलाना तय किया। शुरुआत लोभ पकड़ाने से ही करी। मैंने कहा...हे अर्जुन, ऐसा धर्मयुक्त युद्ध तो भाग्यवान क्षत्रिय लोग ही पाते हैं। यह युद्ध तो स्वर्ग के द्वार खोलने वाला है। अत: यह सुनहरा अवसर मत खो। साथ ही हे अर्जुन, एक बात और ध्यान रख ले कि युद्ध से भागेगा तो अपनी अबतक अर्जित सारी कीर्ति खो देगा। तू यह मत मान कि युद्ध से भागने पर सब तुझे अहिंसा को उपलब्ध मानेंगे या फिर संन्यासी मानेंगे। नहीं, सब तुझे मारे डर के युद्ध से भागा हुआ ही मानेंगे। तेरी बड़ी बदनामी होगी। फिर तू जहां जाएगा, जिससे मिलेगा...अपमानित होगा। ऐसे तिरस्कार भरे जीवन से तो मौत अच्छी। जरा सोच अर्जुन, कल जहां चारों ओर तेरी जय-जयकार थी; वहीं युद्ध से भागने पर चारों ओर तेरी थू-थू हो जाएगी। ऐसे बदनामी से भरे जीवन से तो युद्ध करना ही अच्छा है। इसमें कम-से-कम जीतने का और राज्य भोगने का मौका तो है। अत: समझ मेरे भाई, युद्ध लड़ने में फायदा-ही-फायदा है। जीता तो राज्य मिलेगा, यश मिलेगा। मरा तो पलभर में छूटकर स्वर्ग पाएगा। लेकिन भागा तो पूरा जीवन रोता रहेगा। एक तरफ लोग ताने कसेंगे और दूसरी तरफ अपने परिवार की मृत्यु का शोक भी तुझे जीवन भर सताएगा। अत: दिमाग मत लगा। सत्य से पकड़, स्वधर्म से पकड़ या स्वार्थ से समझ; मरजी तेरी। ...पर करना तुझे युद्ध ही है। दूसरी ओर यह भी समझ कि समय बीता जा रहा है। युद्ध किसी भी क्षण प्रारंभ होने को है। हमारे पास बातचीत हेतु ज्यादा वक्त नहीं है। वहीं युद्ध से तुझे कोई वैसे भी भागने देनेवाला नहीं है। ऐसी बेकार की कोशिश करने पर तो तू मुफ्त में मारा जाएगा। कौरवों को तो बिना मेहनत के उनका मनचाहा मिल जाएगा। सो, समझदारी दिखा तथा चुपचाप युद्ध के लिए खड़ा हो जा।

अब इतना कहकर मैंने तो गीता समाप्त कर दी। अर्जुन को युद्ध हेतु राजी हो ही जाना चाहिए था। ...परंतु उसके हावभाव से ऐसा कुछ नजर नहीं आ रहा था। ऐसे में बातचीत की डोर तो मैं छोड़ नहीं सकता था। सो मैंने फिर समझाना प्रारंभ किया। जब वह भय-लोभ से भी नहीं समझ रहा, तो मैंने बातचीत का स्तर बढ़ाने में ही अपनी भलाई समझी। यूं भी अर्जुन का अपना एक स्तर था ही। सो ऐसे में मुझे लाभ-हानि की बजाय बात को ''सत्य व स्वधर्म के बीच घुमाने पर ही'' उसे राजी करना ज्यादा आसान लग रहा था। सो मैंने अर्जुन से सीधा पूछा कि बता तेरी चिंता क्या है? यही न कि क्या होगा? तो, हो जाने दे जो होता हो। तुझे क्या? तू तो जय-पराजय, लाभ-हानि तथा सुख-दुख को

समान मानकर युद्ध के लिए तैयार हो जा। इन सबको सम मानने से तू पाप को उपलब्ध नहीं होगा। अरे, इन तीनों को सम मानने के बाद कोई कुछ भी करे, कभी पाप को प्राप्त नहीं होता। क्योंकि यदि कुछ पाप है तो वह स्वार्थ है। जय चाहिए, पराजय नहीं। लाभ चाहिए, हानि नहीं। सुख चाहिए, दुख नहीं। अर्जुन, मनुष्य को चाहिए कि अपने सारे कर्मों से इन द्वंद्वों को हटा दे। तू एक कर्म तो इन सबको हटाकर करके देख! मुझे ही देख, मुझे इस युद्ध से क्या लाभ है? कोई जीते, कोई हारे, जाती तौर पर मुझे क्या फर्क पड़ रहा है? फिर भी मैं तेरे साथ खड़ा हूँ। मेरे किसी कर्म में जय-पराजय या लाभ-हानि की कोई गणना कभी नहीं होती। जबकि दूसरी ओर सामान्य मनुष्य कर्मों में से इन सबका विचार हटा दे तो शायद वह दो कदम नहीं चल पाए। ...बस यही मेरे व सबके बीच वो फासला है, जो सबको तय करना है। जीवन का यही तो रहस्य है, जो सबको समझना है। सबको समझना है कि सुख-दुख से ऊपर आनंद होता है। लाभ-हानि से ऊपर संतोष होता है। जय-पराजय से ऊपर कर्तव्य होता है। और कर्म आनंद व संतोष के लिए किये जाते हैं। कर्म, कर्तव्य होता है। यूं तो धर्म और धार्मिकता की चारों ओर खूब चर्चा है, परंतु अर्जुन तू आज मुझसे धर्म और अधर्म का स्पष्ट भेद जान ले। कर्म आनंद व संतोष हेतु कर्तव्य मानकर किया जाता है तो धर्म, वरना अधर्म। सवाल युद्ध या संन्यास का नहीं है। सवाल कर्म के पीछे के कारण का है। यदि तू युद्ध राज्य पाने हेतु करता है, तो अधर्म। यदि तू युद्ध कौरवों के प्रति शत्रु-भाव रखकर करता है, तो भी अधर्म। परंतु यदि तू युद्ध हस्तिनापुर की प्रजा के खुशहाल जीवन हेतु करना चाहता है, तो धर्म। तू युद्ध स्त्रियों की अस्मिता बचाए रखने हेतु करना चाहता है, तो धर्म। और यदि तू युद्ध से भागना चाहता है, तो वह तो मोह है। क्योंकि युद्ध अटल हो चुका है। और सत्य से मुंह फेरना, मनुष्य की अंतिम गिरावट है। अत: तू ''क्या होगा'' की चिंता त्यागकर युद्ध को एक रास मानते हुए खेल जा। क्योंकि हस्तिनापुर की प्रजा को श्रेष्ठ शासन देना तथा स्त्रियों की अस्मिता बचाना एक क्षत्रिय होने के नाते तेरा कर्तव्य है।

यह कहकर मैंने गीता एकबार फिर समाप्त कर दी। मेरी दृष्टि में अब तो अन्य किसी संशय की जगह ही नहीं बची थी। उम्मीद तो यही थी कि अर्जुन हंसते हुए युद्ध हेतु तैयार हो जाएगा। गीता तो एक दृष्टि से यहां सबके लिए समाप्त हो चुकी है। क्या करना तथा क्या नहीं करना, यह पूरी तरह से स्पष्ट हो चुका है। परंतु जय-पराजय व लाभ-हानि बाबत सोचने की आदत पुरानी है। यही उलझन अर्जुन की भी है। वह भी युद्ध हेतु तैयार नहीं ही हुआ। कोई बात नहीं, मैं फिर शुरू हो जाता हूँ। मेरे पास तो उसको युद्ध हेतु राजी करने के अलावा दूसरा उपाय ही कहां है?

सो, वार्तालाप को आगे बढ़ाते हुए मैंने कहा कि हे अर्जुन, मैंने तुझे ज्ञानयोग के माध्यम से ''क्या करना तथा क्या नहीं करना'' यह समझाने की कोशिश की। लेकिन तू एक क्षत्रिय है। तू कर्म की भाषा ज्यादा समझता है। अतः इसी बात को तू कर्मयोग के माध्यम से समझ। उसे समझकर तू कर्मों के बंधन से छूट जाएगा। क्योंकि तेरी वर्तमान उलझन कर्म नहीं है, उसका फल है। तुझे ऐतराज युद्ध से नहीं है, तुझे अड़चन युद्ध के संभावित परिणाम से है। सो, तू मुझे ध्यान से सुन। शायद युद्ध के परिणाम को लेकर उभरी तेरी चिंता दूर हो जाए, और तू दिल खोलकर युद्ध कर पाए। यह स्पष्ट समझ ले अर्जुन कि बात चाहे ज्ञानयोग से समझे या कर्मयोग से, करना तो तुझे दिल खोलकर युद्ध ही है। क्योंकि धर्म का तो एक ही अर्थ है कि ''जो होना चाहिए वह होना चाहिए तथा जो नहीं होना चाहिए वह किसी कीमत पर नहीं ही होना चाहिए''। और इस लिहाज से तेरे पास दिल खोलकर युद्ध करने के अलावा अन्य कोई विकल्प नहीं है। सच तो यह है अर्जुन कि यहां किसी मनुष्य को कभी ''क्या करने और क्या नहीं करने'' का कोई विकल्प उपलब्ध नहीं होता है। हरकोई यहां कुदरत की ''जो होना चाहिए-वह होना चाहिए'' की महान लीला से बंधा हुआ है। और इस एक निश्चय से जी रहा व्यक्ति चाहे जो करे, कभी कुदरत से नहीं बिछड़ता है। परंतु दुर्भाग्य से यहां कोई भी इस एक निश्चय से नहीं जी रहा होता है। यहां हरेक ने अपनी बुद्धि को अनेकों निश्चय में विभाजित कर रखा है। और उसी कारण वह बात-बात में विकल्प खोजता रहता है। तू भी इस समय यही कर रहा है। और उसके दो प्रमुख कारण हैं; एक कर्म के फलों में लालसा तथा दूसरा है जमानेभर का ज्ञान। इन दोनों से प्रभावित मनुष्य शास्त्रों व कर्मकांडों में रुचि दिखाते हैं। सोचते हैं कि स्वर्ग से बढ़कर कुछ पाने योग्य है ही नहीं।

परमात्मा के **मार्ग** में कभी **देर** नहीं होती। ...वहां तो जब **जागो** तब **सवेरा** हो जाता है

उनका रस उन तमाम विधियों में होता है जो उन्हें लाभ के आश्वासन देती है। वे उन तमाम क्रियाओं में रुचि दिखाते हैं जो उन्हें हानि से बचाने के उपाय बताती है। इस प्रकार की वाणियों से जिनका चित्त भ्रमित हो जाता है, वे एक परमात्मा में यानी ''जो होना चाहिए'' में एक निश्चय करके खड़े नहीं हो पाते हैं। और अर्जुन यह स्पष्ट समझ ले कि संसार के तमाम शास्त्र, फिर वे चाहे किसी के भी द्वारा कहे या लिखे गए हों, या फिर वे किसी भी संप्रदाय के हों; जिनमें भी कर्मों से कुछ मिलने का ताल्लुक बिठाया गया है, वे सब मनुष्य के ''एक निश्चय'' में भ्रम पैदा करनेवाले हैं। अर्जुन, सवाल क्या कर रहे हो या क्या नहीं कर रहे हो का नहीं है; बल्कि सवाल एक निश्चय व अनेक निश्चय का है। मैं तुझे एक निश्चय से युद्ध करने को कह रहा हूँ, परंतु तू शास्त्रों को बीच में लाकर निश्चयों को विभाजित करने में लगा हुआ है। तू उनका सहारा लेकर मुझे, पाप-पुण्य क्या है, यह समझा रहा है। परंतु स्पष्ट समझ ले कि एक निश्चय पुण्य है तथा भ्रम पाप है। और तू शास्त्रों के कारण इस समय भ्रमित हो चुका है। सो तू शास्त्रों की बात छोड़ और स्वाधीन अंत:करण वाला हो। तुझे क्या करना चाहिए, वह अपनी अंतरात्मा से पूछ। मनुष्य की अंतरात्मा ही हर मनुष्य का अपना शास्त्र है। सच कहूं तो वही उसका एकमात्र शास्त्र है। बाकी तो संसार में हजारों शास्त्र हैं। कोई कुछ करने को कहता है तो दूसरा उसके विरोध में कुछ कहता है। तुझे उन सबसे क्या? तू तो अपने भीतर के परमात्मा से संवाद बिठा। एक वही है जो इस पल का सत्य जानता है। एक बात समझ अर्जुन कि जो अपनी अंतरात्मा की आवाज सुनता है, वह परिपूर्ण जलाशय पा जाता है। वह ज्ञान के परम शिखर पर बैठ जाता है। ऐसे परिपूर्ण जलाशय के पा लेने पर छोटे जलाशयों में मनुष्य का जितना प्रयोजन रह जाता है, उतना ही प्रयोजन अंतरात्मा से चल रहे मनुष्य का संसार के तमाम वेदों और शास्त्रों में रह जाता है। अत: तू भीतर के ज्ञान की बहती गंगा को छोड़ के टुकड़े-टुकड़े में दिया भ्रमित ज्ञान क्यों उठाना चाह रहा है? ज्ञान की तो यहां मनुष्य को आवश्यकता ही नहीं है। हरेक की अंतरात्मा यहां ज्ञान-विज्ञान से पूर्णत: तृप्त है। मैं भी इस समय तुझे कोई ज्ञान नहीं दे रहा हूँ, बल्कि मैं तो सिर्फ तुझे अपनी अंतरात्मा की आवाज सुनने हेतु प्रेरित कर रहा हूँ। वह सुन ले, तू दिल खोलकर युद्ध करने हेतु राजी हो जाएगा। ...फिर तू शास्त्रों के व्यर्थ हवाले दे-देकर युद्ध से भागने की बात नहीं करेगा।

खैर, दूसरी ओर तू एक और कमाल कर रहा है। तू फलों का हवाला देकर युद्ध के मैदान से भागना चाह रहा है। लेकिन सत्य तो यह है अर्जुन कि ''तेरा कर्म करने पर अधिकार है, उसके फलों पर कभी नहीं।'' हे अर्जुन, इस एक वाक्य में सबकुछ समा जाता है। मनुष्य की निगाह सिर्फ कर्म पर होनी चाहिए, उसे करने या न करने के कारणों पर नहीं।

परंतु तू ऐसा नहीं कर रहा है। तू युद्ध करने के हजारों कारण सोचकर युद्ध के मैदान में पहुंचा है। और यहां आकर युद्ध न करने के हजार कारण गिना रहा है। लेकिन मुझे देख, चूंकि मेरा यहां आने का कोई कारण नहीं, अत: मैं यहां से भागने के कारण भी नहीं दे रहा हूँ। मेरे तो तमाम कर्मों का एक ही कारण होता है कि जो होना चाहिए, वह होना चाहिए। और फिर उसके आगे फल की चिंता मैं नहीं करता। वह भी जो आना हो आ जाने दो। यही जीने का सही तरीका भी है तथा यही कुदरत की महान लीला भी है। तो ऐसे में, मैं भला ''जीवन की बहती धारा व कुदरत की महान लीला'' के बीच में क्यों आऊं? अत: तू भी युद्ध करने या न करने के तमाम कारण त्यागकर कुदरत की इस महान लीला का अंग बन जा। बह जाने दे जीवन को, जिस ओर वह बह रहा है। ...और फिर जो होता हो, वह हो जाने दे।

सौ बातों की एक बात यह कि तू समत्व में स्थित हो जा। हार-जीत ही नहीं, सिद्धि और असिद्धि में भी सम हो जा। तू निगाह सिर्फ उस कर्म पर लगा, जो सामने है। तू निगाह फल से हटा। तू निगाह कारणों पर से हटा। ऐसा करने पर तुझे सिर्फ युद्ध दिखाई देगा। ऐसा करने से तू दिल खोलकर हंसते हुए युद्ध कर पाएगा। और तभी तू इस युद्ध में अपना श्रेष्ठ प्रदर्शन कर पाएगा। तभी युद्ध का श्रेष्ठ परिणाम तेरे पक्ष में आ पाएगा। तू फल की सोचेगा या स्वयं को कारणों में विभाजित करेगा, तो तू इस युद्ध में अपना श्रेष्ठ प्रदर्शन कभी नहीं कर पाएगा। ...क्योंकि परिणाम तेरे सोचने के नहीं, कर्म के आएंगे। अत: तू मेरे इस सूत्र को सुख और सफलता के शिखर छूने का महासूत्र समझ ले। मैंने पूरे जीवन निगाह सिर्फ कर्म पे रखी है। और देख, मैंने ग्वाले से द्वारकाधीश तक का सफर तय किया है। मैं जीवन का कोई युद्ध कभी नहीं हारा हूँ। अत: तू यहां-वहां की सारी बातें छोड़ दे व जान ले कि हमारा सिर्फ कर्म पर अधिकार है, उसके फलों पर नहीं। सो, तू यह मानते हुए दिल खोलकर युद्ध कर। और बाकी सब उसपर छोड़ दे, जिसके हाथ में सबकुछ है।

लेकिन फल की आशा छोड़ना तथा कारणों पर विचार करना छोड़ना आसान नहीं। और यही कठिनाई अर्जुन को भी हो रही थी। ऐसा नहीं है कि वह मेरी बात बिल्कुल नहीं समझ रहा था, परंतु उनपर अमल नहीं कर पा रहा था। सो मैंने इसी बात को थोड़ा और विस्तार से समझाने का प्रयास करते हुए कहा कि ''समत्व-बुद्धि'' ही एकमात्र श्रेष्ठ बुद्धि है। लाभ-हानि या जय-पराजय की सोचना अत्यंत निम्न श्रेणी की बात है। आश्चर्य तो यह है कि शास्त्र भी लाभ-हानि व जय-पराजय की भाषा ही बोलते हैं। और यही कारण है कि शास्त्रों की इतनी भरमार होने के बावजूद मनुष्य को चैन नहीं मिल रहा है। यही कारण है कि वह सुख और सफलता से वंचित है। परंतु तू मत चूक। तू फल मत चाह। तुझे क्या देना व क्या नहीं देना, वह परमात्मा तुझसे बेहतर जानता है। और ध्यान रख अर्जुन कि समत्व

हे
अर्जुन
एक बात
हमेशा
ध्यान
रखना कि
''क्या
करना
और क्या
नहीं
करना''
का
एकमात्र
आधार
समय
ही है

यानी पूर्ण समत्व। लाभ-हानि व जय-पराजय में ही नहीं, पाप और पुण्य में भी सम्पूर्ण समत्व। जबकि तू शास्त्रों को आधार बनाकर जो भी तर्क दे रहा है, सबके मूल में सिवाय पाप तथा पुण्य के और कुछ नहीं है। वैसे ही फल का त्याग यानी सम्पूर्ण त्याग। फिर फल की इच्छा चाहे पुण्य पाने की हो या स्वर्ग पाने की। फल की इच्छा चाहे जैसी हो, वह पाप ही है। अत: यह स्पष्ट समझ ले कि सम्पूर्ण समत्व ही कर्म के बन्धनों से छूटने का एकमात्र उपाय है। अर्जुन तू इतना समझ कि फल की आशा ही तमाम प्रकार के मोहग्रस्त बन्धनों का एकमात्र कारण है। फलों की ओर प्रेरित करनेवाले तमाम प्रकार के ज्ञान ''एक-निश्चय'' में बाधा है। और जिस रोज तू ''समत्व'' में दृढ़तापूर्वक स्थित हो जाएगा, उस दिन फलों की आशा के साथ-साथ सुने हुए तमाम शास्त्रीय वचनों से भी मुक्त हो जाएगा। और इन दोनों से छूटेगा तो तेरा परमात्मा से नित्य संयोग हो जाएगा। फिर क्या करना व क्या नहीं करना जैसे सवाल मन में उठेंगे ही नहीं। सबकुछ तेरी अंतरात्मा में हर समय कांच की तरह साफ होगा।

अब बात तो मैंने ना सिर्फ गहरी कही थी, बल्कि स्पष्टतापूर्वक भी कही थी। और उससे अर्जुन का ध्यान भय से हटकर ज्ञान की ओर लगा भी। पहले जो अर्जुन मुझे शास्त्र-ज्ञान से अवगत कराने में लगा हुआ था, वही अब जिज्ञासापूर्वक मुझसे ज्ञान पाने हेतु मचल उठा था। सो, मेरी बात सुनकर अर्जुन बोला कि हे कृष्ण, यह बताओ कि ऐसे परमात्मा को प्राप्त पुरुष के लक्षण क्या हैं? वह कैसे बैठता है, कैसे बोलता है और कैसे चलता है? अब सवाल भले ही उसने जिज्ञासापूर्वक पूछा था, परंतु उसकी मानसिकता पर शास्त्रों का प्रभाव अब भी स्पष्ट झलक रहा था। सो मैंने उसे शास्त्रों के प्रभाव से मुक्त करने के उद्देश्य से कहा कि हे अर्जुन, सवाल वह क्या बोलता और क्या करता का

नहीं है। सवाल वह कैसे उठता, क्या पहनता या कैसे चलता का भी नहीं है। यह सब तो शारीरिक कर्म हैं, जिनका धर्म से कोई ताल्लुक नहीं। सत्य तो यह है कि शरीर को कर्म का अधिकार ही नहीं है। मनुष्य के शरीर को कर्म करने तथा न करने हेतु उसकी कामनाएं उकसाती हैं। लेकिन स्थितप्रज्ञ योगी तो तमाम कामनाओं को त्याग चुका होता है। तू तो यहां युद्ध करने भी अपनी कामनाओं की पूर्ति हेतु आया था और अपनी कामनाओं की पूर्ति हेतु ही यहां से भागना भी चाह रहा है। परंतु हर तरह की कामनाएं पाप हैं। क्योंकि कामना मनुष्य को कर्म से अलग कर देती है। सवाल ''तू युद्ध कर रहा है या हिमालय पर बैठा ध्यान कर रहा है'' का नहीं है, सवाल यह है कि वह कर्म तू कामना से प्रेरित होकर कर रहा है या निष्काम-भाव से कर रहा है? स्थितप्रज्ञ योगी चाहे जो करता है, निष्काम-भाव से करता है। और जो निष्काम-भाव से कर्म करता है, वह कभी दुखों की प्राप्ति पर भीतर कष्ट नहीं पाता है और सुखों की प्राप्ति पर उछल नहीं पड़ता है। भीतर वह हमेशा समरस ही रहता है। कौन मनुष्य कामनाओं से कितना मुक्त है, उसके भीतर की समरसता ही उसका एकमात्र सबूत है। चूंकि तू कामनाओं से भरा है इसलिए हार-जीत से प्रभावित हो रहा है। अर्जुन इतना समझ कि सुख और दुख में कांपना ही एकमात्र पाप है। हरहाल में अकंप रहना एकमात्र पुण्य है। और तू शास्त्रों से या फल की कामनाओं से ही नहीं कांप रहा है, तू तो पाप-पुण्य, हार-जीत, मित्र-शत्रु तक की हर बात से कांप रहा है। लेकिन स्थितप्रज्ञ पुरुष कामनारहित होने के कारण कभी किसी बात से नहीं कांपते हैं। अत: वे चाहे जो करें, दुनिया उन्हें चाहे जो कहे; वे कभी पाप को उपलब्ध नहीं होते हैं। और मैं भी तुझसे यही कह रहा हूँ कि ''तू भी कामनारहित होकर युद्ध करने पर'' कभी पाप को प्राप्त नहीं होगा। अत: शास्त्रों में वर्णित पाप-पुण्यों पर से ध्यान हटाकर तू पूरी तरह से कामनारहित हो जा। सच कहूं अर्जुन, तो तू कछुए की तरह अपने इन तमाम कंपनों को समेट ले। एक चीज और समझ ले कि युद्ध से भागने पर भी तेरी कामनाएं निवृत्त नहीं होगी। हिमालय पर जाकर बैठने से इच्छाएं पीछा नहीं छोड़ देती हैं। इसलिए भागना नहीं; भोगना एकमात्र समाधान है। अत: तू युद्ध से भागने की बजाय युद्ध को भोग। यह समझ कि युद्ध छोड़कर भाग जाने से तेरे युद्ध करने हेतु आने के कारण नहीं मिट जाएंगे। तू युद्ध से भागेगा तो भी वे कारण तो तेरा पीछा करते ही रहेंगे। वहीं यह भी समझ कि तेरे युद्ध के मैदान से भागने पर तेरी राज्य पाने की चाह नहीं मिट जाएगी। कौरवों के प्रति तेरी शत्रुता समाप्त नहीं हो जाएगी। लेकिन युद्ध करने पर तू इन दोनों कारणों पर विजय पा सकता है। हो सकता है कि जीतने पर तेरी राज्य पाने की तमन्ना पूरी हो जाए और तू उससे छूट जाए। हो सकता है कि कौरवों पर चंद वार करके तेरी उनके प्रति की शत्रुता तिरोहित हो जाए। अत: यह समझ ले अर्जुन कि

जिसके मन में जो है, वही उसका सत्य है। उसे भोगकर ही वह उससे छुटकारा पा सकता है, भागकर नहीं। अर्जुन ध्यान रख कि विषयों से भागनेवालों के विषय तो छूट जाते हैं, परंतु उनकी उनमें रहने वाली कामनाएं नहीं छूटती। ऐसे ही युद्ध से भागने पर तेरा युद्ध से तो छुटकारा हो जाएगा, परंतु उसके कारणों पर तू विजय नहीं पा सकेगा। वे कारण तो उल्टा भीतर-ही-भीतर और गहरा जाएंगे। यह सत्य जान ले कि स्त्री व भोगों से भागे संन्यासियों का उनसे कभी छुटकारा नहीं होता है। यही कारण है कि स्त्री व भोग उनके शास्त्रों तक में चले आते हैं। वही उनके स्वर्ग की कल्पना में भी मिलते हैं। अत: राज्य पाने की चाह में दर-दर भटकने से अच्छा है, राज्य भोगने का मौका ले ले। शायद भोगने के बाद एकदिन तेरा राज्य-मोह वास्तव में समाप्त हो जाए।

अर्जुन इस तमाम प्रक्रिया का विज्ञान समझ ले। इस सम्पूर्ण प्रक्रिया में तू विषयों को वैरी जान। यह भी जान कि भिन्न-भिन्न विषय अस्तित्व में आते हैं, समत्व खोने के कारण। समत्व खोते ही मनुष्य के सारे द्वंद्व उजागर हो जाते हैं। फिर वह भोग व संन्यास में तरह-तरह के भेद उत्पन्न करता है। उन्हीं के आधार पर वह अनेक विषयों को जन्म देता है। फिर उन विषयों से संबंधित साधनों की कामना करता है। भोग चाहने वाला धन व सत्ता एकत्रित करने में लग जाता है, जबकि दूसरी ओर संन्यास चाहने वाला ज्ञान व ध्यान के साधन एकत्रित करने में जुट जाता है। परंतु अंत में तो दोनों में कोई भेद नहीं है। क्योंकि दोनों विषयों के पीछे ही तो भागे जा रहे हैं। इस विज्ञान को ऐसा समझ कि मनुष्य राज्य की कामना करे या कमंडल की, है तो दोनों एक विषय ही। फिर उसकी उन दोनों विषयों में आसक्ति हो जाती है। उससे उसे पाने की चाह उत्पन्न होती है। पा लेता है तो उसे उसका मोह उत्पन्न होता है और नहीं पा पाता है तो विचलित हो जाता है। वहीं पाकर खोने की नौबत आ जाए तो वह क्रोधित हो उठता है। और तू ही देख ले, हमला चाहे राज्य पर किया जाए या कमंडल पर, क्रोधित दोनों ही हो जाते हैं। इस क्रोध से दोनों की ज्ञानशक्ति का नाश हो जाता है। ...फिर वे अपनी स्थिति से और गिर जाते हैं। ...और फिर तो वे गिरते चले जाते हैं। फिर तो खेल ऐसा जमता है कि राजा राजपाट से थकता है तथा संन्यासी कमंडल से ऊब जाता है। और आगे चलकर एक दिन ऐसा भी आता है कि राजा कमंडल पाने को मचलना शुरू होता है; और कमंडलधारी धन की कामना से भर जाता है। फिर बस यही सिलसिला जन्मों-जन्मांतर चलता रहता है। लेकिन इस भागादौड़ी से उनका छुटकारा कभी नहीं होता है। तेरा ही उदाहरण ले, राज्य की कामना तुझे युद्ध के मैदान में ले आई। कौरवों की विशाल सेना तुझे राज्य पाने में बाधा दिखाई देने लगी तो तू संन्यास की बातों पर उतर आया। कल फिर परिस्थिति बदलेगी, तो एकबार फिर तू राज्य पाने हेतु मचल उठेगा।

...यह सिलसिला कब तक चलेगा? कब तक राज्य और संन्यास के पीछे भागता रहेगा? कब समझेगा कि दोनों में से किसी में कोई फर्क नहीं है। अत: तू एक निश्चय से युद्ध कर व उसके परिणाम का फैसला परमात्मा पर छोड़ दे। युद्ध में से फल की आशा त्याग दे। फैसला उस परमात्मा को करने दे कि तुझे राज्य मिले, संन्यास मिले या इस जीवन से मुक्ति मिले। यह ध्यान रख ले अर्जुन कि जबतक तू मन मुताबिक कर्म कर फल परमात्मा पर नहीं छोड़ेगा, तबतक तू सुख व दुख से विचलित होता रहेगा। और तबतक तू कभी राज्य तो कभी वैराग्य की तरफ भागता रहेगा। यह समझ ले अर्जुन कि भोग और त्याग दोनों बहती नदी के समान हैं। दोनों खूब दौड़ाते हैं। अत: तू भोग और संन्यास दोनों की कामना त्यागते हुए दिल खोलकर युद्ध के लिए खड़ा हो जा। और अपनी इस दौड़ाभागी पर हमेशा के लिए विजय पा ले। तू फल को त्यागकर एक विशाल समुद्र जैसा हो जा। युद्ध के फलस्वरूप राज्य मिले या वैराग्य, या फिर मौत ही क्यों न मिले, तीनों संभावनाओं को अपने भीतर इस कदर समा ले...जैसे विशाल समुद्र तमाम बहती नदियों को अपने भीतर समा लेता है। यह, विशाल समुद्र जैसा होना ही स्थितप्रज्ञता है। और फिर यह क्यों नहीं समझता कि यह युद्ध तेरी ही कामनाओं का परिणाम है। इसे अब फल की आशा त्यागकर दिल खोल के भोग ले। बस तू ब्रह्मानंद को प्राप्त हो जाएगा। ...यही कर्मों के बंधन से सदैव के लिए छूटने का एकमात्र उपाय है। यही तमाम भागा-दौड़ियों पर पूर्णविराम लगाने का एकमात्र मार्ग है। अत: यहां हरेक को चाहिए कि वह कर्मों से भागे नहीं। वह यह मान ही ले कि सामने जो कुछ भी कर्म है, वह अपनी ही कामनाओं का अंतिम परिणाम है। अत: एकबार दिल खोलकर तथा फल की आशा त्याग कर वह कर्म कर लो, फिर हमेशा के लिए हर कर्म के बंधन से मुक्त हो जाओगे। अर्जुन के लिए महाभारत का युद्ध वह अवसर है, आपके लिए कोई दूसरा युद्ध यह अवसर हो सकता है। ...बस फल परमात्मा पर छोड़ के खेल जाओ। ...ब्रह्मानंद को प्राप्त हो जाओगे।

प्रैक्टिकल एप्लीकेशन - 5

गीता के दूसरे अध्याय में कृष्ण ने समझाया कि सवाल अच्छे-बुरे का नहीं है। सवाल तुम क्या चाहते हो उसका भी नहीं है। सवाल सिर्फ समय का है। इच्छाएं तथा महत्त्वाकांक्षाएं तो कोई भी कुछ भी पकड़ सकता है। कृष्ण कह रहे हैं कि उससे मुझे कोई ऐतराज भी नहीं है। पर हां, यह अवश्य चेक कर लो कि आप जो इच्छा कर रहे हैं, यह उसका सही समय है भी या नहीं? यदि गलत समय पे गलत महत्त्वाकांक्षा पकड़ ली तो बर्बादी तय है। अत: आपके लिए बेहतर है कि अपनी प्रमुख तीन इच्छाओं तथा महत्त्वाकांक्षाओं के समय को पहचान लें। समय सही जान पड़े तो ही आगे बढ़ें वरना सही समय का इन्तजार करें। हालपूरता उस इच्छा व महत्त्वाकांक्षा को ठंडे बस्ते में डाल दें। क्योंकि यह प्रकृति का नियम है कि सही समय पे उंगली से पहाड़ टूट जाएगा तथा गलत समय पे बुलडोजर से कंकड़ तक नहीं टूटेगा। अत: अपनी तीन प्रमुख इच्छाओं का समय पहले चेक कर लें। और जिसका समय सही जान पड़े, उसमें दिलोजान से भिड़ जाएं। जबतक इच्छित चीज प्राप्त न कर लें, रुकें ही मत।

1 इच्छा विस्तार से लिखें

....

....

....

....

....

....

....

....

क्या आपमें उस बाबत योग्यता है?

☐ हां ☐ नहीं

परिस्थितियां अनुकूल हैं?

☐ हां ☐ नहीं

उपलब्ध ऑप्शन्स में यही सर्वश्रेष्ठ है न?

☐ हां ☐ नहीं

रास्ते में आने वाली सारी बाधाएं दूर हो सकती हैं न?

☐ हां ☐ नहीं

आप आगे बढ़ने हेतु कॉन्फिडेन्ट हैं?

☐ हां ☐ नहीं

2

इच्छा विस्तार से लिखें

....

....

....

....

....

....

....

....

क्या आपमें उस बाबत योग्यता है?

☐ हां ☐ नहीं

परिस्थितियां अनुकूल हैं?

☐ हां ☐ नहीं

उपलब्ध ऑप्शन्स में यही सर्वश्रेष्ठ है न?

☐ हां ☐ नहीं

रास्ते में आने वाली सारी बाधाएं दूर हो सकती हैं न?

☐ हां ☐ नहीं

आप आगे बढ़ने हेतु कॉन्फिडेन्ट हैं?

☐ हां ☐ नहीं

3 इच्छा विस्तार से लिखें

....

....

....

....

....

....

....

....

क्या आपमें उस बाबत योग्यता है?

☐ हां ☐ नहीं

परिस्थितियां अनुकूल हैं?

☐ हां ☐ नहीं

उपलब्ध ऑप्शन्स में यही सर्वश्रेष्ठ है न?

☐ हां ☐ नहीं

रास्ते में आने वाली सारी बाधाएं दूर हो सकती हैं न?

☐ हां ☐ नहीं

आप आगे बढ़ने हेतु कॉन्फिडेन्ट हैं?

☐ हां ☐ नहीं

नोट: यदि पांचों मानकों में 'हां' पर टिक लगे हों, तब तो बिना एक क्षण बिगाड़े उस इच्छा की पूर्ति हेतु भिड़ जाओ। चार पर हां हो तो भी आगे बढ़ ही जाओ। तीन पर हां होने पे चार या पांच पर 'हां' होने का इन्तजार करो। तथा 1 या 2 पर ही हां हो तो हालपूरता उस इच्छा को त्याग दो।

प्रैक्टिकल एप्लीकेशन - 6

इस अध्याय में हमने कन्फ्यूजन के कारणों को समझा। दृढ़तापूर्वक युद्ध के मैदान में आया अर्जुन अचानक कन्फ्यूज क्यों हुआ, यह हमने समझा। इस अध्याय में हमने यह जाना कि एक से ज्यादा विकल्पों पर मनन करना कन्फ्यूजन की जड़ है। जबतक युद्ध एकमात्र विकल्प अर्जुन के पास था, तबतक अर्जुन युद्ध को लेकर रत्तीभर भ्रमित नहीं था। लेकिन जब वह अनेक विकल्पों के बीच में फंस गया तो कन्फ्यूज्ड हो गया। बस इसी को आधार बनाकर आप अपने प्रमुख कन्फ्यूजन की जड़ों को समझें और उन्हें हटाएं। और उस हेतु अगले पेज पर दिये गए चार्ट को भरें। अपने तीन प्रमुख कन्फ्यूजन विस्तार से लिखें तथा कन्फ्यूज होने के कारणों के आगे हां या ना पर टिक लगाए।

नोटः कार्य का यह नियम है कि जितना वह एक मन से दृढ़तापूर्वक करेंगे, उतने ही उसके श्रेष्ठ परिणाम आएंगे। सो कोशिश करो कि जो भी करो वह दृढ़तापूर्वक करो। तथा वह तभी संभव है जब विकल्प एक ही रहे कि यह करना ही है। और उस हेतु भ्रमित करने वाले तमाम विकल्पों से छुटकारा पाना जरूरी है। अत: अपने प्रमुख भ्रमों के आगे दिये कारणों में से जो लागू पड़ते हों, उनमें टिक लगाए। फिर देखो कि आपको जो करना है उसमें कुल कितने कारण आपको रोक रहे हैं? फिर एक-एककर उन सबको हटाकर कार्य करने हेतु अपना मन पक्का करते चले जाओ। कार्य प्रारंभ करने की जल्दी मत करो, पहले भ्रम पैदा कर रहे सारे कारणों को हटाओ। और जब सारे कन्फ्यूजन दूर हो जाएं तब डटकर कार्य करने हेतु तैयार हो जाओ। कृष्ण भी युद्ध को लेकर अर्जुन पर छाये सारे कन्फ्यूजन ही हटाने में लगे हैं। ताकि फिर वह पूरे मन से युद्ध कर सके। और आपको भी पहले कन्फ्यूजन हटाने हैं ताकि फिर दृढ़ मन से कार्य कर सकें। और कहने की जरूरत नहीं कि जो कार्य दृढ़ मन से करेंगे उसके परिणाम भी शानदार आएंगे ही।

1 प्रमुख कन्फ्यूजन

....

....

....

....

करना है पर धर्म आड़े आ रहा है?

☐ **हां** ☐ **नहीं**

करना है पर लोग क्या कहेंगे का डर है?

☐ **हां** ☐ **नहीं**

करना है पर चिंता परिणाम को लेकर है?

☐ **हां** ☐ **नहीं**

करना नहीं चाहते पर करने का बाहरी दबाव है?

☐ **हां** ☐ **नहीं**

करना मजबूरी लग रही है पर मन नहीं है?

☐ **हां** ☐ **नहीं**

करना है पर निर्णय लेने की सत्ता आपके पास नहीं है?

☐ **हां** ☐ **नहीं**

....

....

....

....

करना है पर धर्म आड़े आ रहा है?

☐ हां ☐ नहीं

करना है पर लोग क्या कहेंगे का डर है?

☐ हां ☐ नहीं

करना है पर चिंता परिणाम को लेकर है?

☐ हां ☐ नहीं

करना नहीं चाहते पर करने का बाहरी दबाव है?

☐ हां ☐ नहीं

करना मजबूरी लग रही है पर मन नहीं है?

☐ हां ☐ नहीं

करना है पर निर्णय लेने की सत्ता आपके पास नहीं है?

☐ हां ☐ नहीं

....

....

....

....

करना है पर धर्म आड़े आ रहा है?

☐ हां ☐ नहीं

करना है पर लोग क्या कहेंगे का डर है?

☐ हां ☐ नहीं

करना है पर चिंता परिणाम को लेकर है?

☐ हां ☐ नहीं

करना नहीं चाहते पर करने का बाहरी दबाव है?

☐ हां ☐ नहीं

करना मजबूरी लग रही है पर मन नहीं है?

☐ हां ☐ नहीं

करना है पर निर्णय लेने की सत्ता आपके पास नहीं है?

☐ हां ☐ नहीं

प्रैक्टिकल एप्लीकेशन - 7

कृष्ण अर्जुन से चाह क्या रहे हैं? इतना ही कि वह दिल खोलकर युद्ध करे। क्यों? क्योंकि तभी वह युद्ध में विजयी हो सकता है। गीता से हमें भी यही सीखना है। कृष्ण सिखा रहे हैं कि ध्यान सिर्फ कर्म पर लगाना है। और वह कब संभव है? जब ध्यान बाकी जगहों से हट जाए। कर्म के फल तक पर ध्यान न हो, तभी मनुष्य कर्म पूर्णता से कर पाता है। यदि मनुष्य चाहकर भी सफल नहीं हो पा रहा है तो प्रतिभा की कमी के कारण नहीं, बल्कि कर्म में पूरा ध्यान न लगा पाने के कारण। अत: कोई भी बड़ा कार्य प्रारंभ करने से पहले यह देख लो कि आपके जहन में कार्य के अलावा और क्या-क्या चल रहा है? पहले उन सबसे निजात पाओ। और जब ध्यान सब ओर से हट जाए तथा पूरी तरह से कार्य में लग जाए, तभी बड़ा कार्य प्रारंभ करो। फिर उस कार्य में आपको बड़ी सफलता मिलना तय है। सो इस समय आप जो भी बड़ा कार्य करने की सोच रहे हों उसे करने से पहले अगले पेज पर दिये गए चार्ट को भर लें। यह बेकार की जगहों से ध्यान हटाने तथा अपना पूरा जोर कार्य पे लगाने में सहायता करेगा।

वह बड़ा कार्य जो आप करना चाह रहे हैं

....

....

....

....

....

....

....

....

....

....

....

....

....

....

....

....

....

....

....

ध्यान कार्य के अलावा और कहां–कहां बंटा हुआ है, चेक करो!

फल या परिणाम में ध्यान भटक रहा है?

☐ **हां** | **यदि हां, तो पहले बाधा दूर करने में लगो। तथा बाधा दूर होने पर टिक ✔ लगाओ** ☐

☐ **नहीं** | **यदि नहीं, तो आगे बढ़ो और अगली बाधा पर ध्यान दो**

फायनेंशियल अव्यवस्था कार्य को बाधा पहुंचा रही है?

☐ हां | यदि हां, तो पहले बाधा दूर करने में लगो।
तथा बाधा दूर होने पर टिक ✔ लगाओ ☐

☐ नहीं | यदि नहीं, तो आगे बढ़ो और अगली बाधा पर ध्यान दो

पारिवारिक समस्या ध्यान भटका रही है?

☐ हां | यदि हां, तो पहले बाधा दूर करने में लगो।
तथा बाधा दूर होने पर टिक ✔ लगाओ ☐

☐ नहीं | यदि नहीं, तो आगे बढ़ो और अगली बाधा पर ध्यान दो

स्वास्थ्य साथ नहीं दे रहा है?

☐ हां | यदि हां, तो पहले बाधा दूर करने में लगो।
तथा बाधा दूर होने पर टिक ✔ लगाओ ☐

☐ नहीं | यदि नहीं, तो आगे बढ़ो और अगली बाधा पर ध्यान दो

कार्य की बारीकियों को समझना बाकी है, वह बाधा है?

☐ हां

यदि हां, तो पहले बाधा दूर करने में लगो।
तथा बाधा दूर होने पर टिक ✔ लगाओ ☐

☐ नहीं

नोट: जितने कॉलम में 'हां' लिखते हैं, उतनी बाधाएं हैं। सो कार्य बड़ा हो तो पहले जितनी हो सके उतनी बाधाएं दूर करें। और जब सारी बाधाएं अच्छी-खासी नियंत्रण में आ जाएं तभी बड़ा कार्य प्रारंभ करें। पूरा मन भी लगेगा तथा कार्य आसानी से भी निपटेगा। काम का मजा भी आएगा व परिणाम भी श्रेष्ठ आएगा। यह ध्यान रखना कि यह एप्लीकेशन जिंदगी के चंद महत्त्वपूर्ण कार्यों हेतु ही है। बाकी तो आज के आधुनिक युग में रोजाना एकसाथ अनेकों समस्याओं से उलझना ही पड़ता है।

अध्याय – 3

अर्जुनः

हे कृष्ण! यदि आपको कर्म की अपेक्षा ज्ञान श्रेष्ठ जान पड़ता है, तो फिर मुझे यह भयानक कर्म करने को क्यों कह रहे हो? देखते नहीं, इसमें कितनी जोखिम है? सच कहूं कृष्ण, तो आपके वचन मुझे वशीभूत कर रहे हैं। दिल करता है कि इन्हें सुनता ही रहूं। अत: आप कर्म की छोड़ ज्ञान की बात कीजिए। और उस ज्ञान की बात में कोई एक बात ऐसी बताइए, जो मेरे लिए निश्चित कल्याणकारी हो। ...जिसमें कोई जोखिम न हो।

हे **अर्जुन** जब जीवन **अस्तित्व** में ही **कर्म** से आया है तो कर्मों से तो किसी का यहां **छुटकारा** है ही नहीं। **कर्म** तो यहां **चींटी** से लेकर **हाथी** तक सबको करना ही **पड़ता है**

कृष्ण:

अर्जुन भी कमाल है! कह रहा है कि आपको कर्म की अपेक्षा ज्ञान श्रेष्ठ मान्य है तो मुझे युद्ध करने की सलाह बार-बार क्यों दे रहे हैं? क्यों मुझे इस भयंकर कर्म में घसीटना चाहते हैं? ...अब मैंने कब कहा कि कर्म से ज्ञान श्रेष्ठ है! मैंने तो कहा था कि तू ज्ञान की दृष्टि बढ़ाकर आत्मा की अमरता को स्वीकार ले, ऐसे में तेरे लिए यह युद्ध एक नाटक हो जाएगा। ...और चाहे तो तू युद्धरूपी कर्म में से फलों का त्याग कर ले, फिर तुझे युद्ध से कोई ऐतराज नहीं रह जाएगा। यानी बात चाहे कर्म से समझ या ज्ञान से, करना तुझे युद्ध ही है। तेरे पास कोई विकल्प नहीं है। अब मेरी कही इस सीधी बात को भी उसने एक नया मोड़ दे दिया। ...मैं समझ गया कि घुमा-फिराकर उसका पूरा ध्यान युद्ध से भागने पर ही लगा हुआ है। मैं क्या कह रहा हूँ... उससे उसे कोई मतलब नहीं है। उसने तो उसमें से भी युद्ध से भागने के बहाने खोज लेना है। अब अन्य समय होता तो उससे बहस भी कर लेता कि मैंने ऐसा कब कहा था? परंतु अभी ऐसा करने पर उसे मनचाहा मिल जाएगा। वह तो चाहता ही बहस है, ताकि किसी तरह मुझे भी युद्ध से भागने हेतु राजी कर सके। लेकिन इन सब बातों के लिए समय ही कहां है? ऐसा न हो कि हम यहां बहस ही करते रह जाएं और वहां युद्ध प्रारंभ भी हो जाए। ऐसा हुआ तो अर्जुन तो निश्चित ही बेमौत मारा जाएगा। ...सो बेहतर है कि वह जो कह रहा है, बात वहीं से आगे बढ़ाऊं।

बस मैंने कहा, सुन अर्जुन! दो प्रकार के मार्ग मेरे द्वारा पहले कहे गए हैं। ...और मेरे चैतन्य की पराकाष्ठा देखो कि इस समय मुझे शरीर का होश ही नहीं है। इस समय मैं सिर्फ एक ''आत्मीय एहसास'' रह गया हूँ। इसलिए तो मेरे मुख से निकला कि ''मैंने कही है...''। इस ''मैंने'' में हर वह व्यक्ति शामिल है जो कभी भी ''आत्मीय एहसास''

से बोला है। ...उस एहसास में भिन्नता का बोध ही कहां है? वहां से बोल रहे व्यक्ति के नाम या शरीर होते ही कहां हैं? सो मेरे मुख से निकला कि ''ज्ञानयोग'' व ''कर्मयोग'' दो प्रकार के मार्ग आत्मज्ञानियों ने युगों से सुझाए हैं। और अर्जुन, बात चाहे ज्ञानयोग की कर या कर्मयोग की; अंत में तो दोनों का आधार कर्म ही है। यहां कुदरत की रचना ही ऐसी है कि कोई भी मनुष्य, पलभर को भी बिना कर्म के नहीं रह सकता है। कुछ नहीं तो भी उसे जीवित रहने हेतु सांस लेने का कर्म तो करना ही होता है। अत: तू यह तो कह ही मत कि कृष्ण, कर्म की बात ही मत करो। मुझे तो बस ज्ञान दो तथा इस भयानक कर्म से भगा ले चलो। ज्ञानमार्ग से भी करना तो तुझे कर्म ही होगा।

यहां यह भी समझ ले अर्जुन कि हर कर्म का आधार सिर्फ-और-सिर्फ वर्तमान होता है। किसने कल क्या कहा था, वह आज के वर्तमान कर्म का आधार कभी नहीं हो सकता है। अत: हर मनुष्य के कर्म का आधार उसके ''मन का वर्तमान सत्य'' ही होना चाहिए। और तेरे मन का वर्तमान सत्य राज्य पाना ही है। तू लाख यहां-वहां का भातृप्रेम जताए, परंतु तेरे मन का वर्तमान सत्य कौरवों को सबक सिखाना ही है। तू शास्त्रों का हवाला देकर या भातृप्रेम जताकर अपने इस सत्य से मुंह नहीं फेर सकता है। यह ध्यान रख अर्जुन कि जो ''मन में होने के बावजूद किसी भी कारण कर्मों का केवल शरीर से त्याग करता है'' वह मिथ्याचारी अर्थात अहंकारी व पाखंडी कहा जाता है। उसका सिर्फ विनाश होता है। ...ऐसे ''मन में होने के बावजूद शरीर से जबरदस्ती त्याग करनेवाले'' ही फिर स्वर्ग की कामना करते हैं। और फिर उनके उस स्वर्ग में उर्वशी तथा मेनका आती हैं, सोमरस आता है...। परंतु मन के सत्य में जीनेवाले के लिए तो यहीं स्वर्ग होता है। उनके लिए उर्वशी-मेनका हो या सोमरस, दोनों यहीं होते हैं। वह तो इन सबको भोगता भी जीते-जी है तथा उनसे छूटता भी जीते-जी है। अत: यह समझ ले कि तेरे मन का वर्तमान सत्य यह युद्ध है। तू उसे दिल खोलकर भोग ले, तो ही कल उठकर 'ज्ञान' तेरे मन का सत्य हो सकता है। कोई भी व्यक्ति, किसी भी प्रकार के कर्म का ऊपरी तौर पर त्याग करके कभी ज्ञान को प्राप्त नहीं होता है। कर्मों का ऐसा त्याग अपने साथ किया वह छलावा है जिसका फल सिर्फ मानसिक विनाश होता है। और फिर सामने खड़े जिन योद्धाओं को तू भाई, ताऊ या गुरु कह रहा है, एकबार तू उनके मन के वर्तमान सत्य को भी देख ले। वे वर्तमान में तेरे गुरु या तेरे भाई-बंधु नहीं हैं। वे तेरे शत्रु हैं जो पांडवों के खात्मे की इच्छा लिये यहां एकत्रित हुए हैं। अत: वर्तमान में उन्हें गुरु या भाई-बंधु मानना भी असत्य है। सौ बातों की एक बात अर्जुन यह समझ कि वर्तमान ही ज्ञान है। वर्तमान ही ईश्वर का वास्तविक स्वरूप है। और इस पल का वर्तमान सत्य यह है कि युद्ध अटल है तथा तुम

व कौरव एकदूसरे के प्रति शत्रुता लिये इस युद्ध के मैदान में आमने-सामने खड़े हो। ऐसे में तुम्हारे इस ''वर्तमान सत्य'' के लिए शास्त्र भूतकाल हो जाते हैं तथा युद्ध का परिणाम भविष्य। अत: तू उन दोनों को त्यागकर वर्तमान सत्य को दिल खोलकर गले लगा ले।

अर्जुन एक बात समझ कि यहां हर मनुष्य का अपना एक शास्त्र होता है, जो इस पल के वर्तमान सत्य के अनुसार उसकी अंतरात्मा से निकलता है। और वही हर मनुष्य का अपना वास्तविक सत्य होता है। और तेरा वर्तमान सत्य ''दिल खोलकर युद्ध करना'' ही है। अत: तू ना तो दूसरों के लिखे शास्त्रों को और ना ही युद्ध के परिणामों को बीच में ला। तू अपनी आत्मा के शास्त्र की शरण ले। उसकी आवाज सुन। ...उसकी पुकार युद्ध की ही है। और यह ''शास्त्रीय आत्मज्ञान'' हर मनुष्य के भीतर होता है। वर्तमान में क्या करना यह हरेक की अंतरात्मा को कांच की तरह साफ होता है। परंतु हरेक का यह ज्ञान बाहर के शास्त्रीय ज्ञान तथा परिणामों की चिंता के कारण ढक जाता है। उसी से वह क्या करना तथा क्या नहीं करना बाबत भ्रमित होता रहता है। अत: तू ज्ञान पाना चाहता है तो सुन ले, ज्ञान तो तेरी अंतरात्मा में पड़ा ही हुआ है। ...उसे तुझे कहीं से पाना नहीं है। उस हेतु तो बस तुझे अपने सुने हुए शास्त्रज्ञान को शून्य करना है तथा परिणामों की चिंता त्याग देनी है। ऐसा करने पर ''युद्ध करने की दृढ़ता'' तेरे भीतर से आत्मज्ञान के रूप में स्वत: ही प्रकट हो जाएगी। सो, तू कर्मों से भागने की तो बात ही मत कर...।

अर्जुन, चल इसी बात को समझने हेतु तू मनुष्य की उत्पत्ति के सिद्धांत को समझ। यदि वर्तमान में प्रचलित शास्त्रों के हवाले से उन्हीं की भाषा में बात करूं तो 'ब्रह्मा' यानी प्रकृति से, कर्म यानी 'यज्ञ' की उत्पत्ति हुई है। अर्थात प्रकृति के 'कर्मरूपी यज्ञ' से जीवन अस्तित्व में आया है। और जीवन के अस्तित्व में आते ही प्रकृति ने ''जीवन को पूरी तरह से कर्मों के हवाले कर दिया'' है। तब से प्रकृति सिर्फ जीवन की पालन-कर्ता हो गई है। यानी प्रकृति से जीवन के बढ़ने हेतु पानी, अनाज, सूर्य की रोशनी, पृथ्वी वगैरह तो उपलब्ध करवा दिये गए, परंतु उसके आगे की यात्रा हेतु हर जीवन को उसके कर्मों के हवाले छोड़ दिया गया है। अर्थात उसके आगे के सारे कार्य तथा सारी प्रगति मनुष्य को अपने कर्मों के बल पर ही करनी है। प्रकृति की ओर से उसमें अब कोई सहयोग मनुष्य को उपलब्ध नहीं है। प्रकृति यानी ब्रह्मा ने स्पष्ट कह दिया है कि अब इन कर्मों के द्वारा तुम स्वयं अपना उद्धार करो। और बेहतर है कि ऐसे कर्म करो जिससे सबका सामूहिक उद्धार हो। और देख अर्जुन, नग्न घूमनेवाले तथा पत्ते ओढ़कर घूमनेवाले मनुष्य ने अपने कर्मों के बल पर एक-से-एक वस्त्रों का निर्माण किया। पैदल चलनेवाले मनुष्य ने शानदार रथों का निर्माण किया। कच्चा मांस खानेवाले मनुष्य ने कर्मों के बल पर एक-से-एक बानगियों का आविष्कार किया।

उसने ना सिर्फ नृत्य व संगीत खोजा, बल्कि मनोरंजन हेतु खेल-कूद भी खोजे। और यह सब मनुष्य ने अपने कर्मों के बल पर हासिल किया है। इसमें प्रकृति का कहीं-कोई योगदान नहीं। और मेरा यकीन जान कि इसके आगे भी मनुष्य क्या-का-क्या नहीं खोज लेगा।

कहने का तात्पर्य यह कि प्रकृति ने जीवन को कर्मों के हवाले कर स्पष्ट कह दिया है कि अब आगे इन कर्मों के द्वारा तुम एकदूसरे की सहायता करो। ...सबका सामूहिक उद्धार करो। प्रकृति ने मनुष्य से स्पष्ट कह दिया है कि ''सबकी भलाई हेतु कर्मों का यह यज्ञ'' दिन-रात करो। और अर्जुन, मैं भी तुझसे यही कह रहा हूँ कि प्रकृति द्वारा निर्देशित ''सर्वसुखाय सर्वहिताय'' यज्ञ पर ही तू ध्यान दे। मैं तो तुझसे ही नहीं, हरेक से कहता हूँ कि अपनी पूरी जीवन-ऊर्जा सिर्फ इस एक यज्ञ को समर्पित कर दे। फिर वह सर्वहिताय का यह कर्म चाहे कुछ कला के रूप में करे या ज्ञान के, विज्ञान के रूप में करे या व्यवसाय के तौर पर; कोई फर्क नहीं पड़ता। बस हर कर्म के वक्त निगाह सिर्फ सर्वहिताय पर लगी रहना जरूरी है। अत: तू भी इस युद्ध में निगाह सर्व के हित पर लगा। हस्तिनापुर की प्रजा को दुर्योधन के कुशासन से मुक्त कराना, इस समय तेरा सर्वहिताय कर्तव्य है। परंतु तू भी सामान्य मनुष्य की तरह स्वार्थ के इर्द-गिर्द घूम रहा है। तू युद्ध के मैदान में भी स्वार्थवश ही आया है तथा स्वार्थवश ही यहां से भागना भी चाह रहा है। लेकिन स्वार्थ हेतु कर्म करना प्रकृति की व्यवस्था के खिलाफ है। यह समझ अर्जुन कि युद्ध के मैदान में आना भी एक कर्म है, युद्ध करना भी एक कर्म है तथा युद्ध से भागना भी एक कर्म है। अत: कर्म तो तुझे युद्ध से भागने का भी करना ही है। जब जीवन अस्तित्व में ही कर्म से आया है तो कर्मों से तो किसी का यहां छुटकारा है ही नहीं। कर्म तो यहां चींटी से लेकर हाथी तक सबको करना ही पड़ता है। अत: स्पष्ट समझ ले कि तू बात चाहे ज्ञान की ही क्यों न करे, उसमें भी सवाल कभी भी ''कर्म करना या नहीं करना'' का नहीं होता। ...कर्म तो ज्ञानमार्ग में भी करना ही होता है। सो घूम-फिरकर मनुष्य के पास सवाल सिर्फ इतना ही बचता है कि वह कर्म स्वार्थ में आकर करे या कर्म सर्वहित हेतु करे। और सर्वहित हेतु कर्म करना हमेशा बेहतर है। उससे प्रकृति और मनुष्य का तालमेल बैठा रहता है। अत: तू स्वार्थ हेतु ना तो युद्ध करने की सोच और ना स्वार्थ के वश में आकर युद्ध से भागने का विचार कर। तू प्रजा की खुशहाली हेतु युद्ध कर। यह स्पष्ट समझ ले अर्जुन कि जो स्वार्थ हेतु यज्ञ यानी कर्म करता है, वह पाप करता है। तू पाप को उपलब्ध मत हो। ...तू सर्व हेतु डटकर युद्ध कर। क्योंकि स्वार्थपूर्ति हेतु कर्म करने वाले व्यर्थ ही जीते हैं। दरअसल सर्वहित हेतु लगातार कर्म करते रहना ही एकमात्र सच्चा ज्ञान है। अत: यह स्पष्ट समझ ले कि दुनिया के किसी ज्ञान को ''कर्म' से अलग नहीं किया जा सकता है। ऐसा समझ कि ज्ञान भीतर है तथा

कर्म बाहर है। दोनों एकदूसरे के बिना अधूरे हैं। सो तू भी भीतर प्रजा के हित का ज्ञान जगा तथा उस हेतु बाहर युद्ध कर।

अर्जुन, तू मेरा ही उदाहरण ले। मैं जीवनभर इसी सृष्टि-चक्र के अनुसार बरता हूँ। मैंने हमेशा सर्वहित हेतु कर्म करने को ही अपना जीवन माना है। मैंने कितने वध किये, परंतु उनमें से कोई भी वध कभी भी राज्य पाने हेतु या राज्य बढ़ाने हेतु किया? जिनके वध किये क्या उनमें से किसी से मेरी कोई जाती दुश्मनी थी? नहीं...। परंतु चूंकि अपने पाप के द्वारा वे सब-के-सब सर्व हेतु खतरा बन चुके थे, इसलिए मैंने उनका वध कर सर्व का उद्धार किया। उन वधों के बाद कितनी बार मुझे राजा बनने का प्रस्ताव भी आया, लेकिन मैंने उन प्रस्तावों को कभी नहीं स्वीकारा। सर्वहित का कर्म करते वक्त कभी स्वार्थ पर मेरी नजर ही नहीं गई। मैं कोई राजा का पुत्र भी नहीं था कि राजपाट मुझे विरासत में मिल जाता। मैंने तो अपना राज्य 'द्वारका' भी अपने कर्मों के बल पर ही स्थापित किया था। द्वारका बसाने हेतु मैंने ना तो कोई युद्ध किया, ना ही कोई अन्य खूनखराबा किया। मैं तो सदैव अपनी आत्मा में ही रमण करता रहा तथा उसी में हमेशा तृप्त रहा। अर्जुन एक बात समझ ले कि जब तक स्वार्थ है तभी तक यह सब कर्म व कर्तव्य हैं। परंतु जो मनुष्य आत्मा में ही तृप्त है उसके लिए न तो कोई कर्म है, और ना ही कोई कर्तव्य है। यह जिन्हें भी मनुष्य "कर्म और कर्तव्य" कहता है, उन सबकी जड़ में स्वार्थ है। वह अपनी तथा अपनों की चिंता में कर्म करता है तथा उसे ही कर्तव्य समझता है। लेकिन आत्मा में तृप्त व्यक्ति तो सिर्फ "सर्वहिताय" से बंधा होता है। वह तो निरंतर बिना स्वार्थ के जगत का उद्धार करने हेतु लगा होता है। और यह जगत-उद्धार हेतु लगे रहना ही मनुष्य का एकमात्र वास्तविक "कर्तव्य कर्म" होता है। ऐसे कर्तव्य कर्मों में लगे रहनेवालों को अपनी या अपनों की चिंता नहीं सताती है। ऐसे महापुरुष का न तो कर्म करने के पीछे कोई उद्देश्य होता है, और ना ही कर्म न करने के पीछे कोई प्रयोजन होता है। लेकिन तू स्वार्थवश राज्य पाने के एक उद्देश्य को लेकर युद्ध के मैदान में आया था। और अब अपनी जान बचाने के एक उद्देश्य को लेकर युद्ध के मैदान से भागना चाहता है। दोनों के मूल में स्वार्थ है। स्वार्थ से ऊपर उठ तथा सर्व की सोच। राज्य पाने के उद्देश्य तथा भागने के प्रयोजन दोनों से छुटकारा पा। यह युद्ध तू प्रजा की खुशहाली हेतु कर। दुर्योधन के कुशासन को खत्म करने हेतु कर। इस क्षण यही तेरा कर्तव्य कर्म है। अर्जुन, इतना समझ ले कि बाहर तो युद्ध अटल है। अत: अब इस युद्ध में कोई अच्छाई या बुराई बची नहीं है। और यूं भी सारी "अच्छाई-बुराई" मनुष्य की मनोदशा में होती है। मनुष्य स्वार्थ को ध्यान में रखकर कुछ भी करता है... तो पाप, और वहीं अपनी मनोदशा में सर्व को ध्यान में रखकर कुछ करता है... तो पुण्य। सो

तू वर्तमान युद्ध से हर प्रकार की आसक्ति हटा दे। मैं वादा करता हूँ कि ''आसक्तिरहित मनोदशा में'' युद्ध करते-करते तू परमात्मा को प्राप्त हो जाएगा। ...फिर उस हेतु तुझे युद्ध के परिणाम पर निर्भर रहने की आवश्यकता नहीं रह जाएगी। क्योंकि सारा खेल मनोदशा का है, बाहरी कर्म का नहीं। स्वार्थ की मनोदशा में युद्ध करने पर तू हारे-जीते या मरे; तीनों हालत में पाप को ही प्राप्त होगा। जबकि सर्वहित की मनोदशा में युद्ध करने से तू हारने, जीतने और मरने पर भी परमात्मा को ही प्राप्त होगा। सीता के पिता जनक भी आसक्ति को हटाकर परमसिद्धि को प्राप्त हुए थे। जीवन संबंधित ऐसे कौन-से कर्म थे जो वे नहीं करते थे, परंतु उनमें आसक्ति का सर्वथा अभाव रहने के कारण वे सदैव परमात्मा में स्थित रहते थे। अत: तू भी युद्ध करना या न करना में विकल्प मत ढूंढ़। तू युद्ध में से आसक्ति व स्वार्थ हटाने की सोच।

अर्जुन, इस समय मैं चेतना के परमशिखर पर विराजमान हूँ। अत: मैं जो कुछ भी कह रहा हूँ, वह ध्यान से सुन। तू पहला व्यक्ति नहीं है जो कर्मों को लेकर इस कदर भ्रमित हुआ हो। कर्मों को लेकर तो मनुष्य युगों से भ्रमित रहा है। ...जबकि सत्य यह है कि कर्म ही उसके जीवन का आधार है। इस कारण सामान्य मनुष्य ''क्या करना व क्या नहीं करना'' उस हेतु हमेशा से श्रेष्ठ पुरुषों पर आश्रित रहा है। श्रेष्ठ पुरुष जो कुछ भी करते हैं, सामान्य व्यक्ति बिना समझे उनका अनुसरण करने लग जाते हैं। और उसी से ये सारे भ्रम पैदा होते हैं। क्योंकि सामान्य मनुष्य यहां मन की गहराइयों को या प्रकृति की रचना को तो समझता नहीं है, और बिना समझे श्रेष्ठ पुरुषों के शारीरिक कर्मों को आधार बनाकर उनके अनुसरण पर उतर आता है। वह श्रेष्ठ पुरुषों को देखकर समझने लगता है कि यह खाना, यह पहनना या यह करना अच्छा है। कभी समझता है कि

जो सबकुछ स्वीकारता चला जाता है वही सच्चा संन्यासी है

यह करना गलत है। और इन्हीं सबके कारण जगत में कर्मों को लेकर इतने भ्रम उत्पन्न हुए हैं। क्योंकि हर श्रेष्ठ पुरुष की आदत के अनुसार यहां करने व न करने की अलग-अलग सूची उपलब्ध है। और इन्हीं चलती-फिरती सूचियों के कारण संसार में कर्मों को लेकर इतनी अश्रद्धा व्याप्त है। इसी कारण हरकोई यहां न करने योग्य कर्मों की सूची बनाए घूम रहा है। ...और यही गलत है।

तू मुझे ही देख अर्जुन, तीनों लोकों में ऐसा कुछ प्राप्त करने योग्य नहीं है, जो मुझे प्राप्त न हो। यहां यह भी समझ ले अर्जुन कि यह तीनों लोक बाहर नहीं है, बल्कि यह मनुष्य के मन की अवस्था है। हरकोई यहां समय के आधार पर तीन लोकों; यानी भूतकाल, वर्तमान तथा भविष्य में रह सकता है। और उसके मन के इन तीनों लोकों में उसे कुछ-न-कुछ चाहिए होता है। तेरा ही उदाहरण ले; भूतकाल में तुझे राज्य चाहिए था, वर्तमान में युद्ध से भागना चाह रहा है, और भविष्य में अपनी सलामती चाह रहा है। जबकि मैं इस युद्ध में न तो भूतकाल की किसी चाह के कारण हूँ और ना तो वर्तमान में मुझे इस युद्ध से कुछ चाहिए। ...ना ही इस युद्ध के परिणामों को लेकर मुझे भविष्य की कोई जाती लालसा है। लेकिन फिर भी मैं युद्ध के मैदान में दृढ़तापूर्वक खड़ा हूँ। इससे तू इतना ही समझ अर्जुन कि "सबकुछ प्राप्त ही है" यह मानकर दृढ़तापूर्वक कर्तव्य कर्म करते रहना ही 'कर्मों' का एकमात्र सच्चा आधार है। "सबकुछ प्राप्त ही है", ...यह मनोदशा पा लेना बड़ी बात है। यह मनोदशा ही मनुष्य को राजा बनाती है। राजा का अर्थ ही इतना है कि मेरे पास जो व जितना है, वह इतना पर्याप्त है कि अब मुझे कुछ और चाहिए ही नहीं। ...यही आत्मज्ञानी का लक्षण है। क्योंकि जिसने अपनी आत्मा पा ली, उसे सबकुछ पा लेने की संतुष्टि आ ही जाती है। परंतु दुर्भाग्य से ऐसे श्रेष्ठ पुरुष अक्सर 'कर्मों' से मुख मोड़ लेते हैं। अक्सर वे आत्मज्ञानी यह नहीं समझते कि इससे मनुष्यता भ्रमित हो रही है। चूंकि मैं चैतन्य के सर्वोच्च शिखर पर विराजमान व्यक्ति हूँ, अत: मैंने आत्मज्ञानियों की इस चूक पर भी गौर किया है। और यह चूक मुझसे न हो जाए, उसका मैंने जीवनभर ध्यान रखा है। मैंने इस बात का ध्यान रखा है कि यदि मैंने किसी कर्म से इनकार किया तो मनुष्य उस 'इनकार करने को" धर्म मान लेगा। यही कारण है कि मैंने जीवन के तमाम सामान्य कर्म सहजता से किये। क्योंकि "क्या किया व क्या नहीं किया" यह मनुष्य के ज्ञान को कतई नहीं दर्शाता है। मनुष्य का ज्ञान तो कर्म के पीछे छिपी "कामना" से प्रदर्शित होता है। क्योंकि यदि मैं सोचूं कि मुझे स्त्रियों से क्या, और स्त्रियों से दूरी बनाऊं तो बड़ी हानि हो जाए। फिर तो हरकोई स्त्री-पुरुष संबंध से दूर होने लग जाए। और देखते-ही-देखते मनुष्यता ही समाप्त हो जाए। ऐसे में तो मैं ही मनुष्यता नष्ट करने वाला हो जाऊं। ...संकीर्णता का करनेवाला

कहलाऊं। यह जो बात मेरे चैतन्य को समझ आई, इसे समझने में बड़े-बड़े ज्ञानी मात खा गए। और उन्हीं के कारण संसार में कर्मों को लेकर इतनी अश्रद्धा उत्पन्न हो गई। यही कारण है कि यहां कोई एक कर्म से पाप मानकर भाग रहा है, तो कोई दूसरे कर्म से। दूर क्यों जाता है, तेरा ही उदाहरण ले। तू भी शास्त्रों में वर्णित पाप-पुण्यों का हवाला देकर युद्ध से भागना चाह रहा है। परंतु मैं चेतना के परमशिखर पर बैठा व्यक्ति हूँ। अत: तू शास्त्रों की दुहाई देने की बजाय मेरी बात सुन। कर्मों में अश्रद्धा पैदा करनेवाली किसी बात या शिक्षा में मत आ। साथ ही मैं आत्मज्ञानियों से भी निवेदन करता हूँ कि वे भी प्रकृति की महान लीला का आदर करें। वे भी यह समझें कि आत्मप्राप्ति मनुष्यजीवन का प्रथम उद्देश्य है, अंतिम नहीं। अंतिम उद्देश्य तो आत्मप्राप्ति के बाद जीवनरूपी नाटक को दिल खोलकर खेलना ही है। जैसे राजा जनक खेल गए थे। जैसे मैं जीवनभर खेला हूँ। ज्ञानियों को यह समझना ही रहा कि उन्हें युग नहीं बदलना है, बल्कि मनुष्य के मन से कामना हटानी है। युग तो जो व जैसा है, उसे सबको स्वीकारना चाहिए। सबको युग के अनुसार अपने को ढाल ही लेना चाहिए। ज्ञानियों को भी लोकसंग्रह करते हुए लोगों की इच्छानुसार ही जीना चाहिए। उन्हें भी बिना कामना के युग के प्रचलित तमाम शौकों को पूरा करना चाहिए। ...भला सबकुछ जब नाटक हो गया तो इनकार किस बात से? मैंने तो न प्रेम से इनकार किया न विवाहों से। न रास से इनकार किया न युद्ध से। मैंने तो नृत्य, संगीत व भोजन के शौक को भी अपनाया। अरे, कामनारहित ज्ञानी का तो यह हक बनता है। भोगों को जितने प्रेम से वह भोग सकता है, अज्ञानी कहां भोग सकता है? सो उसका तो हर भोग पर पहला अधिकार बनता है। अत: उन्हें तो भोगों से इनकार करने की बजाय उल्टा दिल खोलकर भोगों को भोगना चाहिए। उन्हें सबको समझाना चाहिए कि सवाल भोगने का नहीं, भोगों में छिपी लालसा का है। अत: लोगों में भोगों के प्रति अश्रद्धा उत्पन्न करने की बजाय उन्हें लोगों को भोगों में छिपे मोह से छुड़वाने का प्रयास करना चाहिए। लोगों के भोगों की "और-और की जिद्द" छुड़वाने पर ध्यान देना चाहिए। शंकर का ही उदाहरण लें, वे भी वैरागी थे, परंतु उन्होंने न विवाह से, न प्रेम से, न क्रोध से इनकार किया। ...और ना ही उन्होंने भांग व नृत्य के शौक से इनकार किया। अत: मनुष्य को न कर्मों का अस्वीकार करना है और ना ही भोगों का। दोनों युग के अनुसार दिल खोलकर करने ही हैं। मनुष्य को तो बस कर्मों में से कामना तथा भोगों में से और-और की जिद्द को टालते सीखना है। मनुष्य को कर्म में सिर्फ इतना सीखना है कि जब जो करना पड़ जाए, ठीक। और भोगों में सिर्फ इतना सीखना है कि जब जो मिल जाए, ठीक। सो तुझे युद्ध मिला है तो उसे एक महान कर्म मानकर गले लगा ले। परिणाम में राज्य मिले तो उसे भी दिल खोलकर भोग ले। इसमें कहीं कोई पाप नहीं।

फल की आशा के सिवाय मनुष्य की असंतुष्टि का दूसरा कोई कारण नहीं है

और फिर अर्जुन, यहां कोई ''मनुष्य की रचना'' को समझता नहीं है। सारे कर्मों की चर्चा शरीर को लेकर होती है, जबकि शरीर स्वयं से कोई कर्म करता ही नहीं है। कर्म करने हेतु उसे मन, बुद्धि, अहंकार तथा इन्द्रियां उकसाते हैं। ...ऐसे में शरीर ने क्या किया या क्या नहीं, अथवा शरीर क्या करे या क्या नहीं का सवाल ही गलत है। वहीं मन, बुद्धि व अहंकार भी अपने पुराने कर्मों से सबकुछ चाहने, करने तथा करवाने को बाध्य हैं। ऐसा समझ कि समस्त कर्म प्रकृति के गुणों द्वारा किये जाते हैं। तू भी अपनी मानसिकता से राज्य चाहने तथा कौरवों से शत्रुता पालने को बाध्य है। यह तेरी ही बनाई तेरी मानसिकता है जिसके अनुसार आज तू बरतने को बाध्य है। और यह तू ही नहीं, हरकोई यहां अपनी मानसिकता अनुसार विचारों, कर्मों तथा शौकों हेतु चाहने तथा बरतने को बाध्य है। अत: तू स्पष्ट समझ ले कि यहां युद्ध के मैदान में भी तू अपनी मानसिकता की वजह से ही आया है। इस क्षण भी युद्ध तेरी मानसिकता का हिस्सा है। इसलिए तू हठ मत कर। इतना समझ कि जिसकी जो मानसिकता है, वही उसका वर्तमान सत्य है। उससे भागना मूर्खता है। यहां किसी को कभी भी ''किसी भी बाह्य-ज्ञान को'' अपनी मानसिकता की चल रही लीला में बाधा नहीं बनाना चाहिए। वैसे सच्चा ज्ञान बाधा पहुंचाता भी नहीं है। सारा ''बाधाएं पहुंचाने वाला ज्ञान'' अज्ञानी देते हैं। तू अज्ञानियों के चक्कर में मत आ। अरे तू क्या, मुझ जैसा ज्ञानी भी यहां मेरी मानसिकता के अनुसार बरतने को बाध्य है। अभी का ही उदाहरण ले, मैं अपनी ''सर्व के हित की दृढ़ मानसिकता'' के कारण तुझसे यह सब बातें कहने हेतु बाध्य हूँ। फर्क इतना ही है कि सामान्य मनुष्य की मानसिकता स्वार्थ की है, और मेरी परमार्थ की। लेकिन अपनी-अपनी मानसिकता के अनुसार कर्म करने हेतु तो दोनों बाध्य हैं ही। ...और इसीलिए मैं

ज्ञान का दावा करनेवालों से भी निवेदन करना चाहता हूँ कि वे भी अकारण ''लोगों की अपनेआप बह रही मानसिकता में'' बाधा पहुंचानेवाले ज्ञान मत दें। लोगों को ''क्या करना तथा क्या नहीं करना'' के सुझाव मत दें। लोगों को व्यर्थ के पाप-पुण्यों की सूचियां मत पकड़ाएं। क्योंकि यहां हरकोई अपनी मानसिकता के अनुसार कर्म करने को बाध्य है। और वही उसके लिए उचित भी है। अत: यहां हर किसी को बस इतना समझना है कि यह कर्म वह नहीं, उसकी मानसिकता उससे करवा रही है। और जब हमारी मानसिकता हमसे कर्म करवा रही है, तो हमारी चिंता क्या? अर्जुन तू इतना समझ कि ''मैं करता हूँ'' यह मानना अज्ञान है। और ''मानसिकता करवा रही है'' यह समझना ज्ञान है। सो तू भी युद्ध कर नहीं रहा बल्कि तेरी मानसिकता तुझसे करवा रही है... ऐसा मानकर चिंतामुक्त हो जा।

अर्जुन, ऐसा समझ कि यहां मनुष्य की मानसिकता उसका पहला सत्य है। और मनुष्य की अंतरात्मा उसकी उस मानसिकता की द्रष्टा है। और जीवन का वास्तविक खेल यह है कि मनुष्य की मानसिकता उससे कर्म करवाती है तथा उसका द्रष्टा वह खेल देखता रहता है। अत: तू भी कर्तापन हटाकर अपनी मानसिकता का खेल देखनेवाला हो जा। जो कोई यहां अपनी मानसिकता का खेल देखनेवाला हो जाता है, वह तर जाता है। ...और जो कोई अपनी मानसिकता के विरुद्ध जाता है, वह नष्ट हो जाता है। सो तू भी, तुझमें स्थित तेरी अंतरात्मा पर ध्यान लगा। अपनी मानसिकता को खुला छोड़ दे। अपनी मानसिकता को तुझमें स्थित मुझ अंतर्यामी को समर्पित कर दे। तू स्वयं आशारहित तथा ममतारहित हो जा, और बिना किसी संताप के युद्ध कर।

अब मैंने तो इतना कहकर एकबार फिर गीता समाप्त कर दी। समय की वैसे ही कमी है, ऐसे में मेरी ओर से तो बात को बढ़ाने का सवाल ही नहीं है। क्योंकि ऐसा न हो कि हम बात करते ही रह जाएं तथा वहां युद्ध का बिगुल बज जाए। ऐसा हुआ तो कौरव सबसे पहले सामने खड़े इस हताश अर्जुन को ही मार डालेंगे। और ऐसा हुआ तो युद्ध प्रारंभ होने से पूर्व ही समाप्त हो जाएगा। परंतु मेरे यह सब समझने से क्या होता है...? अर्जुन को भी तो राजी होना चाहिए न। मैंने तो समझा दिया कि अपनी मानसिकता, अपनी अंतरात्मा को समर्पित कर स्वयं ''अकर्ता'' हो जा। करने दे तेरी मानसिकता को सन्तापरहित होकर युद्ध। तू तेरी मानसिकता के बीच में अकारण ''कर्ता'' बनकर आ ही मत। अब इस क्षण इससे बड़ी बात कोई नहीं कर सकता है। लेकिन वह समझे तब न...। सो मजबूरी में मैंने फिर एकबार कहना प्रारंभ किया। मैंने कहा कि हे अर्जुन, धर्म मनुष्य के भीतर की बात है। और उसकी मानसिकता ही उसका धर्म है। उसमें जीने से किसी को... कभी कोई परेशानी नहीं होती। लेकिन दूसरे की सुझायी मानसिकता ओढ़ने की कोशिश भय पैदा करती है। युद्ध

तेरी मानसिकता का हिस्सा है। आजतक तुमने कितने युद्ध किये, कभी नहीं डरा। ...कभी पीछे नहीं हटा। परंतु आज जैसे ही तुमने दूसरों की सुझाई पाप-पुण्य की मानसिकता ओढ़ने की कोशिश की, तू भयभीत हो गया। इसीलिए मैं चैतन्य के परमशिखर पर बैठा कृष्ण कहता हूँ कि अपने धर्म में मनुष्य मर भी हंसते हुए सकता है, लेकिन दूसरे का धर्म भय देनेवाला है। अत: तू यहां-वहां की बाहरी बातों से मुक्ति पा और अपनी मानसिकता में फिर स्थित होते हुए डट के युद्ध करने हेतु खड़ा हो जा।

अर्जुन:

हे कृष्ण! यदि अपनी मानसिकता ही मनुष्य का पहला धर्म है, तो किससे प्रभावित होकर मनुष्य अपनी मानसिकता के विपरीत जाने का पाप कर बैठता है?

कृष्ण:

हे अर्जुन! दरअसल मनुष्य का रजोगुण इस विषय में वैरी है। यह जो रजोगुण से उत्पन्न कामनाएं हैं, वे कभी नहीं थकतीं। कुछ पाने हेतु भी वह दौड़ाती हैं तथा कुछ खोने के डर से भी वह दौड़ाती हैं। और बाहर धर्म, व्यवसाय व शिक्षा के नामपर इन सबकी दुकानें सजी पड़ी हैं। बस मनुष्य उन सबसे आकर्षित होकर अपनी मानसिकता के विपरीत जाने का पाप कर बैठता है। ऐसा समझ कि ''मनुष्य की मानसिकता तथा अंतरात्मा'' दोनों में से किसी को, किसी ज्ञान की कोई आवश्यकता नहीं है। मनुष्य की मानसिकता उसके कर्मों के अनुसार बह ही रही होती है, बस मनुष्य को दृढ़तापूर्वक कर्म करते हुए उसका साथ देते चले जाना चाहिए। और मनुष्य के द्रष्टा को बिना किसी छेड़खानी के उसके इस खेल को देखते रहना चाहिए। परंतु जीवन के इस सीधे खेल में भी रजोगुण से प्रभावित मनुष्य ''लाभ-हानि के चक्कर में'' अन्य कर्मों की खोज में लग जाता है। और उसी से वह कर्मों के प्रति भ्रमित हो जाता है। तू भी इस समय भ्रमित हो चुका है, क्योंकि बाहरी ज्ञान के कारण तेरा भीतरी ज्ञान ढक गया है। और इसी कारण तू अपनी मानसिकता के विपरीत अन्य कर्मों पर विचार कर रहा है।

अर्जुन, तेरे लिए मनुष्य की संरचना को समझना जरूरी है। शायद इससे तू अपने उस ''कामरूपी वैरी को पहचान पाए'' जो लाभ-हानि के चक्कर में दौड़ाता रहता है। जो मनुष्य की अंतरात्मा के साथ-साथ उसकी मानसिकता को भी ढक लेता है। इस बाबत पहले यह स्पष्टतापूर्वक समझ ले कि शरीर स्थूल यानी जड़ है। उससे बलवान मनुष्य की इन्द्रियां होती हैं। इन्द्रियों से ऊपर मन तथा उससे भी ऊपर मनुष्य की बुद्धि होती है। और

बुद्धि से भी जो कई गुना शक्तिशाली है, वह आत्मा है। लेकिन यह आत्मा पूरी तरह से अकर्ता है। यदि तू आत्मा के अकर्तापन को महसूस करने में सक्षम नहीं है, तो ऐसा समझ कि मनुष्य के मन के दो प्रकार हैं। एक कमजोर मन जो बुद्धि से कमजोर है, तथा एक मजबूत मन जो बुद्धि से कई गुना शक्तिशाली है। और आत्मा की ऊंचाई तक उठने हेतु उसे अपनी बुद्धि के सहारे ''कमजोर मनों से उठकर शक्तिशाली मनों की ओर'' जाना होता है। इस समय तू अपने कमजोर मनों की गिरफ्त में है। क्योंकि इस समय तेरी मानसिकता पर बाहरी प्रभाव हावी है। मैं कह रहा हूँ कि अपनी बुद्धि के पकड़ाए इन सभी बाहरी प्रभावों से तू मुक्ति पा। तू एकबार फिर अपनी ''क्षत्रिय-मानसिकता'' में स्थित होने का प्रयास कर। उससे तेरा मन तत्क्षण मजबूत हो जाएगा और उस मजबूत मन से युद्ध करते-करते तू आत्मा की ऊंचाई तक भी उठ पाएगा। सो संक्षेप में तू इतना समझ ले कि तेरे उद्धार के सारे मार्ग ''इस युद्ध को दिल खोलकर गले लगाने'' से ही गुजरते हैं।

प्रैक्टिकल एप्लीकेशन - 8

तीसरे अध्याय की सर्वश्रेष्ठ शिक्षा यह है कि जिसे कुछ नहीं चाहिए, वह राजा है। बाकी सब भिखारी हैं। और जिसकी मानसिकता भिखारियों वाली है, उसे पूरे संसार का धन भी मिल जाए तो भी वह ''और लाओ... और लाओ'' की रट लगाता ही रहेगा। वह कितना ही क्यों न मिल जाए, राजा नहीं बन पाएगा। क्योंकि राजा सिर्फ मन से बना जा सकता है, धन से नहीं। और आप भी कृष्ण की तरह मन के राजा हो जाओ ताकि आप भी उनकी तरह कह सको कि मेरे पास सबकुछ है। वास्तव में अधिकांश लोगों के पास काफी कुछ है ही। सो जो है उसका मजा लो। इससे कार्यों में मन लगेगा। जब कार्यों में मन लगेगा तो उसके परिणाम भी अच्छे आएंगे। परिणाम अच्छे आएंगे तो आपको काफी-कुछ और मिलेगा भी। कुल-मिलाकर ''और लाओ... और लाओ'' का चक्कर छोड़... लगातार दिल लगाकर कार्य करते रहो, तथा परिणाम में जो व जितना मिलता जाए, उसका भरपूर आनंद लेते रहो। चाहे जो हो जाए, रहो हरहाल में 'राजा' की तरह। 'यह नहीं है' का भिखारी वाला अहसास छोड़ो तथा ''इतना सबकुछ तो है'' का राजाओं वाला अहसास जगाओ। और सत्य यह भी है कि इतिहास में ऐसे मन के राजाओं ने ही सफलता के झंडे गाड़े हैं। सो ''क्या नहीं है'' के विचार मन से हटाओ तथा क्या-क्या है की सूची बनाओ। उसका आनंद लो तथा राजा की फीलिंग जगाओ। चेहरे पर रातोरात वह तेज आ जाएगा कि बड़े-बड़े फीके लगने लगेंगे। और प्रगति के मार्ग पे लग जाओगे वह बोनस।

"क्या-क्या है" की सूची बनाओ	है तो हां लिखो
1 सांस आ और जा रही है?	....
2 आनंद, शांति व मस्ती लेने की क्षमता अभी बाकी है?	....
3 परिवार है?	....
4 मित्र हैं?	....
5 शौक हैं?	....
6 मनोरंजन के साधन हैं?	....
7 खेल-कूद के शौक हैं?	....
8 प्रतिभा है?	....
9 रहने को जगह है?	....
10 हाथ में कार्य हैं?	....

नोट: अब इतना कुछ तो है। यूं भी सोफा-कुर्सी बनकर तो नहीं बैठे हो, यह क्या कम है? सो इतना सबकुछ है, उसका गर्व करो। इन सबका मजा लो। कार्य मन से करो। और जो होता हो, होने दो। जो मिलता हो, मिलने दो। आप तो राजा बने रहो। इस मनोदशा से लगातार जीते रहोगे तो कब आपसे महान कार्य हो जाएंगे, पता भी नहीं चलेगा।

अध्याय – 4

कृष्णः

अब वैसे तो मैंने अर्जुन को सबकुछ समझा ही दिया था। उसे यह कह ही दिया था कि स्वार्थ से लेकर परमार्थ तक सब दृष्टि से तेरे लिए युद्ध करना ही श्रेष्ठ है। सच तो यह है कि तेरे पास इसके अलावा कोई विकल्प ही नहीं है। परंतु जिस हिसाब से अर्जुन ने मेरी बात को घुमाया था कि "हे कृष्ण, यदि कर्म से ज्ञान श्रेष्ठ है तो मुझे क्यों इस भयानक कर्म में लगाते हो" उससे स्पष्ट हो गया था कि वह मुझे गंभीरता से सुन नहीं रहा है। उसका

पूरा ध्यान युद्ध से भागने पर ही लगा हुआ है। वह बात को लंबा इसीलिए खींच रहा है कि कहीं कोई बात मेरे मुख से ऐसी निकल जाए कि उसे वो ''युद्ध से भागने के तर्क'' के तौर पर इस्तेमाल कर सके। अब उसे मेरी ओर से वो मौका तो मिलना नहीं है, परंतु सवाल यह है कि उसमें समय नष्ट हो रहा है। ...और समय है कहां? मैंने तो उससे यह भी कहा कि मैं ज्ञानियों का भी ज्ञानी हूँ। जानकार मुझ अकेले को 'पूर्ण-अवतार' कहते हैं। परंतु वह कैसे विश्वास करे? वह मेरे शरीर व मेरी आत्मा का भेद समझ ही कहां पा रहा है? वह मुझे शरीर मान रहा है। इस वजह से वह यह सोच रहा है कि यह छल-कपट करने वाला आदमी ज्ञानी कहां से हो गया? ...पूर्ण-अवतार तो बहुत दूर की बात है। हालांकि मैं उसके अहंकार को चोट न पहुंचे, इसलिए कह चुका हूँ कि मैं शरीर नहीं हूँ, शुद्ध-बुद्ध आत्मा हूँ। मेरी वो आत्मा ही ज्ञानी है और वो ही पूर्ण-अवतार है। बाकी शरीर तो तेरा हो या मेरा, दोनों का एक-सा ही है। लेकिन शरीर से ऊपर कुछ सोच सके, इस समय ऐसी उसकी प्रज्ञा ही कहां? मुझे यह अच्छे से समझ आ गया कि जब तक वो यह भेद नहीं समझेगा, वह मुझे गंभीरता से लेगा नहीं। और जब तक वह मुझे गंभीरता से लेगा नहीं, तबतक वह युद्ध करने हेतु राजी होगा नहीं।

सो, ज्ञान की बात छोड़ मेरे लिए पहले जरूरी था कि वो मुझे गंभीरता से ले। और उस हेतु मैंने उसके शास्त्रज्ञान को फुसलाना ही उचित समझा। बस मैंने पूरी छटापूर्वक उससे कहा कि हे अर्जुन! यह जो महान योग है, वह मैंने सूर्य से कहा था। फिर उसने उसे अपने पुत्रों से कहा। लेकिन फिर यह वक्त के साथ लुप्त हो गया। परंतु चूंकि तू मेरा प्रिय सखा व भक्त है, सो आज यह योग मैं तुझसे कह रहा हूँ। ...हालांकि अर्जुन के कोई लक्षण भक्ति वाले नहीं हैं। ...वरना तो मेरे एकबार कहने पर ही वह युद्ध करने हेतु खड़ा हो चुका होता। लेकिन क्या करें, फुसलाना पड़ता है। होगा, फिर अंत में मैंने कहा कि यह बड़ा ही गुप्त रखने योग्य रहस्य है। फिर भी चूंकि तू मेरा प्रिय है, अत: तुझसे कह दिया। ...जाहिरी तौर पर मैंने अर्जुन को अपनी महत्ता समझाने का प्रयास किया। यदि यह महान योग मैंने सूर्य से कहा था, तो मेरी किसी बात पर प्रश्न उठाया ही नहीं जाना चाहिए। साथ ही यह भी कह दिया कि यह बड़ा गुप्त रखने योग्य रहस्य है। अत: समझ अर्जुन कि मैंने तुझसे कितनी महान बात कही। सो, अब तू सोच-विचार बंद कर तथा जो मैं कह रहा हूँ, वह कर।

अर्जुन:

अरे कृष्ण! आपका जन्म तो अभी हाल ही में हुआ है। और सूर्य लाखों वर्षों से है। ऐसे में मैं यह कैसे समझूं कि यह योग आपने सूर्य से कहा था? जरा समझाएं...।

हे **अर्जुन** मैं **गीता** कहते **वक्त** ही नहीं बल्कि **छल-कपट** करते **वक्त** भी पूर्ण **परमात्मा** ही हूँ

कृष्ण:

अब मुझे तो उम्मीद थी कि अर्जुन मेरी इस सायकोट्रीटमेन्ट में आकर बिना बहस किये युद्ध करने हेतु राजी हो जाएगा। लेकिन अर्जुन भी अर्जुन है। बुद्धिमान है। उसने तो मेरी इस बात से बजाय प्रभावित होने के, एक सटीक प्रश्न ही खड़ा कर दिया। जब मेरी और सूर्य की उम्र में ही लाखों वर्षों का फासला है, तो मैंने सूर्य से कैसे कहा? उसने मुझे फंसा तो दिया था, पर पूरा नहीं। वह बुद्धिमान तो था पर इतना भी नहीं। क्योंकि उसने जो शंका की, सत्य के दायरे में उसका उत्तर दिया जा सकता था। यदि वह यह पूछता कि सूर्य निर्जीव है, वह सुन ही कैसे सकता है? उसके पुत्र हो ही कैसे सकते हैं? ...तो मैं फंस जाता। लेकिन वह कह रहा है कि तुम अभी के, सूर्य पुराना; फिर आपने सूर्य से कैसे कहा?

लो, अभी बताता हूँ। बस मैं एकबार फिर सीधे सत्य पर उतर आया। मैंने कहा कि हे अर्जुन, तेरे और मेरे कई जन्म हो चुके हैं, जिन्हें बुद्धि-अहंकार के वश में होने के कारण तू नहीं जानता है; जबकि मैं जानता हूँ। यह पूरी प्रकृति एकसाथ अस्तित्व में आई है। अत: मैं और तुम भी उतने ही पुरातन हैं, जितना कि यह सूर्य है। फर्क इतना ही है कि हमारी चेतना ने विकास कर मनुष्य तक की ऊंचाई छूई है, सूर्य ने अभी वह विकास नहीं किया है। और जहां तक मुझ आत्मा का सवाल है तो मैं तो अजन्मा व अविनाशी हूँ। मैं ही समस्त प्राणियों का ईश्वर हूँ। बस... अपनी बुद्धि-अहंकार रूपी प्रकृति को अधीन कर योगमाया से प्रकट होता हूँ। तू भी अपनी बुद्धि-अहंकार रूपी प्रकृति से छुटकारा पा ले, यह आत्मा तुझमें भी पूर्णरूपेण प्रकट हो जाएगा। हे अर्जुन, जब भी अधर्म बढ़ता है या धर्म की हानि होती है, तब-तब यह 'आत्मा' धर्म की रक्षा हेतु किसी-न-किसी मनुष्य में से प्रकट होता ही रहता है। यह

तो युग-युग की कहानी है। जैसे यह आत्मा मुझमें प्रकट है, वैसे ही हरेक में इसके प्रकट होने की संभावना छिपी हुई है। तू भी कौरवों के पापों के खात्मे हेतु दिल खोलकर युद्ध कर, यह तुझमें भी प्रकट हो जाएगा। अत: मेरी बात सुनकर ना तो तेरे अहंकार को चोट पहुंचनी चाहिए और ना ही तुझे मुझपर व्यर्थ की शंका करनी चाहिए। मैं पहले भी कह चुका हूँ कि मैं शरीर नहीं, आत्मा हूँ।

अर्जुन, मुझ आत्मा के जन्म व कर्म दोनों दिव्य तथा निर्मल हैं। पहले भी जिनके राग व भय नष्ट हो चुके हैं, उनमें यह प्रकट होता ही रहा है। और जिसमें यह एकबार प्रकट हो जाता है, फिर उसका दोबारा जन्म नहीं होता है। वह पवित्र होकर फिर मेरे स्वरूप को ही प्राप्त हो जाता है। अर्जुन, मुझ आत्मा की सबसे बड़ी विशेषता यह है कि जो भक्त मुझसे जैसा बर्ताव करता है, मैं भी उससे ऐसा ही बर्ताव करता हूँ। अत: तू तुझमें स्थित मुझ द्रष्टा की अनदेखी मत कर। उसकी आवाज पे दिल खोलकर युद्ध कर। पापियों का नाश कर। मैं आत्मा इस महान कार्य में तेरा पूरा साथ दूंगा। ऐसा समझ कि तेरा द्रष्टा तो सर्व के हित की पुकार से ही भरा पड़ा है, परंतु उसकी पुकार पर कार्य तो ''मनुष्य के मन-बुद्धि-शरीर को ही'' करना होता है। आत्मा तो हरेक के शरीर में सदैव से अकर्ता ही होता है। ऐसे में यदि तू अपनी आत्मा की आवाज पर पापियों का नाश करने खड़ा नहीं होता है, तो मुझ आत्मा के लिए तेरे व कौरवों में कोई भेद नहीं रह जाएगा। ...ऐसे में तू मुझ महान आत्मा के साथ से वंचित रह जाएगा। लेकिन यदि तू आत्मा की आवाज पर दिल खोलकर युद्ध करेगा तो हर कदम पर मुझे अपने साथ पाएगा। और यह बात हरेक को समझने की है। परमात्मा का साथ यहां सबको चाहिए, परंतु अपनी आत्मा की आवाज पर कर्म करना यहां कोई नहीं चाहता। ...और मैं स्पष्ट कर दूं कि एक उसके अलावा यहां परमात्मा का साथ कभी किसी को नहीं मिलता है। अपनी आत्मा के विपरीत जाकर मनुष्य जमानेभर का धर्म क्यों न ओढ़ ले, परमात्मा वहां झांकता भी नहीं है।

खैर, अब वैसे तो एकबार फिर मैंने उसे स्पष्टतापूर्वक समझा दिया था। परंतु वह राजी होता दिखाई नहीं दिया। मुझे समझ आ गया कि मैं जो कुछ भी कह रहा हूँ, वह वो समझ नहीं पा रहा है। क्योंकि उसपर शास्त्र-ज्ञान हावी है। और शास्त्रों में तो कहीं-कहीं ही 'तत्वज्ञान' की चर्चा है। वरना तो वे कर्मकांडों से ही भरे पड़े हैं। मैं समझ गया कि तत्वज्ञान की बातें अर्जुन ने नहीं पढ़ी हैं। वह अब भी शास्त्रों में वर्णित कर्मकांडों को ही 'सत्य' मान रहा है। हालांकि मैं उसे पूर्व में भी कह चुका हूँ कि आत्मज्ञान का छोटा-सा अंश भी हजार शास्त्रों पर भारी है। परंतु जब तक शास्त्रों के कर्मकांड का उसपर प्रभाव बना रहेगा,

वह आत्मज्ञान की महत्ता नहीं समझ पाएगा। सो मैंने सीधा उसे पूजन का भेद समझाते हुए कहा कि प्राय: मनुष्य दो प्रकार के पूजन करते हैं। एक फलों की चाह में तथा एक फलों को त्यागकर। जो फलों को चाहते हैं वे अनेक अन्य देवता का पूजन करते हैं। लेकिन फलों को न चाहने वाले मुझ-आत्मा पर ही ध्यान लगाते हैं। मुख्य बात यह है कि कर्म ''फलों को चाहनेवाले तथा फलों को न चाहनेवाले'' दोनों ही करते हैं। क्योंकि अंत में तो कर्म ही मनुष्य के होने का आधार है। और इन कर्म करनेवालों को कर्म के आधार पर चार भागों में विभाजित किया जा सकता है। ब्राह्मण, क्षत्रिय, वैश्य व शूद्र। यह ध्यान रख ले अर्जुन कि मनुष्यों का यह विभाजन तेरे शास्त्रों के अनुसार जन्म के आधार पर नहीं, बल्कि कर्म के आधार पर होता है। अत: तू क्षत्रिय के यहां पैदा हुआ इसलिए क्षत्रिय नहीं है, परंतु चूंकि तेरी मानसिकता मरना-मारना है... इसलिए तू क्षत्रिय है। महत्त्वपूर्ण बात यह है कि ये चारों फल को चाहकर भी कर्म कर सकते हैं तथा फल की चाह के बिना भी कर्म कर सकते हैं। लेकिन हर सूरत में उनका आत्मा उनमें सदैव अकर्ता ही होता है। मुझ आत्मा की ना तो कर्म करने में और ना ही उसके फलों में कभी कोई लालसा होती है। अत: सीधे तौर पर ''फलों की आशा त्याग के सामान्य कर्म करते हुए भी'' इनमें से कोई भी आत्मज्ञान को प्राप्त हो सकता है। अत: तू फलों की लालसा पकड़ाने वाले शास्त्रों से मुक्ति पा ले। सीधी बात यह समझ कि चूंकि तू मानसिक तौर पर अब भी क्षत्रिय है, अत: ''फल की आशा त्याग के युद्धरूपी कर्म में कूदना'' ही तेरे उद्धार का एकमात्र मार्ग है।

खैर अर्जुन, जब इतना समझाया है तो तुझे कर्म क्या है तथा अकर्म क्या है, यह भी समझाऊंगा। मनुष्य को कर्म का स्वरूप भी जानना चाहिए तथा अकर्म का भी। ...और सच तो यह है कि मनुष्य को तो विकर्म का स्वरूप भी जानना चाहिए। जगत की त्रिगुणी माया के आधार पर मनुष्य के तमाम कर्म इन तीन प्रकार के ही होते हैं। और इसे जानने और समझने में मैंने बुद्धिमान-से-बुद्धिमान लोगों को भी मोहित होते देखा है। मजा यह है कि फिर भी वे मनुष्यों को कर्मों का ज्ञान देने में लग जाते हैं। सो तू उन सबकी बात छोड़ व मुझ आत्मज्ञानी की बात सुन। संक्षेप में कहूं तो जो सामने है उसे दिल खोलकर करना कर्म है। जो सामने है अर्थात, जो मन में हो व उसकी परिस्थिति भी बनी हुई हो। जैसे तेरे मन में राज्य पाने की तमन्ना है, तथा उस हेतु युद्धरूपी परिस्थिति भी बनी हुई है। बस तू दिल खोलकर राज्य पाने हेतु युद्ध करता है, तो यह तेरा 'कर्म' कहलाएगा। परंतु तू उस कर्म से भागता है या उसे मन-मारकर करता है तो वह तेरा विकर्म कहलाएगा। यहां यह खासतौर पर समझ ले कि कर्म से अपेक्षित परिणाम पाने की संभावना प्रबल होती है, जबकि विकर्म से सिर्फ विनाश होता है। परंतु अकर्म तो इन दोनों से भिन्न है तथा सीधे

तौर पर सर्वश्रेष्ठ है। अकर्म का अर्थ है, जो सामने है वह कर्म तो दिल खोलकर करना है, परंतु उसके कर्तापन से मुक्ति पा लेना है। यानी कर्म स्वयं के लिए नहीं बल्कि सर्व के लिए करना है। और वह भी बिना फल की आशा में, तथा बिना परिणाम की चिंता किये। सो यदि यह युद्ध तू अपनी या युद्ध के परिणामों की चिंता किये बिना ''सिर्फ कौरवों के पाप का खात्मा करने हेतु करता है'' तो वह तेरा अकर्म कहलाएगा। और मैं तुझसे इतना ही कह रहा हूँ कि तू अकर्म में स्थित होकर युद्ध करने में सक्षम नहीं है तो इस युद्ध को अपना कर्तव्य कर्म मानकर कर। ...परंतु मेहरबानी कर विकर्म के विकल्प मत खोज, वरना बर्बाद हो जाएगा। और जब इतनी बात चली है तो अकर्म को समझने की सर्वश्रेष्ठ दृष्टि तुझे देता हूँ। अर्जुन, जो महापुरुषों के ''कर्म में अकर्म देख लेता है तथा उनके अकर्म में कर्म देख लेता है'' एक वो ही मनुष्यों में बुद्धिमान है। इस बात को तू मेरे ही उदाहरण से समझ। ...कहने को तो मैंने कितने कर्म किये? मैंने क्या कुछ नहीं किया? प्रेम भी किया तथा विवाह भी किये। छल भी किया व कपट भी किया। वध भी किये तथा युद्ध भी किया। रास भी किया, नृत्य भी किया तथा वंशी भी बजाई। लेकिन मेरे इन सारे कर्मों में कर्तापन का हमेशा अभाव रहा। वे सारे कर्म बाहर-के-बाहर रहे, मैं भीतर हमेशा अकर्ता ही बना रहा। यह समझ ले अर्जुन कि बाहर किसको क्या करना, यह कुदरत के हाथ में है; तथा भीतर अकर्ता बने रहना मनुष्य की ऊंचाई है। और तभी तो ज्ञानी लोग इतने प्रेम व इतने विवाह करने के बावजूद मुझे ब्रह्मचारी कहते हैं। क्योंकि प्रेम हो या विवाह, दोनों बाहर ही थे; भीतर तो मैं ''स्वयं के प्रेम तथा अपने विवाहों का'' द्रष्टा ही था। सो तू युद्धरूपी कर्म को बाहर रहने दे और भीतर तेरे इस कर्म का द्रष्टा बन जा; तू अभी ही इस मनुष्यजीवन की सर्वोच्च ऊंचाई पा लेगा।

हे अर्जुन, तू ऐसा समझ कि ''कामना व संकल्प'' यह दोनों मनुष्य के परमात्मा से मिलन में प्रमुख बाधा है। दरअसल यह पूरी प्रकृति वर्तमान है। और इस वर्तमान में जो कुछ भी है, वह परमात्मा है। अत: वर्तमान से एकात्म ही परमात्मा से मिलन है। और यह वर्तमान दो जगहों से प्रकट होता है। एक मनुष्य की मनोदशा से तथा दूसरा बाहरी परिस्थितियों से। सो मनुष्य को चाहिए कि उसके अंदर-बाहर जो कुछ भी है, वह उसी में ईमानदारी से जिए। परंतु उसकी कामनाएं उसे वर्तमान में रहने ही नहीं देती है। उसकी कामनाएं उसे वर्तमान से भटकाती रहती है। और अपनी कामनाओं से उत्तेजित होकर ही वह ''वर्तमान को बदलने की कोशिश में'' लग जाता है। और निश्चित ही कामना से उत्पन्न हुई इस कोशिश में वह अपनी संकल्पशक्ति का सहारा लेता है। अपनी संकल्पशक्ति के बल पर वह ना सिर्फ अपनी मनोदशा से विपरीत जाने का प्रयास करता है, बल्कि बाह्य परिस्थितियों को भी बदलने

की कोशिश में लग जाता है। परंतु उसके यह तमाम प्रयास परमात्मा की रचना के खिलाफ जाने की कोशिश है और उसी से वह तहस-नहस हो जाता है।

अर्जुन, तू भी इस समय इसी कोशिश में लगा हुआ है। सामने युद्ध है और तू उसे स्वीकारने की बजाय युद्ध से भागने की बात कह रहा है। तेरे भीतर राज्य की चाह है, परंतु संकल्प के बल पर तू उस चाह को छिपाने में लगा हुआ है। अतः तू सम्भल...। अपनी संकल्पशक्ति को गलत जगह मत लगा। तेरे लिए बेहतर है कि अपनी संकल्पशक्ति को उसमें लगा, जो सामने है। और सामने युद्ध है। इस प्रकार अपनी पूरी संकल्पशक्ति को युद्ध में लगाने से तू ''परमात्मा के वर्तमान सत्य से'' एकरस हो जाएगा। और ऐसा वर्तमान से एकरस व्यक्ति कभी पाप को उपलब्ध नहीं होता है। कायदे से मनुष्य का हर पाना और खोना दोनों परमात्मा के अधीन है। और मनुष्य को अपनी कामना व संकल्प के बल पर उसमें दखलंदाजी नहीं करनी चाहिए। मनुष्य को कायदे से हार-जीत, सिद्धि-असिद्धि जैसे तमाम द्वंद्वों से ऊपर उठकर जो होता है, उसे होने देना चाहिए। ...उसे तो सदैव ''परमात्मा से अपनेआप मिले पदार्थ में'' संतुष्ट रहना चाहिए। ...हे अर्जुन, यह जो संतोष का मार्ग है, वही मनुष्य के सुख और सफलता का एकमात्र आधार है। सो तू अपने सुख और सफलता के आधार को मत मिटा। यह स्पष्ट समझ ले कि जो कुछ भी तुझे आगे मिलना है, वह इस युद्ध से गुजरकर ही मिलना है।

और फिर हे अर्जुन, मनुष्य के तमाम भेद अज्ञान हैं। वास्तविकता में यज्ञ यानी कर्म, मनुष्यजीवन का एकमात्र सत्य है। और उसके जिस किसी भी यज्ञ में अर्पण किये जानेवाला पदार्थ, हवन की सामग्री, हवन करनेवाला तथा हवन भोगने वाला सबकुछ परमात्मा है, वही एकमात्र सच्चा यज्ञ है। अर्थात वही एक कर्म उसका सच्चा कर्म है। और तू भी वर्तमान कर्म यही मानकर कर। तू यह मान ले कि युद्ध में उपयोग किये जानेवाले हथियार भी परमात्मा हैं, युद्ध करनेवाले तमाम योद्धा भी परमात्मा हैं और इसके परिणाम को भोगनेवाले भी परमात्मा हैं। ...वहीं इस युद्ध का परिणाम तय करनेवाला भी परमात्मा ही है। और जब सबकुछ परमात्मा है तो खेलने दे परमात्मा को परमात्मा से, तू बीच में से हट जा। परंतु कर्मरूपी यज्ञ की इस महानता को न समझने के कारण मनुष्य इस 'महान-यज्ञ' से विमुख हो गया है। अनेक भेदों व कामनाओं में उलझा मनुष्य इस एक महान-यज्ञ को छोड़कर अनेक प्रकार के अन्य यज्ञ करने में लगा हुआ है। लेकिन उनके इन तमाम यज्ञों को तू कामनाओं से प्रेरित जान। इन तमाम यज्ञों को तू मात्र शरीर संबंधी यज्ञ जान। सच्चा यज्ञ तो सबकुछ परमात्मा मानकर किये जानेवाला कर्म ही है। और जब सबकुछ परमात्मा है, तो न कामना की आवश्यकता है और न संकल्प की। मनुष्य को तो कर्म के फल के रूप में जो

कुछ मिल जाए उसे परमात्मा मानकर स्वीकारते हुए बढ़ते चले जाना है। अत: तू भी युद्धरूपी इस कर्म को परमात्मा मानकर खेल जा। और परिणाम में जो मिले उसे परमात्मा का प्रसाद मानते हुए हंसकर स्वीकार लेना। क्योंकि मरजी हमारी नहीं, परमात्मा की पूरी होनी चाहिए।

लेकिन अर्जुन मेरी कोई बात समझने को तैयार नहीं था। सो मैंने कहा कि तू एक काम कर, इस ज्ञान को तू किसी अन्य ज्ञानी के पास जाकर समझ ले। पर हां, उनके प्रति श्रद्धा अवश्य रखना। उनसे बहस मत करना। उनसे सरलतापूर्वक सवाल पूछना। कपट मत दिखाना, मन में कुछ हो व बाहर कुछ और मत जताना। ...तो तुझे यह ज्ञान अवश्य समझ में आ जाएगा। ...यानी एक तरीके से मैंने उससे स्पष्ट तौर पर कह दिया कि समस्या मेरे ज्ञान में नहीं है, समस्या तेरी श्रद्धा में है। और तू यदि वास्तव में ज्ञान पाना चाहता है तो मुझे श्रद्धापूर्वक सुन, कपटपूर्वक नहीं। क्योंकि अन्य किसी ज्ञानी के पास जाने का इस वक्त 'समय' ही कहां है? और फिर मुझसे बड़ा ज्ञानी मिलेगा भी कौन? सो मैंने बात बढ़ाते हुए उससे कहा कि सरलता से सुनने पर निश्चित ही तेरा "वर्तमान मोह" नष्ट हो जाएगा। और ऐसा होनेपर तू बिना किसी भ्रम के युद्ध में कूद पड़ेगा। और अर्जुन, मैं तेरी समस्या समझ रहा हूँ। क्योंकि यह नियम है कि मनुष्य को जितना ज्ञान होता है, उसी मात्रा में वह ज्ञानी को पहचान पाता है। अपने से ऊपर के व्यक्ति को पहचानने की यहां कोई व्यवस्था नहीं है। अत: जब तक तू पूर्णत: ज्ञान को उपलब्ध नहीं हो जाता है, तुझे मुझमें "ज्ञानी के दर्शन" नहीं होने वाले हैं। यह नियम है कि परमात्मा को पहले मनुष्य अपने भीतर पाता है, और तभी उसे सबमें वह नजर आता है। इसलिए मैं भी इस समय तुझे ज्ञान नहीं दे रहा हूँ, बल्कि तेरा परमात्मा जगाने की कोशिश कर रहा हूँ। क्योंकि यह नियम तुझपर ही नहीं, सबपर लागू है। अत:

इसे **मायावी जगत** कहते ही इसलिए हैं क्योंकि यहां सबकुछ **माया** भी है और सबकुछ **परमात्मा** भी है

मेहरबानीकर कोई मुझमें परमात्मा खोजने की कोशिश मत करे। क्योंकि वह खुद का परमात्मा पाए बगैर कभी नजर नहीं आएगा। उसके बगैर ‘‘मुझे परमात्मा मानना’’ एक नाटक ही होगा। सो, तुझे व हर किसी को चाहिए कि वह मेरे द्वारा दिये जा रहे ज्ञान से स्वयं में परमात्मा खोजने पर ध्यान दे।

हे अर्जुन, इस विज्ञान का एक और रहस्य समझ ले। इस महान ज्ञान को लगातार ‘‘शुद्ध अंत:करण से जीने वाला मनुष्य’’ अपनेआप पा लेता है। अत: तू शुद्ध अंत:करण से युद्ध कर। और चूंकि तेरे अंत:करण में राज्य पाना है, सो उस हेतु दिल खोलकर युद्ध कर। और आगे भी अपने अंत:करण का साथ देते रहना। लगातार ऐसा करने पर मनुष्य के मन के सारे विकार स्वत: ही दूर होते चले जाते हैं। सच तो यह है कि इस महान ज्ञान को पाने हेतु मनुष्य को और कुछ करने की आवश्यकता ही नहीं है। एकदिन उस मनुष्य का आत्मा अपने समय पर स्वयं प्रकट हो जाता है। पाप के शिखर पर बैठा मनुष्य भी इस एक ज्ञान की सहायता से समस्त पाप-समुद्र से तर जाता है। ‘‘शुद्ध अंत:करण से लगातार कर्म करते चले जाना’’ एक ऐसा ज्ञान है कि जो मनुष्यों के समस्त कर्मों को देखते-ही-देखते भस्मीभूत कर देता है। तू यह स्पष्ट समझ ले कि मनुष्य भटकता अपने अंत:करण के विपरीत जाने के कारण है। अत: दिल खोलकर युद्ध ही तेरे लिए वर्तमान में परमात्मा पाने का एकमात्र मार्ग है। और जो विवेकहीन तथा श्रद्धारहित पुरुष मेरे बताए इस मार्ग का उल्लंघन करता है, वह परमार्थ से भ्रष्ट होकर नष्ट हो जाता है। अत: तू अपने समस्त कर्म अपने अंत:करण को समर्पित कर दे। ...और पूरी ताकत से युद्ध करने हेतु तैयार हो जा।

प्रैक्टिकल एप्लीकेशन - 9

कृष्ण ने अध्याय - 4 में कर्म, विकर्म तथा अकर्म के बाबत समझाया। कृष्ण ने बताया कि कर्म तो यहां हरेक को करने ही पड़ते हैं। सूर्य को तपने का, पानी को बहने का तथा मनुष्यों को जीवन बनाने का कर्म करना ही पड़ता है। यही प्रकृति की रचना है। आगे उन्होंने बताया कि मनुष्य तीन प्रकार के कर्म करता है। पहला है कर्म, जो फल की आशा में किया जाता है। यानी वह कुछ पाने हेतु किया जाता है, या फिर कुछ बचाने हेतु किया जाता है। कर्म से निम्नस्तर का है, विकर्म। विकर्म अपने भीतर के विपरीत किये जा रहे कर्मों को कहते हैं। यानी भीतर कुछ हो तथा बाहर कुछ और कर रहे हो, तो उसे विकर्म कहा जाता है। तथा ऐसे कर्मों के हमेशा विनाशक परिणाम आते हैं। और सबसे श्रेष्ठ है 'अकर्म'। यह 'एक मन' से किये जाने वाले कर्म हैं। जिस कर्म में मन, बुद्धि, शरीर, इन्द्रियां सब एकसाथ लगे हों, ऐसे कर्म को अकर्म कहते हैं। यहां तक कि अकर्म में मन 'फल की आशा' भी नहीं कर रहा होता है। मजे की बात यह कि लगातार अकर्म करने वाला कब महान हो जाता है, पता ही नहीं चलता है। अभी कर्म तो दिन-रात आप भी करते हैं। पर जानते नहीं कि उनमें कौन-से अकर्म हैं, कौन-से विकर्म तथा कौन-से कर्म हैं? लेकिन आज के बाद गौर करना शुरू करें कि आप जो कोई कर्म कर रहे हैं उनमें से कितने किस प्रकार के हैं? मैं कुछेक कर्मों की सूची देता हूँ। आप उनमें से कौन-से कार्य किस प्रकार के कर्म से निपटाते हैं, वह चेक कर लें। यह चार्ट ही आपके वर्तमान जीवन तथा भविष्य का आधार बन जाएगा। कहने की जरूरत नहीं कि यदि अकर्म ज्यादा होंगे तो जीवन भी शानदार होगा, वहीं अगर विकर्म ज्यादा होंगे तो जीवन भी बर्बाद होगा।

कर्मों के प्रकार

यह 'कर्म' आप कर्म, विकर्म या अकर्म, किस प्रकार से निपटाते हैं उसपर टिक लगाए

नित्यक्रियाएं

☐ कर्म ☐ विकर्म ☐ अकर्म

पत्नी या प्रेमिका के साथ बातचीत

☐ कर्म ☐ विकर्म ☐ अकर्म

शौकों की पूर्ति के वक्त

☐ कर्म ☐ विकर्म ☐ अकर्म

माता–पिता से बातचीत के वक्त

☐ कर्म ☐ विकर्म ☐ अकर्म

कार्य के वक्त यानी ड्यूटी निभाते वक्त

☐ कर्म ☐ विकर्म ☐ अकर्म

मनोरंजन कर रहे हों, तब

☐ कर्म ☐ विकर्म ☐ अकर्म

भोजन के वक्त

☐ कर्म ☐ विकर्म ☐ अकर्म

व्यायाम के वक्त

☐ कर्म ☐ विकर्म ☐ अकर्म

मनपसंद का कार्य कर रहे हों, तब

☐ कर्म ☐ विकर्म ☐ अकर्म

सोते वक्त

☐ कर्म ☐ विकर्म ☐ अकर्म

नोट: जिसके जीवन में जितने ज्यादा अकर्म होंगे, उतना ही वह ऊर्जा से भरपूर होगा। उतना ही वह प्रसन्न तथा सफल भी होगा ही। सो अब आप आगे करो यह कि जो कार्य आप विकर्म से कर रहे हों, वे कार्य करना बंद कर दो। इससे आपके जीवन की काफी मुसीबतें वैसे ही दूर हो जाएंगी। फिर रहा सवाल कर्मों का। तो वे कार्य आवश्यक ही हैं। सो धीरे-धीरेकर कर्मों को अकर्म में परिवर्तित करने की कोशिश करो। जिस दिन आपके सारे कर्म 'अकर्म' में परिवर्तित हो गए, समझो जीवन की सारी परेशानियां निपट गई। बस चार्ट ईमानदारी से सोच-समझकर भरो तथा ईमानदारी से सारे कार्यों को अकर्म में परिवर्तित करने की कोशिश करो। ...फिर देखो कि जीवन क्या से क्या हो जाता है...!

अध्याय – 5

अर्जुनः

हे कृष्ण! आप पहले कर्मों के संन्यास की तथा फिर कर्मयोग की प्रशंसा करते हैं। कृपया इन दोनों में से जो मेरे लिए निश्चित कल्याणकारक साधन हो, वह कहिए।

कृष्णः

कमाल है अर्जुन तू भी! मैं तेरा मित्र हूँ। अरे, मैं तो पूरे जगत का मित्र हूँ। अकल्याणकारी बात तो मैं कह ही नहीं सकता हूँ। सो मैं जो कुछ भी कहूंगा वह तेरे और

जगत के कल्याण को ध्यान में रखकर ही कहूंगा। खैर, अभी तो तुमने ''कर्मयोग तथा कर्मसंन्यास में से क्या श्रेष्ठ है'' यह समझना चाहा... यह भी बहुत बड़ी बात है। परंतु दरअसल अर्जुन, चूंकि मनुष्य को सायकोलॉजी का ज्ञान नहीं है इसलिए वह ऐसी बातें करता है। बाकी तो कर्मयोग हो या कर्मसंन्यास, दोनों ही परमकल्याणकारक हैं। वहीं एक बात और सुन ले अर्जुन कि कर्मयोग तथा कर्मसंन्यास को मूर्ख लोग पृथक-पृथक समझते हैं। सायकोलॉजी के अज्ञान के कारण सब ऐसी बातें करते हैं। ...बाकी ज्ञानीलोग तो जानते ही हैं कि दोनों का अंतिम परिणाम एक ही है। अर्जुन, कर्मसंन्यास है ''कर्मों में से कर्तापन का त्याग करना'' तथा कर्मयोग है ''कर्मों में से फल का त्याग करना''। मनुष्य चाहे कर्मों में से ''फल'' का त्याग करे अथवा ''कर्तापन'' का, एक का त्याग करते ही दूसरा अपनेआप छूट जाता है। ऐसा समझ अर्जुन कि जो फल चाहता है, वही कर्ता है। और जो कर्ता है, वही फल चाहता है। तेरा ही उदाहरण ले...। तू राज्यरूपी फल चाहता था, अत: युद्ध करने का कर्ता बनकर इधर आया था। और इस समय चूंकि तू अपनी जान की सुरक्षा चाहता है, इसलिए युद्ध के मैदान से भागने का कर्ता बनना चाहता है। अर्थात जब तक फल की कामना है, तबतक कर्तापन है। वहीं दूसरी तरफ मनुष्य के भीतर कर्तापन भी तभी तक है, जब तक उसे फल की कामना है। यानी फल व कर्तापन, दोनों एकदूसरे के पूरक हैं। एक के हटते ही दूसरा स्वत: ही हट जाता है।

तू मुझे ही देख अर्जुन! मैं भी तेरी तरह युद्ध के मैदान में खड़ा हूँ, पर मुझे चाहिए क्या? कुछ भी नहीं। और जब कुछ चाहिए नहीं, तो मैं कर्ता भी नहीं। मैं तो चूंकि परमात्मा की चाह पूरी करने हेतु युद्ध के मैदान में डटा हुआ हूँ, इसलिए मेरे इस युद्धरूपी कर्म का कर्ता भी वही है। यही क्यों, मेरे तो हर कर्म का कर्ता परमात्मा है। मैं तो रास भी उसके लिए रचाता हूँ तथा छप्पनभोग भी उसके लिए खाता हूँ। मैं वध भी उसके लिए करता हूँ और छल-कपट भी उसी के इशारों पर करता हूँ। इसलिए बाहर से कर्ता होते हुए भी मैं भीतर से सदैव अकर्ता ही बना रहता हूँ। और तू भी यही कर। तू युद्ध से उत्पन्न तमाम फलों से मुक्त हो जा। हार मिले या जीत, राज्य मिले या मौत, पाप हो या पुण्य; तू अपने जहन से यह सब चिंताएं हटा दे। तेरी तमाम जाती चाहें हटते ही तू युद्ध परमात्मा के लिए करेगा। और जब तू युद्ध परमात्मा के लिए करेगा तो इस युद्ध का कर्ता भी तेरे भीतर का परमात्मा होगा, तू नहीं। ...ऐसा समझ कि अपने लिए कुछ करने से ही कर्तापन का एहसास जागता है और यह स्वार्थ हटते ही मनुष्य 'अकर्ता' हो जाता है। अत: मैं तो कहता हूँ कि यह युद्ध ही क्यों, तू अपने तमाम कर्म उस एक परमात्मा के लिए कर। ऐसा करने से तू सदैव मुक्त ही रहेगा। खैर, संक्षेप में तू इतना समझ कि कर्मयोग के बगैर कर्म-संन्यास संभव नहीं है,

हे
अर्जुन
यहां कोई
संसार
को
परमात्मा
मानकर
जी रहा है
तो कोई
संन्यास
को
और
गलत
दोनों
ही हैं

तथा कर्म-संन्यास के बगैर कर्मयोग संभव नहीं है। ...परंतु चूंकि कर्तापन का त्याग करना मनुष्य के लिए थोड़ा कठिन है, इसलिए मेरी दृष्टि में फलों का त्याग ही मनुष्य के उद्धार का श्रेष्ठ मार्ग है। अत: मैं तुझसे एकबार फिर कहता हूँ कि तू ''तमाम फलों का त्याग करके'' युद्ध के लिए खड़ा हो जा। ऐसा करने पर तेरा कर्तापन स्वत: लुप्त हो जाएगा और तू तत्क्षण योग को उपलब्ध हो जाएगा।

अर्जुन एक सीधी बात समझ कि सवाल ''क्या किया या क्या नहीं'' का कभी नहीं है। सवाल है जो कुछ भी किया, वह फल की आशा में किया या बिना फल की आशा में? जो कुछ भी किया, उसका कर्ता तुम थे या परमात्मा था? अर्जुन, तत्वज्ञानी तो देखते हुए, सूंघते हुए, भोजन करते हुए, बोलते हुए, त्यागते व ग्रहण करते हुए भी; वास्तव में स्वयं कुछ नहीं कर रहे होते हैं। क्योंकि वे अपने सारे कर्म परमात्मा के लिए करते हैं। अत: तू भी युद्ध तो कर, परंतु परमात्मा के लिए कर। फिर कोई कुछ भी कहे या तेरे शास्त्र जो कुछ भी कहते हों; परंतु मैं कहता हूँ कि परमात्मा के लिए युद्ध करने पर तू पाप को उपलब्ध नहीं होगा। अर्जुन, ऐसा नहीं है कि मैं आज आत्मा की बात करते वक्त तो परमात्मा हूँ, परंतु रास रचाते वक्त या छल-कपट करते वक्त परमात्मा नहीं था। मैं हर वक्त, हरहाल में परमात्मा ही हूँ। बिना फल की आशा के तथा बिना कर्तापन के भाव के जो कोई भी यहां, जो कुछ भी कर्म करता है; उस कर्म के पूरता वह परमात्मा ही माना जाता है। अत: ऐसा समझ कि ''कर्तापन का भाव तथा फल की आशा'' धर्म के मार्ग में सबसे बड़ी बाधा है। और तू जिन शास्त्रों की बात कर रहा है, वे सब तो उल्टा मनुष्य में ''फल की आशा' जगाने वाले हैं। वे सब तो उल्टा मनुष्य के ''कर्तापन'' को मजबूत करने वाले हैं। जबकि मैं तुझे शुद्ध ज्ञान दे रहा हूँ। और वह सीधा ज्ञान यह है कि जो

मनुष्य किसी व्यक्ति, विषय या वस्तु से न तो राग करता है और न द्वेष; एक वो ही सच्चा कर्मयोगी है। और जो मनुष्य सामने जो कुछ भी आ जाए उसे स्वीकारता चला जाता है, वह संन्यासी है। सो तेरे लिए इस समय ज्ञान इतना ही है कि युद्ध तेरे सामने है, बस कर्तापन त्यागकर तथा फल की आशाएं हटाकर... उससे खेल जा।

अर्जुन, जिन शास्त्रों की दुहाइयां देकर तू युद्ध के मैदान से भागना चाह रहा है, वे तो ब्राह्मण और शूद्र में भी भेद करना सिखाते हैं। वे तो मनुष्य तक को विभाजित करने में लगे हुए हैं। परंतु वास्तविक ज्ञानीजन तो विद्या व विनय से भरे ब्राह्मण में; तथा गाय, हाथी, कुत्ते व चांडाल में भी कोई भेद नहीं करते हैं। वे तो ब्राह्मण व कुत्ते में भी समदर्शी ही होते हैं। ऐसे ज्ञानीजन कभी युद्ध व संन्यास में भेद नहीं करते। और जो ऐसे समभाव में स्थित हैं, वे अपने जीते-जी संसार भी जीत लेते हैं तथा परमात्मा भी पा लेते हैं। अर्जुन इतना समझ ले कि मनुष्य के सारे भेद तभी तक हैं जबतक उसे फल की आशा है। उसके सारे चुनाव भी तभी तक हैं, जबतक उसमें कर्तापन का भाव है। सो, सौ बातों की एक बात यह है कि एक सच्चा ज्ञानी कभी प्रिय और अप्रिय में चुनाव नहीं करता है। वह कभी प्रिय को प्राप्त होकर हर्षित नहीं होता है तथा अप्रिय को प्राप्त होकर दुखी नहीं होता है। क्योंकि वह जानता है कि यह ''सारा पाना-खोना'' परमात्मा के अधीन है। अत: वह तो जो मिल जाए उसी से संतोष कर लेता है। वह कभी न तो चाह करता है, और ना चुनाव। वह जानता है कि एक दुनिया बाहर है तथा एक भीतर है। वह जानता है कि बाहर की दुनिया पर उसका कोई नियंत्रण नहीं, जबकि भीतर की दुनिया उसकी अपनी है। वही उसका आत्मा है...। और ऐसे तमाम ज्ञानी लोग अपनी आत्मा में ही सुखी रहते हैं, उसी से तृप्त रहते हैं तथा उसी से ज्ञान लेते व उसी में भ्रमण करते रहते हैं। और इसलिए उनकी आत्मतृप्ति की इस भीतरी स्थिति में कभी कोई फर्क नहीं पड़ता है। ...चाहे बाहर जमीन-आसमान क्यों न एक हो जाए, वे भीतर हमेशा एकरस बने रहते हैं। इसलिए हे अर्जुन, जो अपनी इस आत्मा का भक्त है, वह इसे सब यज्ञों व तपों को भोगनेवाला मानता है। वह तो अपनी आत्मा को ईश्वरों का भी ईश्वर जानता है। ऐसा व्यक्ति अपनी आत्मा के अलावा किसी शास्त्र से प्रभावित नहीं होता है। अत: तू भी शास्त्रों की दुहाई देना बंद करके अपनी अंतरात्मा की शरण जा, वहीं से ज्ञान ले; तेरे तमाम संशयों का अंत आ जाएगा। उस हेतु तुझे ''सिर्फ फल की तमाम आशाओं को तथा कर्तापन के भाव को'' अपनी आत्मा को समर्पित कर देना है। और तू यह समझ ही ले कि ऐसा करने पर अपनी आत्मा से तुझे तत्क्षण वह ज्ञान उपलब्ध हो जाएगा, जो मैं तुझे इस समय दे रहा हूँ।

प्रैक्टिकल एप्लीकेशन - 10

अध्याय पांच का श्रेष्ठ सबक यह है कि सारे भेद मिटा दो। भेद ही भ्रम पैदा करते हैं तथा जीवन भी भेद ही भटकाते हैं। अत: इस बात की गांठ बांध ही लो कि "सबकुछ परमात्मा है" यही एकमात्र सच्चा ज्ञान है। अर्जुन इस समय दुखी है, तो भेद के कारण। अनिश्चय में फंसा है, तो भेद के कारण। आपके जीवन में इतने भटकाव हैं, तो भेद के कारण। यह भेद की शिक्षा ही है जो सबको पागल किये जा रही है। कृष्ण कह रहे हैं कि एक ज्ञानी के लिए तो विवेकी ब्राह्मण तथा कुत्ते तक में कोई भेद नहीं है। क्योंकि अंत में तो दोनों सिर्फ 'हैं'। वे ऐसी या वैसी नहीं हैं। और फिर हमें तो जो हमारे जीवन में है, उतने से ही व्यवहार करना है। जो जीवन में नहीं है, उन्हें तो स्वाभाविक तौरपर दूर से सलाम ही करना है। सो जीवन में जो है उन्हें परमात्मा मान लो, मन हमेशा के लिए शांत व प्रसन्न न हो जाए तो कहना? और शांत व प्रसन्न मन ही प्रगति करता है, यह कहने की जरूरत तो है नहीं। खैर, सब परमात्मा है इतना मान लेने से सबसे पहले आपके पाने-खोने की सारी चिंताएं मिट जाएंगी। क्योंकि फिर तो जो पाओगे वह भी परमात्मा तथा जो खोओगे, वह भी परमात्मा। और मन तो इतना निर्मल हो जाएगा कि जीने का मजा ही आ जाएगा। सो अगले पेज पर दिये गए चार्ट में दी हर चीज के आगे शांत व दृढ़ मन से लिखो कि मैं इसे परमात्मा मानता हूँ। वहीं से हम दोनों आये हैं, वहीं हम दोनों को जाना है ...तो फिर बीच में 'भेद' की मूर्खता करने वाला मैं कौन? इस एक परिवर्तन से आपके भीतर क्या चमत्कार घट जाएगा उसकी आप कल्पना भी नहीं कर सकते हैं। और मन कभी न खत्म होने वाली शांति को प्राप्त हो जाएगा, सो अलग।

आपके जीवन में सामने आने वाले मनुष्यों तथा वस्तुओं की सूची

''आज के बाद मैं इन्हें परमात्मा ही मानूंगा'' यह हर कॉलम में तहेदिल से लिखो।

परिवार और मित्र

....

....

....

आपके कर्तव्य

....

....

....

आपका मन और शरीर

....

....

....

दूसरे धर्म, देश व समाज के लोग

....

....

....

आपके प्रतिद्वंद्वी

....

....

....

आपके शत्रु

....

....

....

मिलने वाली असफलताएं

....

....

....

झेल रहे संकट

....

....

....

अपने शौक व इच्छाएं

....

....

....

दूसरों की इच्छाएं

....

....

....

नोट: कुल-मिलाकर यह समझें कि ब्रह्मांड की हर वस्तु, पृथ्वी का हर मनुष्य तथा घटने वाली हर घटना, परमात्मा ही है। और यही श्रेष्ठ मानसिकता है। और यह मानसिकता एकबार दिल से पा ली, फिर गम जीवन से हमेशा के लिए छू हो जाएंगे। यूं भी जब सब परमात्मा से पैदा हुआ है तथा सबकुछ उसकी मरजी से हो रहा है, तो फिर भेद क्यों व चिंता काहे की? 'समभाव' इसे ही कहते हैं।

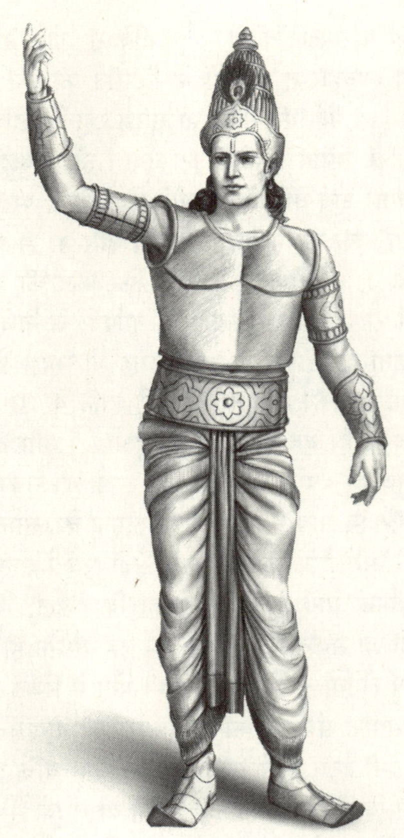

अध्याय – 6

कृष्ण:

अर्जुन तू योगी बनने में जिज्ञासा तो दिखा रहा है, परंतु योगियों के लक्षण तू अपने में विकसित नहीं कर पा रहा है। क्योंकि सत्य तो यह है कि कर्मों के फल का आश्रय लेकर यदि कोई भी मनुष्य किसी भी कर्म से इनकार करता है, तो वह योगी कतई नहीं माना जा सकता है। फिर चाहे वो इनकार वह शास्त्रों के कारण कर रहा हो, पाप-पुण्य को ध्यान में रखकर कर रहा हो, ...या फिर वह इनकार वो नर्क जाने के डर से ही क्यों न कर रहा हो।

और यह बात तुझे विशेष रूप से समझने की है। ...क्योंकि तू 'योग' समझने हेतु जिज्ञासा तो अवश्य कर रहा है, परंतु व्यवहार तू योगियों के विपरीत कर रहा है। तू युद्ध को ना सिर्फ पाप मान रहा है बल्कि उसे नर्क की सीढ़ी भी समझ रहा है। लेकिन यदि एक सच्चे योगी की तरह तू ये "फलों के तमाम सहारे" हटा देगा...तो तू युद्ध करने के अलावा अन्य किसी बाबत नहीं सोचेगा। अब वध तो मैंने भी अनेक किये, परंतु वे वध करते वक्त मैंने कभी पाप-पुण्य या स्वर्ग-नर्क की ना तो चिंता की और ना ही कामना। ...क्योंकि पापियों का नाश होना चाहिए... तो होना ही चाहिए। फिर फल की कामना या परिणाम की चिंता के कारण वह कर्म टाला नहीं जा सकता है। पापियों के नाश को पाप-पुण्य के तराजू पर नहीं तौला जा सकता है। ...वैसे ही अर्जुन, यह भी समझ ले कि केवल अग्नि का त्याग करनेवाला संन्यासी नहीं है। अर्थात स्वयं की हानि के डर से भी कभी करने योग्य कर्म नहीं टाला जा सकता है। यह भी स्वार्थ ही हुआ...। और तू यह समझ ही ले कि दुनिया के किसी भी स्वार्थ हेतु 'परमार्थ' कभी नहीं टाला जा सकता है।

इसलिए अर्जुन, निष्काम भाव से यानी बिना कामना के लगातार कर्म करते चले जाना ही योगी का लक्षण है। और ऐसे योगी के लिए "जो सर्व संकल्पों का अभाव है" वही उसके कल्याण का एकमात्र मार्ग है। क्योंकि यहां किस पल, किस के सर...क्या करने को आ जाए, कहा नहीं जा सकता है। ऐसे में "मैं यह करूंगा ही" अथवा "मैं यह नहीं ही करूंगा" जैसे संकल्प लेनेवाला व्यक्ति कभी भी योग में स्थित नहीं हो सकता है। कहने का मतलब यह कि "समस्त संकल्पों का त्यागी पुरुष ही योगारूढ़ कहा जाता है"। मेरा ही उदाहरण ले, मैं एक प्रेमी हृदय, जीनेवाला तथा शौकीन व्यक्ति हूँ। लेकिन उस हेतु मैं यह संकल्प नहीं ले सकता कि मैं झमेलों में नहीं पडूंगा या संघर्षों में नहीं उतरूंगा। मुझे किस पल क्या करना, यह पूरी तरह से मैंने कुदरत के एकाधिकार पर छोड़ रखा है। उसमें मैं "अपनी इच्छाओं या अपने संकल्पों को" बीच में नहीं लाता हूँ। ...और इसीलिए मैं एक सच्चा योगी हूँ। तू भी यदि योग में स्थित होना चाहता है तो "तमाम प्रकार के कामना व संकल्प" दोनों हटा दे, और तब तू मुझे युद्ध न करने का एक कारण बता; मैं मान जाऊंगा। अर्जुन मेरे भाई, समय बीता जा रहा है...अत: तू बात को समझ। दुनिया का कोई सच्चा योगी या संन्यासी वर्तमान हालात में युद्ध से इनकार नहीं करेगा।

हे अर्जुन, इस संसार की रचना कुछ ऐसी है कि यहां मनुष्य स्वयं अपना मित्र है तथा वह स्वयं अपना शत्रु है। बाहर यहां कोई किसी का मित्र या शत्रु नहीं है। अत: मनुष्य को चाहिए कि वो अपने से मित्रता निभाए, तथा अपने द्वारा इस "संसार-समुद्र" से अपना उद्धार करे। और उस हेतु उसे चाहिए कि वह तमाम कामनाओं व संकल्पों का त्याग करे।

यह करूंगा या यह नहीं करूंगा का कोई निश्चय वह कभी न करे। यह चाहिए या यह नहीं चाहिए जैसी बातों में स्वयं को न उलझाए। मनुष्य को चाहिए कि इन तमाम प्रकार के आकर्षणों तथा विकर्षणों से स्वयं को बचाए। अर्जुन, योगी हो या संन्यासी, दोनों के लिए सुख-दुख, सरदी-गरमी तथा मान-अपमान में कोई भेद नहीं होता। वे तो जो मिल जाए उसे परमात्मा का प्रसाद मानकर स्वीकारते चले जाते हैं। जो करने को सर पर आ जाए, उसे परमात्मा का हुक्म मानकर करते चले जाते हैं। अत: तू भी सामने आए इस युद्ध को परमात्मा का प्रसाद मानकर स्वीकार ले। इसके अलावा का कुछ भी सोचना, तेरे "अहंकार व अज्ञान" को ही दर्शाता है। सो योगी और संन्यासी में कौन श्रेष्ठ है, यह मत पूछ। इतना समझ ले कि दोनों में से कोई भी इस युद्ध से भागने का बहाना नहीं खोजते।

हे अर्जुन, एक योगी के लिए पत्थर और सोने में कोई भेद नहीं होता है। वह मित्र, वैरी, मध्यस्थ में ही नहीं, पापी और धर्मात्माओं में भी समानभाव वाला होता है। उसे ना तो किसी प्रकार की आशा होती है, और ना ही मन से वह किसी बात को ग्रहण करता है। बाहर उसकी दुनिया कितनी ही बड़ी क्यों न हो, भीतर से वह निरंतर अपनी आत्मा के साथ एकांत में ही रहता है। इस योग में हे अर्जुन, अनेक लोग, अनेक प्रकार से स्थित होने की कोशिश करते हैं। इस हेतु वे प्राणायाम से लेकर भिन्न-भिन्न प्रकार के आसन करते हैं। यह सब भी उपयोगी है, क्योंकि इससे शरीर की स्वस्थता बनी रहती है। और स्वस्थ शरीर के लिए मन की ऊंचाइयां छूना आसान हो जाता है। अत: हे अर्जुन, इस योग में जितना मन के शुद्धीकरण का महत्त्व है, उतना ही शरीर की स्वस्थता का भी महत्त्व है। इसलिए इस योग में खान-पान से लेकर नींद तक का भी बड़ा महत्त्व है। यह योग ना तो ज्यादा खाने वाले का और न

मन के सत्य में जीने वाला तो उर्वशी मेनका हो या सोमरस दोनों यहीं भोग लेता है

हे
अर्जुन
तू ऐसा
समझ कि
''स्वयं
की
चिंता'' से
''सर्व
की
चिंता''
तक उठना
ही
परमात्मा
को पाने
का सबसे
सरल
मार्ग
है

भूखे रहनेवालों का कभी सफल होता है। वैसे ही कम या ज्यादा सोना भी इस योग में बाधा है। लेकिन अंत में तो सारा महत्त्व ''मन की स्वस्थता'' का ही है। ले-देकर महत्त्व तो मन से ''कामनाएं व संकल्प'' हटाने का ही है। सो, मनुष्य को चाहिए कि शरीर को सम्भाले, परंतु ध्यान मन की स्वस्थता पर ही बनाए रखे। ...क्योंकि अंत में तो जीवन का परिणाम मन की स्वस्थता पर निर्भर है, शरीर की स्वस्थता पर नहीं।

अर्जुन, तू एक सीधी बात क्यों नहीं समझ रहा है कि मनुष्य का पूरा-का-पूरा जीवन उसके भीतर है, बाहर नहीं। जो कुछ भी उसे पाने व खोने योग्य है, वह सब भी उसके भीतर है। बाहर तो न राज्य पाने योग्य है और न वैराग्य। बाहर तो जो कुछ भी है, एक भ्रम ही है। न स्वर्ग बाहर है और न नरक। तू अभी जिस मनोदशा में है, वही तेरे लिए नरक है। मैं तुझे इस दुख से उबारकर हाथोहाथ महाआनंद में स्थिर कर देना चाहता हूँ। अत: तू इस युद्ध को बाहर मत देख। तू इस संघर्ष को भीतर खोज, और अपने इस भीतरी संघर्ष पर विजय पा ले। ...बस तत्क्षण यह बाहरी युद्ध तेरे लिए एक ''नाटक'' हो जाएगा। ऐसा समझ अर्जुन कि जिस मनुष्य के भीतर कोई भेद नहीं है, उसके जीवन में बाहर कोई संघर्ष नहीं है। जब तक तेरे भीतर पाप और पुण्य में, राज्य और वैराग्य में भेद है; तभी तक तेरे जीवन में बाहर संघर्ष है। तभी तक तू एक की तरफ जाना चाहता रहेगा, तथा एक से भागना चाहता रहेगा। सो, बाहर जो कुछ भी है उसे तू बाहर ही रहने देकर भीतर अपनी आत्मा में तृप्त रह। भीतर सदैव समरस तथा तृप्त रहना ही एक योगी का ''परम आनंद'' है। क्योंकि ऐसा योगी चारों ओर सबकुछ समभाव से देखता है। वह बाहर जो कुछ भी है, उसे एक आत्मा का ही विस्तार मानता है। और जब सबकुछ एक आत्मा का ही विस्तार

है, तो उसमें भेद क्या करना? उसमें अच्छा-बुरा व पाप-पुण्य क्या खोजना? उसमें अपना-पराया व हार-जीत कहां खोजना? अत: हे अर्जुन, जो कोई ज्ञानी पुरुष अपने चारों ओर के सम्पूर्ण विस्तार को ''मुझ वासुदेवरूपी आत्मा के अधीन देखता है'' वह हमेशा के लिए मुझसे एक हो जाता है। अत: तू भी सम्पूर्ण समभाव में स्थित हो जा। अपने को, कौरवों को, जीने व मरने को, सबको 'कृष्ण' ही समझ ले। फिर न जीतने पर तू मुझसे जुदा होगा न हारने पर। न जीवित रहने पर जुदा होगा, न मौत आने पर। क्योंकि फिर तेरे लिए हार-जीत व जीवन-मृत्यु सब कृष्ण ही है। अर्जुन तू तो बुद्धिमान है; सो सोच कि जिसके लिए बाहर सबकुछ एक आत्मा का ही विस्तार है, उसके लिए फिर इस जगत में पाप-पुण्य व हार-जीत बचे ही कहां? ऐसा योगी चाहे जो कुछ भी क्यों न कर रहा हो, वह सदैव परमात्मा-से-परमात्मा में ही खेलता रहता है। और ऐसा ''परमात्मा-से-परमात्मा में खेलनेवाला'' कुछ भी क्यों न कर रहा हो, भला पाप को उपलब्ध कैसे हो सकता है? अत: इतना समझ कि जबतक तू अपने को अलग से महत्त्व दे रहा है, तबतक तू बाहर सबमें भेद कर रहा है। जिस रोज तू अपने समेत सबको एक ईश्वर की संतान मान लेगा, हार-जीत व जीना-मरना तुझे प्रभावित नहीं करेगा। फिर तू न कभी युद्ध करने से इनकार करेगा, न युद्ध करने की जिद्द करेगा। जो मनुष्य अपने दुख व दूसरों के दुख तथा अपने सुख व दूसरों के सुख में भेद नहीं करता, वह योगी श्रेष्ठ कहा जाता है। क्योंकि वह अपने स्वार्थ की चिंता में कभी किसी चीज से इनकार नहीं करता है।

अर्जुन:

हे कृष्ण, आपने जो समभाव में स्थित होने की बात कही, मैं उसे पूरी तरह से समझ गया। परंतु यह बात सुनने में जितनी आसान लग रही है, उसपर अमल करना उतना ही मुश्किल है। मन की अति चंचलता के कारण मैं चाहकर भी अपने व दूसरों को समभाव से देखने में अक्षम हूँ। हे कृष्ण, यह मन बड़ा चंचल व दृढ़ है। इसको वश में करना, वायु को वश में करने के समान है। मैं न चाहते हुए भी बार-बार स्वार्थ में उलझ जाता हूँ। न चाहते हुए भी बार-बार मुझे अपनी ही फिक्र पकड़ लेती है। आप तो हार व जीत तथा जीवन व मृत्यु में सम देखने की बात कहते हैं, मैं तो इस युद्ध में मौजूद योद्धाओं को भी समभाव से देखने में असमर्थ हूँ। मेरा मन यह बात मानने को ही तैयार नहीं है कि मेरी मौत व कौरवों की मौत में कोई भेद नहीं है। ...मेरी हार व कौरवों की हार में कोई भेद नहीं है। वाकई बात समझने के बाद भी मन की चंचलता के कारण उसपर अमल करना बड़ा मुश्किल हो रहा है।

कृष्ण:

बात तो तेरी सही है अर्जुन! यह मन निश्चित ही बड़ा बलवान है। इसे वश में करना वाकई आसान नहीं है। लेकिन यह वैराग्य के लगातार अभ्यास से वश में किया जा सकता है। और यहां स्पष्ट समझ ले कि वैराग्य शरीर का नहीं, मन का है। सवाल हार-जीत का हो या जीवन-मरण का, उसे शारीरिक कर्म-मात्र समझकर बाहर-का-बाहर रहने देना चाहिए। मन में तो उन सभी कर्मों के प्रति वैराग्य ही होना चाहिए। छप्पनभोग हो या सूखी रोटी, दोनों शरीर से ग्रहण करना है। मन से दोनों में कोई भेद नहीं समझना चाहिए। जो लगातार मन से "सब चीजों व कार्यों के प्रति" ऐसा वैराग्य पालता है, वह एकदिन इस महान योग को सहज ही उपलब्ध हो जाता है। ...इस "महान योग की प्राप्ति हेतु" यह मेरा स्पष्ट मत है। अत: जो कोई भी इस योग की प्राप्ति हेतु "मन के वैराग्य" को छोड़कर अन्य बातों पर ध्यान देता है, वह इस "महान योग" को उपलब्ध होने से वंचित रह जाता है।

अर्जुन:

मैं आपकी यह बात भी समझ गया। आप ठीक ही कहते हैं। परंतु हे कृष्ण, जो पुरुष मन से वैराग्य को प्राप्त होने तथा समभाव में स्थित होने की कोशिश करते हैं; परंतु मन वश में न होने के कारण अंतत: ऐसा कर नहीं पाते हैं; उनका क्या होता है? क्या वे श्रद्धावान व प्रयत्नशील पुरुष भी नष्ट-भ्रष्ट हो जाते हैं? मैं इसे अपने ही उदाहरण से कहूं तो मुझे आप का कहा एक-एक शब्द समझ में आ गया है। मैं समझ चुका हूँ कि यदि मैं पूरी तरह से समभाव में स्थित होकर युद्ध करता हूँ, तो मैं युद्ध करते-करते भी योग को उपलब्ध हो जाऊंगा। परंतु मैं तमाम कोशिश के बावजूद समभाव में स्थित नहीं हो पाता हूँ, और फिर भी युद्ध करता हूँ तो मेरा क्या होगा? निश्चित ही मैं योग में तो स्थित नहीं ही हो पाऊंगा, पर मैं कहीं नष्ट और भ्रष्ट तो नहीं हो जाऊंगा? हे कृष्ण, मेरी इस चिंता का सम्पूर्ण समाधान आपके अलावा कोई नहीं कर सकता है।

कृष्ण:

हे अर्जुन! मुझे खुशी है कि तू मेरी बात तो समझा। अब तू इतना और समझ ले कि "परमात्मा की प्राप्ति की ओर" मनुष्य को सिर्फ पहला कदम ही बढ़ाना होता है। बाकी की यात्रा तो समय के साथ सहज ही पूरी हो जाती है। सो, समभाव में स्थित होने के प्रयत्न को तू परमात्मा की ओर बढ़ाये गए पहले कदम के तौर पर ले। फिर तेरा न तो इस लोक में नाश होगा और ना परलोक में। फिर तू आज के बाद दुर्गति को कभी प्राप्त नहीं होगा।

समभाव में स्थित होने की कोशिश करते हुए यदि तू युद्ध में मारा भी गया, तो भी चिंता मत कर। क्योंकि फिर तू किसी ज्ञानी के यहां जन्म ले लेगा। और वहां से फिर दुगुने जोश से समभाव की ओर कदम बढ़ाएगा। और यह सिलसिला तबतक चलता रहेगा जबतक कि तू पूरी तरह से योग को यानी "सम्पूर्ण समभाव" को प्राप्त नहीं हो जाता है। अर्जुन, एक बात स्पष्ट समझ ले कि समभाव में स्थित होने का प्रयत्न करनेवाला पुरुष तो तपस्वियों, शास्त्रज्ञानियों तथा कर्मकांड करनेवालों से भी कई गुना श्रेष्ठ माना जाता है। और तू समभाव में स्थित होने की ओर पहला कदम बढ़ा चुका है, अत: बिना किसी संशय के दिल खोलकर युद्ध कर। ...अब तुझे अन्य चिंता करने की कोई आवश्यकता नहीं है।

↗

प्रैक्टिकल एप्लीकेशन - 11

इस छठे अध्याय की छिपी शिक्षा यह है कि स्वार्थ एकमात्र पाप है। सारे स्वार्थ हटा दो, फिर कुछ भी करो... सब परमात्मा ही कर रहा होगा। जीवन की सारी परेशानियों की जड़ स्वार्थ है। आप अपने जीवन की एक भी ऐसी परेशानी बता दो, जिसकी जड़ में स्वार्थ न हो। सो स्वार्थ हटा दो, परेशानी स्वत: गायब हो जाएगी। परेशानियों से निजात पाने का दूसरा कोई उपाय नहीं है। और यह सत्य भी जान लो कि महानता को वे ही उपलब्ध हुए हैं, जिन्होंने अपने जाती-स्वार्थ मिटाये हैं। गीता सफलता दिलाती है... तथा महान बनाती है। सो अगले पेज पर दिये गए चार्ट के सहारे अपने स्वार्थ कमजोर करने का प्रयास करो। अपनेआप जीवन से कष्ट भी कम होते चले जाएंगे तथा जीवन भी संवरता चला जाएगा।

उनकी सूची जिनसे आप व्यवहार कर रहे हैं

सबके आगे दिल से लिखो कि ''आज के बाद मैं इसमें से अपने स्वार्थ हटाता हूँ''

पारिवारिक रिश्ते

....

....

....

मित्र

....

....

....

व्यावसायिक रिश्ते

....

....

....

फल व परिणाम

....

....

....

धर्म

....

....

....

विचार

....

....

....

भविष्य

....

....

....

कर्म

....

....

....

नोट: समझो इतना कि पूरी दुनिया स्वार्थ के रास्ते जीवन बनाने निकली है। हरकोई यही कहता है कि मेरा क्या? मुझे क्या फायदा? पर फिर जीवन बन क्यों नहीं रहा है? क्योंकि जीवन आपकी बुद्धि की सामान्य सोच से नहीं, बल्कि प्रकृति के परमनियमों से बनेगा। तथा कृष्ण जो कुछ कह रहे हैं वह वे प्रकृति के अटल नियमों को ध्यान में रखकर ही कह रहे हैं। सो सारे रिश्तों तथा सारे कार्यों से स्वार्थ हटाये बगैर न स्थायी सफलता मिलने वाली है और ना ही स्थायी शांति।

अध्याय – 7

कृष्ण:

मुझे तो लग रहा था कि अर्जुन अब युद्ध करने हेतु तैयार हो जाएगा। परंतु ऐसा नहीं हुआ। उसके हावभाव से स्पष्ट था कि अब भी उसकी युद्ध लड़ने की कोई तैयारी नहीं है। ...वैसे होती भी कैसे? चिंता का स्तर सुधरा था, चिंता मिट थोड़े ही गई थी। पहले वह पाप-पुण्य की तथा अपने जीने-मरने की चिंता कर रहा था, अब उसे अपने जन्मो-जन्मांतर की गति की चिंता पकड़ ली थी। हालांकि इस विषय में मैंने उसे स्पष्ट कह दिया था कि

बाहर के उतार चढ़ावों से जिसके भीतर उथल पुथल नहीं मचती है, वही सच्चा ज्ञानी है

एकबार मनुष्य समभाव में स्थित होने का प्रयत्न प्रारंभ कर देता है, फिर जन्म-दर-जन्म वह परमात्मा की ओर बढ़ता ही चला जाता है। परंतु मैं समझ रहा हूँ कि जन्मों की चिंता भी वह करे...जिसे अनेक जन्मों का यकीन हो। और एकबार वह यकीन हो जाए, तो किसी बाबत ज्यादा चिंता बचे ही न...। सो अर्जुन भले ही चिंता जन्मो-जन्मांतर की जता रहा था, परंतु अब भी उसकी प्रमुख चिंता इस जनम को लेकर ही थी। अत: इतना तो मैं समझ ही रहा था कि अर्जुन की मनोदशा में सुधार अवश्य आया था, परंतु उसका ध्यान अब भी समझने से कहीं ज्यादा युद्ध की बात टालने में ही लगा हुआ था।

अब ऐसे में मेरे पास तो उपाय ही कहां था? मुझे तो बात आगे बढ़ानी ही थी। उसे समझाने के प्रयास तो छोड़ नहीं देने थे। यूं भी जीवन में... मैं कभी हारा नहीं। और अर्जुन से चल रहे वर्तमान संवाद में भी हारना तो था ही नहीं। सो बस मैं एकबार फिर शुरू हो गया। अब यूं तो उसे पहले ही इतने तरीके से सत्य समझा चुका था कि अब नया कुछ जानने की उसे आवश्यकता ही नहीं थी। परंतु फिर भी वह न समझे तो क्या? तबतक तो मुझे कुछ-न-कुछ नया कहते ही रहना है। बस मैंने फिर कहना प्रारंभ किया कि हे अर्जुन, अब तू वह रहस्यपूर्ण बात सुन जिससे "अनन्यभाव से अपनी आत्मा के परायण हुआ तू" मेरे भव्य गुणों से भरे सम्पूर्ण अस्तित्व को जान पाएगा। विज्ञान से ओतप्रोत यह एक ऐसा तत्वज्ञान है कि जिसको जानने के बाद विश्व में कुछ भी और जानने को शेष नहीं रह जाता है। अर्जुन, यह बड़ा ही उच्च रहस्य है। संक्षेप में तू इतना समझ ले कि मेरे परमात्मीय स्वरूप को पाना आसान नहीं है। यहां तो हजारों में कोई एक मेरे स्वरूप को पाने का प्रयत्न करता है, और उन हजारों प्रयत्न करनेवालों में भी कोई एक अपनी आत्मा की सम्पूर्ण शरणागति स्वीकार के

मेरे स्वरूप को प्राप्त हो पाता है। ...बाकी रहा सवाल उन शास्त्रों का जिसकी तू दुहाई देता आ रहा है, उसे तो हरकोई पढ़ता है। परंतु ऐसे कोरे शास्त्रज्ञान से ''मैं'' प्राप्त नहीं होता। मुझे तो बिना अपनी आत्मा की सम्पूर्ण शरणागति स्वीकारे पाया ही नहीं जा सकता है।

खैर, अब मैं सीधे तुझे ''मुझ आत्मा के रहस्यपूर्ण स्वरूप को'' समझाता हूँ। मेरी कुल दो प्रकार की प्रकृति है, एक जड़ व एक चेतन। मेरी जड़ प्रकृति कुल आठ भागों में विभाजित है। पृथ्वी, जल, अग्नि, वायु और आकाश ही नहीं, मनुष्य के मन, बुद्धि और अहंकार भी मेरी जड़ प्रकृति के ही हिस्से हैं। और आश्चर्य की बात यह है कि बावजूद इसके सारी ज्ञान की बातें भी मनुष्य अपने ''मन, बुद्धि व अहंकार'' से करता है, और उसे समझने की चेष्टा भी वह वहीं से करता है। वह यह समझता ही नहीं कि यह सब जड़ से निकली बातें हैं, तथा इसमें सिवाय मेरी जड़ प्रकृति के अन्य किसी चीज की चर्चा नहीं है। इन सब बातों में सिवाय 'माया' के और कुछ नहीं है। अर्जुन, ये सारे पाप-पुण्य, यह सारी हार-जीत, ये तमाम सफलताएं-असफलताएं ही नहीं, संसार और संन्यास की बातें भी सिवाय माया के और कुछ नहीं हैं। ये तमाम बातें तथा यह सारा ज्ञान मेरी जड़ प्रकृति का ही हिस्सा है। इसीलिए तो कहने को संसार में मेरी चर्चा बहुत है, परंतु वास्तविकता में यहां ''मुझ परमात्मा की चर्चा'' ना के बराबर है। अतः तू सुन ले अर्जुन कि मैं तो इन तमाम जड़ों के पार का एक चेतन हूँ। ...या यूं समझ कि इन तमाम जड़ों की भीड़ में ''मैं एकमात्र चेतन'' हूँ। बाकी मेरा यह नाम, यह शरीर, मेरा परिवार तथा मेरी द्वारका, सब जड़ है। तू मुझे पहचानना चाहता है तो पहचान, मैं इन सबके पार हूँ। वैसे ही तू भी अर्जुन या पांडव नहीं, ना ही हस्तिनापुर तेरा है; तू भी इन सबके पार का एक ''चेतन तत्व'' ही है।

ऐसा समझ अर्जुन कि सम्पूर्ण संसार इस जड़ और चेतन के मिलन से उत्पन्न होता है, परंतु वास्तविकता में ''मैं-चेतन'' ही इस संसार की उत्पत्ति तथा प्रलय का एकमात्र कारण हूँ। यहां जो कुछ भी है, सब एक मेरे कारण है। यूं समझ कि यह सम्पूर्ण जगत, ये सारे जीव, यह तमाम मनुष्य...सबकुछ माला के मनकों की भांति मुझ धागे में गुंथे हुए हैं। तू ऐसा समझ अर्जुन कि अदृश्य होते हुए भी संसार की सब चीजों में सबसे महत्त्वपूर्ण मैं ही हूँ। जल में रस मैं हूँ। चांद और सूर्य में प्रकाश तू मुझे ही जान। अग्नि का तेज तथा मनुष्यों का जीवन भी मैं ही हूँ। यही नहीं अर्जुन, पुरुषों का पुरुषत्व भी मैं ही हूँ। अतः तू युद्धरूपी पुरुषार्थ से भागने की मत सोच। मेरा विश्वास जान कि तेरे इस पुरुषार्थ में ''मैं'' हमेशा तेरे साथ खड़ा रहूंगा। ऐसा समझ कि तपस्वी जड़ है, और उसका चेतनरूपी तप ''मैं'' हूँ। पुरुष जड़ है, परंतु उसका पुरुषार्थ ''मैं'' हूँ। यही क्यों, शास्त्र के अनुकूल यानी आत्मीय सम्मति के साथ किया जानेवाला ''काम'' भी ''मैं'' ही हूँ। साथ ही, बिना व्यक्तिगत कामनाओं

के प्रदर्शित किया जाने वाला बलवानों का बल भी ''मैं'' ही हूँ। तू भी बलवान है, परंतु तू हमेशा से अपने बल का उपयोग अपनी कामनाओं की पूर्ति हेतु या फिर अपनी सामर्थ्य दिखाने हेतु करता आ रहा है। इसलिए तेरे आजतक के दिखाए किसी शौर्य में ''मैं'' नहीं था। परंतु आज मैं तुझसे कह रहा हूँ कि आज का यह युद्ध तू अपनी तमाम कामनाएं हटाकर कर। इसमें कोई दो राय नहीं कि ऐसा करने से तेरे बल में मेरा बल शामिल हो जाएगा।

अर्जुन मैं तुझसे क्या कहूं, मनुष्य के सात्विक और राजसी भाव ही नहीं, उसके तामसी भावों को भी तू मुझसे ही उत्पन्न जान। मैं पहले ही कह चुका हूँ कि इस संसार की किसी भी घटना का मेरे अलावा दूसरा कोई परमकारण नहीं है। अत: तू यह स्पष्ट समझ ही ले कि यह युद्ध भी मेरी मर्जी से ही हो रहा है। हां, यह बात अलग है कि इस युद्ध के होने में किसी की राजसी तो किसी की तामसी प्रवृत्ति जवाबदार है। साथ ही युद्ध कइयों की सात्विक प्रवृत्ति का भी परिणाम है। यही तेरे समेत सबकी समस्या है। और इसी कारण सभी संघर्ष में हैं। दूसरी ओर सबकुछ होते हुए भी मुझ परमात्मा का वास्तव में इस युद्ध से कुछ लेना-देना नहीं है। तू ऐसा समझ कि युद्ध में होते हुए भी, मैं युद्ध में नहीं हूँ। कहने का तात्पर्य यह कि बाहर युद्ध अवश्य है, मैं खड़ा भी युद्ध के मैदान में हूँ, परंतु बावजूद इसके मेरे भीतर कोई युद्ध नहीं है। लेकिन दूसरी तरफ तू इस कदर युद्ध में डूबा हुआ है कि यहां से भागने पर भी तेरा युद्ध से छुटकारा नहीं होने वाला है। अत: तू राजसी, तामसी व सात्विक तीनों प्रवृत्तियों को छोड़। फिर स्वत: ही युद्ध के मैदान में होते हुए भी तू युद्ध से परे हो जाएगा। ऐसा करने पर तेरा मुझसे नित्य-मिलन हो जाएगा। क्योंकि मैं इन तीनों प्रवृत्तियों के पार हरहमेशा मौजूद हूँ। अर्जुन, मनुष्य चाहे कौरवों की तरह तामसी भावों से युद्ध करे या पांडवों की तरह राजसी कारणों से युद्ध करे; उन दोनों में परमात्मा मौजूद नहीं है। यहां यह भी स्पष्ट कर दूं अर्जुन कि जिन सात्विक कारणों, यानी शास्त्रों में वर्णित पाप-पुण्यों के बहाने लेकर तू यहां से भागना चाह रहा है, उसमें तो मैं बिल्कुल भी नहीं हूँ। वह तो और भी खतरनाक है। क्योंकि ऐसे में तो तू इस युद्ध को जीवनभर के लिए समेटकर अपने साथ ले जाएगा। अत: मेहरबानीकर इन तीनों गुणों के पार ''मुझ अविनाशी परमात्मा को'' पहचान। जिसकी जड़ प्रवृत्ति युद्ध में है व चेतन प्रवृत्ति युद्ध के पार है। और इस तरह युद्ध करना ही वर्तमान परिस्थितियों में एकमात्र विकल्प है। अर्जुन, जो कोई भी इस ''सात्विक, रजस व तमसरूपी त्रिगुणी माया'' के पार हो जाता है, उसका जीते-जी परमात्मा से नित्य संयोग हो जाता है।

हे अर्जुन, यह त्रिगुणी माया बड़ी बलवान है। संसारी हो या संन्यासी, सभी को इसने घेरा हुआ है। यहां कोई संसार को परमात्मा मानकर जी रहा है तो कोई संन्यास को।

लेकिन कोई यह नहीं समझ रहा है कि संसार व संन्यास दोनों में मैं एकसाथ मौजूद हूं। बाहर संसार व भीतर संन्यास ही मेरे होने का एकमात्र तरीका है। परंतु इस त्रिगुणी माया के कारण यहां सबका ज्ञान नष्ट हो चुका है। वह बाहर की जड़ तथा भीतर की चेतन प्रकृति को अलग-अलग नहीं पहचान रहा है। वह संसार में रहे या संन्यास में, दोनों जगह ''जड़-चेतन को एक मानकर'' जी रहा है। दोनों-के-दोनों एकसाथ 'कृष्ण' के ही स्वरूप हैं, ऐसा कोई नहीं समझ रहा है। सबकुछ कृष्ण ही है, ऐसा समझनेवाले ज्ञानी यहां कम ही उपलब्ध हैं। परंतु अर्जुन, तू भ्रमित मत हो। क्योंकि जिन सात्विक कारणों का बहाना देकर तू युद्ध नहीं करने का तय करके बैठा है, वे सारे सात्विक कारण भी इस विशाल सत्य के सामने सिवाय एक माया के और कुछ नहीं है।

अर्जुन ऐसा समझ कि जिनका भी भोगों में रस है, जो कोई भी अपनी क्षमता से ऊपर का चमत्कारी तौर पर पाना चाहते हैं, वे ही ये तमाम सात्विक नियम पैदा करते हैं। और भोगों को चाहनेवाले ही इन तरह-तरह के सात्विक नियमों का पालन करते हैं। ऐसे लोग अपने भीतर के आत्मारूपी मुझ परमात्मा को छोड़ अन्य देवताओं के पूजन में लग जाते हैं। श्रद्धा के कारण कई बार उन्हें इच्छित फल मिलते भी हैं, परंतु उनके वे सारे फल नाशवान होते हैं। भले ही ये लोग ज्ञान का कैसा भी दावा करें, परंतु अंत में तो ये सब मंद-बुद्धि लोग ही हैं। क्योंकि वे यह नहीं समझते कि अपनी आत्मा को छोड़ अन्य किसी की... कोई भी शरणागति परमात्मा को स्वीकार्य ही नहीं है। और ये जो मेरे भक्त हैं, जो अपनी आत्मा के पूजन में लगे हैं, वे बाहर चाहे जो करें; उनका नाश कभी नहीं होता है। वे कुछ भी करें, अंत में परमात्मा को प्राप्त हो ही जाते हैं। अर्जुन, शुरू से दिक्कत यह है कि यहां हरकोई परमात्मा को व्यक्ति में ढूंढ़ता है। तू भी इस समय 'कृष्ण' में परमात्मा ढूंढ़ने की कोशिश कर रहा है। ...यही कारण है कि तू मेरी बात नहीं समझ पा रहा है। लेकिन मैं कृष्ण के ही नहीं, तेरे समेत सब मनुष्यों के भीतर छिपा 'आत्मा' हूं। अतः तू तुझे या मुझे ही नहीं, इन राजा लोगों में से भी किसी को ''जन्मने व मरनेवाला शरीर'' मत मान। अपनी आत्मा पर श्रद्धा रख। क्योंकि अपनी आत्मा पर अश्रद्धा रखनेवाला कोई भी मनुष्य मुझे कभी नहीं जान पाता है। यहां यह भी स्पष्ट समझ ले अर्जुन कि तमाम प्रकार के द्वंद्व तथा तरह-तरह की कामनाएं ही मनुष्य के लिए अपनी आत्मा को जानने में बाधा है। लेकिन जो मनुष्य द्वंद्व व कामनाओं से छूट जाता है, वह ब्रह्म को, कर्म तथा अध्यात्म को, अधिभूत तथा अधिदैव को अधियज्ञ के सहित जानते हुए मुझे प्राप्त हो जाता है।

प्रैक्टिकल एप्लीकेशन - 12

अध्याय - 7 में कृष्ण ने एक ऐसी बात समझायी जिसे समझने के बाद जीवन में सिर्फ मस्ती रह जाती है। प्राय: कहा जाता है कि नदी, पहाड़, पृथ्वी, सोफा, टेबल जड़ है। कृष्ण बता रहे हैं कि मन, बुद्धि, इन्द्रियां, शरीर व अहंकार भी जड़ हैं। विज्ञान के लिए मन-शरीर चेतन है, क्योंकि चल-फिर रहे हैं तथा सोच-विचार कर रहे हैं। कृष्ण कह रहे हैं कि स्पीरिच्युआलिटी के लिए तो एक परमचेतना को छोड़कर सबकुछ जड़ है। और जब मन, बुद्धि, शरीर जड़ हैं तो इनकी क्रियाएं तथा इनके अहसास भी जड़ ही हुए। अब सोफा टूटे तो हम शोक नहीं मनाते पर दिल टूटता है तो दुनिया सिर पे उठा लेते हैं। युद्ध को लेकर अर्जुन ने भी इस समय दुनिया सिर पे उठा ही रखी है। और कृष्ण अर्जुन से यही कह रहे हैं कि यह युद्ध, इसके योद्धा तथा इसका परिणाम सबकुछ जड़ है। चेतन तेरी आत्मा है जो सबके मन-बुद्धि और अहंकार का यह खेल देखने का मजा ले सकती है। अत: जड़ वस्तुओं में तुझे गंभीर नहीं होना चाहिए। तू तो मेरी तरह युद्धरूपी इस पूरे तमाशे का देखने वाला हो जा। और मैं भी आज आपसे यही कह रहा हूँ कि आप भी अपनी व दूसरों की जड़ प्रवृत्ति वाले बुद्धि-अहंकार के खेल को देखने वाले हो जाइए। ध्यान रहे कि गम हिस्सेदार को होता है, देखने वाले को नहीं। इसे ही 'द्रष्टा' होना भी कहते हैं। तथा द्रष्टा हो जाना ही मनुष्य की सबसे बड़ी ऊंचाई है। और द्रष्टा होने हेतु जरूरी है कि गम के पलों को देखना सीख जाओ। जिस दिन कष्टों के झेलने वाले की जगह देखने वाले हो जाओगे, उस दिन पूरे द्रष्टा हो जाओगे। फिर फिल्में देखने हेतु थिएटरों पर आश्रित नहीं रहोगे। फिर अपने व दूसरों के जीवन के तमाशे चौबीसों घंटे देखने को मिलेंगे। सो अगले पेज पर दिया गया चार्ट भरकर द्रष्टा बनने की ओर पहला कदम उठाओ। इसमें दुख देने वाली घटनाओं का वर्णन है। आप उन घटनाओं के नीचे अपनी भाषा में लिखें कि आज के बाद मैं ऐसी घटनाओं का सिर्फ देखने वाला हो जाऊंगा। उन्हें झेलूंगा कभी नहीं...।

घटने वाली दुखद घटनाओं की सूची

दृढ़तापूर्वक सबके नीचे अपनी भाषा में लिखो कि
आज के बाद मैं ऐसी घटनाओं का देखने वाला हो गया

शत्रु का आगे बढ़ना

....

....

....

लोगों का आपको गलत समझना

....

....

....

किसी का आपके बाबत गलतफहमी पालना

....

....

....

कार्य में असफलता मिलना

....

....

....

धंधे में नुकसान होना

....

....

....

स्वयं का स्वास्थ्य बिगड़ना

....

....

....

स्वयं का गलती करना

....

....

....

किसी के द्वारा धोखा दिया जाना

....

....

....

परिवार में किसी का स्वास्थ्य बिगड़ना

....

....

....

किसी अपने की मृत्यु होना

....

....

....

नोट: अब जीवन है तो शरीर, बुद्धि व अहंकार खेल दिखाते ही रहेंगे। तो देखो उन खेलों को, बाधा क्या है?

अध्याय – 8

अर्जुनः

हे कृष्ण! यह ब्रह्म क्या है? अध्यात्म क्या है? कर्म क्या है? अधिभूत और अधिदैव किसको कहते हैं? यहां अधियज्ञ कौन है? और वह इस शरीर में कैसे है? तथा श्रेष्ठ चित्तवाले पुरुषों द्वारा अंत समय में ''आप'' किस प्रकार जानने में आते हैं?

कृष्ण:

अबकी तो अर्जुन को सवाल करना ही था। यह सारे नाम लेकर मैंने ही उसे जगह दी थी। परंतु एक बात अच्छी थी कि अब वह मुझे शरीर के पार देखने की कोशिश कर रहा था। तभी तो उसने परमात्मा की जगह ''आप'' का उपयोग किया था। ...और यही मेरे लिए महत्त्वपूर्ण था। क्योंकि वह मुझे शरीर के पार जाने, तो ही बेहतर संवाद स्थापित हो सकता था।

खैर, मैंने समझाना प्रारंभ किया। मैंने कहा कि हे अर्जुन, एक अक्षर ब्रह्म है। यह पूरा जगत व तमाम जीव उस एक अक्षर से अस्तित्व में आए हैं। इसलिए कहा जा सकता है कि यह पूरा जगत उस ''एक आवाज'' का विस्तार है। चाहे चांद-तारे हों, चाहे मैं और तू, हम सभी का आगाज यहां उस एक परम अक्षर ब्रह्म से ही हुआ है। और यह आवाज ही ''ॐ'' की तरह कण-कण में चारों ओर गूंज रही है। इसके अलावा यह जो हमारा निजी स्वरूप है, वह ''अध्यात्म'' नाम से कहा गया है। अर्थात यहां जिसका भी जो जाती स्वरूप है, उसमें स्थित रहना ही उसका धर्म है। ...यानी चांद का, चांद बने रहना ही उसका धर्म है। वैसे ही तेरा अर्जुन बने रहना तथा मेरा कृष्ण बने रहना ही, हमारा अपना-अपना धर्म है। यही कारण है कि ''धर्म व अधर्म के निर्णय में'' हर मनुष्य की अंतरात्मा से निकल रहा उसका अपना शास्त्र ही एकमात्र प्रमाण है। बाहरी कोई भी शास्त्र कभी भी, किसी भी मनुष्य के धर्म-अधर्म का आधार नहीं हो सकता है। क्योंकि हर मनुष्य की अंतरात्मा का उस एक अक्षर ब्रह्म से तालमेल होता है। इसीलिए यहां हरेक की अंतरात्मा को ''कुदरत की महान संयुक्तता का एहसास'' होता है। लेकिन बावजूद इसके हरकोई यहां बुद्धि-अहंकार के बल पर भ्रमवश अपना एक अलग से ''मैं रूपी अस्तित्व'' बना लेता है। फिर पूरा जीवन उस ''मैं'' को सत्य मानकर उसे बनाने व बचाने में लगा रहता है। परंतु हे अर्जुन; इस ''मैं'' को बचाने हेतु मनुष्य जो कुछ भी करता है, उसे तू कर्म मत समझना। मनुष्यजीवन में इस ''मैं का त्याग'' ही एकमात्र कर्म है। यानी अपना एक अलग अस्तित्व होने के बावजूद अपने को इस महान संयुक्तता का हिस्सा मानना तथा उसी संयुक्तता के हित हेतु जीना ही कर्म कहलाता है। अपने निजी हित हेतु किया गया कोई भी कर्म हरहमेशा पाप ही माना गया है। क्योंकि हे अर्जुन, ''मैं'' किसी का भी हो, वह मिट ही जाता है। ''मैं'' का तो स्वभाव ही उत्पत्ति-विनाशशील होता है। और इस उत्पत्ति-विनाशशील ''मैं'' को ही 'अधिभूत' कहा जाता है। और जिनका मैं नष्ट हो चुका है, जिन्हें सिर्फ इस महान संयुक्तता का खयाल है, उन्हें ही ''अधिदैव'' कहा जाता है। और इसी तरह अर्जुन, तमाम मनुष्यों में उनकी अंतरात्मा के रूप में स्थित मुझ कृष्ण को ही ''अधियज्ञ'' यानी एकमात्र पूजनीय कहा जाता है।

इस पूरी बात को तू वर्तमान संदर्भ में ऐसा समझ कि यह ब्रह्मांड हो या तू, मैं होऊं या यह राजालोग; हम सभी "एक अक्षर ब्रह्म" के भिन्न-भिन्न स्वरूप हैं। अत: इसमें "मेरा-तेरा" है ही नहीं। परंतु तू चूंकि अपना एक अलग से अस्तित्व माने बैठा है, इसलिए तू अपनी तथा दूसरों की चिंता कर रहा है। इसी आधार पर तू युद्ध से भागने के हजार कारण दे रहा है। परंतु वास्तविकता में जब यहां सबकुछ संयुक्त है, तो फिर हार-जीत, नफा-नुकसान या पाप-पुण्य का सवाल ही कहां है? यदि सबकुछ संयुक्त है तो हार भी ब्रह्म की है तथा जीत भी ब्रह्म की ही है। और तेरी अंतरात्मा को इस बात का ज्ञान है। वह जानती है कि हम 'ब्रह्म' नामक इस विशाल समुद्र की पानी रूपी वे बूंदें हैं, जिनका अपना अलग से कोई अस्तित्व नहीं। अत: समुद्र की चिंता कर, अपने अहंकार की नहीं। तू इस 'बूंद' का क्या होगा उसकी चिंता छोड़, और इस विशाल समुद्र की चिंता में डूब। यह सोच कि यदि तुमने युद्ध नहीं किया तो इस समुद्र का क्या होगा? क्योंकि उससे एकबार फिर कौरवों का शासन स्थापित हो जाएगा। और ऐसा होनेपर वे समुद्र की लाखों बूंदों को फिर अकारण परेशान करेंगे। सो, तू युद्ध अपने लिए नहीं, उन बूंदों के लिए लड़। जब तक तेरे बुद्धि-अहंकार मजबूत हैं, तभी तक तेरे इस बूंदरूपी "मैं' का अस्तित्व है। और तभी तक तेरी अंतरात्मा ढकी हुई है। लेकिन अर्जुन, वह अंतरात्मा ही एकमात्र पूजनीय है। एक वही है, जिसे इस संयुक्तता का आभास है। अत: तू सिर्फ उस अंतरात्मा की शरण जा।

हे अर्जुन, जो कोई मनुष्य इस संयुक्तता के एहसास में शरीर त्यागता है, वह मेरे साक्षात स्वरूप को प्राप्त हो जाता है। यह ध्यान रख कि जिस किसी भी मनोदशा में मनुष्य शरीर त्यागता है, वह फिर अगले जन्म में उसी मनोदशा को उपलब्ध होता है। अत: तू युद्ध करूं या

मनुष्य हर नये **जन्म** के साथ अपना **स्वरूप** तो बदलता रहता है, परंतु उसकी **'मूल प्रकृति'** उसका पीछा **जन्मो जन्मांतर** तक करती **रहती** है

उससे भागूं की चिंता करने की बजाय अपनी मनोदशा की चिंता कर। तू चिंता तेरे मजबूत ''मैं'' की कर। क्योंकि इस मजबूत ''मैं'' के साथ यदि तुमने शरीर त्यागा, तो अगले जन्म में भी यह ''मैं'' तुझे हजार नयी परेशानियों में डालेगा। और यह भी मत सोचना कि आज ''मैं'' में जी लो, अंत समय में संयुक्तता का एहसास कर लेंगे। वह नहीं होनेवाला...। क्योंकि अंतिम भाव कभी आसमान से नहीं टपकने वाला होता है। वह भी वही रहता है, जिसमें मनुष्य जीवनभर जीया होता है। अत: मनुष्य को अपने जीवन का हर पल अपने ''मैं'' को कमजोर करने तथा ''संयुक्तता का एहसास बढ़ाने में'' बिताना चाहिए। सो मैं तुझसे कहता हूँ कि तू लगातार मेरा, यानी इस संयुक्तता का एहसास कर व युद्ध भी कर। इस प्रकार की मनोदशा से युद्ध करने पर तू 'मुझ परमात्मा' को ही प्राप्त होगा, इसमें कुछ भी संदेह नहीं है। लेकिन ''अपने मैं की मनोदशा लिए'' तू युद्ध से भागेगा तो तू निश्चित ही तहस-नहस हो जाएगा। सो, तेरे लिए इस समय सवाल युद्ध करने या उससे भागने का है ही नहीं, सवाल तेरे लिए सिर्फ इतना है कि युद्ध 'मैं' की रक्षा के लिए किया जाए या ''संयुक्तता के हित को ध्यान में रखकर'' किया जाए। और मनुष्य के लिए बेहतर है कि वह अपना हर कर्म ''संयुक्तता के हित को'' निछावर करे। क्योंकि संयुक्तता का यह एहसास ही ''एक परमअक्षर ॐ'' का एहसास है। और यह एहसास ही मनुष्य की अंतिम ऊंचाई है। जो पुरुष इस गूंजती हुई ओंकार की आवाज सुनते हुए शरीर त्यागता है, वह परमगति को प्राप्त होता है। यहां यह भी स्पष्ट समझ ले कि सारा खेल ''मैं'' के अस्तित्व का ही है। इस मजबूत 'मैं' के अस्तित्व वाला व्यक्ति दिन-रात ''ॐ-ॐ'' चिल्लाता रहे तो भी उसका छुटकारा नहीं होनेवाला। जबकि संयुक्तता का एहसास हो जानेवाले को यह आवाज निकालनी नहीं पड़ती है, यह एक आवाज चौबीसों घंटे उसके हर कर्म व हर भाव में गूंजती रहती है। तू भी संयुक्तता के एहसास से युद्ध कर, तुझे चारों ओर हथियारों की जगह ॐ की आवाज सुनाई देगी। हे अर्जुन, जिसके प्राण इस ॐ की गूंज के चलते हुए जाते हैं, वह फिर पुनर्जन्म को कभी प्राप्त नहीं होता है। फिर वह मेरी तरह ''कालातीत'' हो जाता है। फिर वह मेरी तरह ''सदैव है, सदैव था तथा सदैव रहनेवाला'' हो जाता है। वहां ऐसी तो मस्ती है कि वहां के समय की परिभाषा ही अलग है। यहां कष्टों के कारण मनुष्य का एक दिन, हजार दिन की तरह बीतता है। परंतु उस मनोदशा में जीनेवाले व्यक्ति का पूरा जीवन एक पल की तरह बीत जाता है। तेरा ही उदाहरण ले, वर्तमान पल तेरे पर कितना भारी गुजर रहा है। और सामने मेरा जीवन देख, पूरा-का-पूरा 'एक पल' की तरह बीता है।

हे अर्जुन, ऐसा समझ कि मनुष्य के सारे भिन्न-भिन्न भाव सिर्फ उसके 'मैं' की अभिव्यक्ति-मात्र है। उसी मैं के कारण वह सुख, दुख, चिंता, हार, जीत जैसे अनेक भावों

में जीता है। और यही उसके तमाम कष्टों का मूल कारण है। परंतु संयुक्तता का एहसास हो जानेपर मनुष्य के ये सारे भाव तिरोहित हो जाते हैं। क्योंकि जब सबकुछ ''एक अक्षर ब्रह्म'' का ही विस्तार है, तो कुछ भी घट जाने पर भाव क्या देना? ऐसा महापुरुष तो हर समय एक ''अव्यक्त भाव'' में ही जीता है। और इस ''अव्यक्त भाव'' को प्राप्त होने को ही 'परमगति' कहते हैं। वही मेरा वो परम धाम है, जिसमें जीनेवाला मनुष्य फिर कभी लौटकर नहीं आता है। अत: तू ''मैं-रूपी'' सारे भावों को त्यागकर उस ''अव्यक्त-भाव'' में स्थित हो जा। फिर तुझे ''युद्ध करने व नहीं करने में'' कोई भेद नहीं रह जाएगा। हे अर्जुन, इस जगत में मनुष्य के लिए दो ही मार्ग हैं। एक है शुक्ल पक्ष का देवता, जिसपर चलनेवाले व्यक्ति के लिए चौबीस घंटे दिन-ही-दिन है। ...उजाला-ही-उजाला है। क्योंकि वह संयुक्तता का एहसास करे बढ़ता चला जाता है। और उस मार्ग पर चलते-चलते एक दिन वह इस ब्रह्मरूपी संयुक्तता का पूर्ण एहसास कर लेता है। यह मनुष्य की मुक्ति का वह मार्ग है कि जिसपर चल पड़ने वाला फिर कभी लौटकर नहीं आता है। ...दूसरा है कृष्णपक्ष का मार्ग, जिस मार्ग में चौबीसों घंटे अंधियारा है। ...क्योंकि इस मार्ग में ''मैं'' का एहसास है। और तू भी यदि इस ''मैं'' के मार्ग से ही चलता रहेगा तो फिर तू युद्ध करे या न करे, जीवन में अंधेरा ही बना रहेगा। और यदि संयुक्तता के मार्ग से चलेगा तो युद्ध करते वक्त भी तथा युद्ध के बाद भी मन उजाले से भरा रहेगा। ...क्योंकि इस संयुक्तता के मार्ग पर चल पड़ा व्यक्ति फिर कभी मोहित नहीं होता है। फिर तो वेदों में पुण्य कमाने हेतु कहे गए यज्ञ, तप व दान वगैरह से भी उसका लगाव खत्म हो जाता है। फिर तो वह उन सबका विश्वासपूर्वक उल्लंघन कर जाता है। क्योंकि तब वह उस ''सनातन परमपद'' को प्राप्त हो जाता है जहां से उसका हर कर्म एक ''तप'' हो जाता है। सो कुल-मिलाकर कहने का तात्पर्य यह कि सारा खेल ''मैं के एहसास और संयुक्तता के एहसास'' का है। मैं के एहसास के होते-सोते तेरा युद्ध से भागना भी गलत हो जाएगा, और संयुक्तता के एहसास से करने पर यह युद्ध भी एक ''तप'' हो जाएगा।

प्रैक्टिकल एप्लीकेशन - 13

अध्याय – 8 में कृष्ण 'मैं' से 'हम' तक उठना सिखा रहे हैं। वे बता रहे हैं कि यहां सभी एक 'ब्रह्म' के ही अंश हैं। और हर अंश को चाहिए कि वह ब्रह्म यानी अपने मूल की चिंता करे। यानी चिंता मैं की नहीं बल्कि 'हम' की करें। अब यूं देखने जाएं तो 'मैं' की चिंता तो सभी कर रहे हैं, पर जीवन किसी का नहीं बन रहा है। तभी तो कृष्ण बता रहे हैं कि जीवन उसी का बनेगा जो हर समय 'हम' की चिंता कर रहा होगा। और यह 'हम' धीरे-धीरेकर बढ़ाना है। सबसे पहले तो जितनों से भी आप व्यवहार कर रहे हैं, उन सबका 'हम' बनाते सीख जाओ। फिर वहां से जगत को 'हम' बनाने तक उठो। यह तय जानो कि आपके हम का दायरा जितना बढ़ता जाएगा, उतना ही जीवन बनता चला जाएगा। मैं-मैं करोगे तो बकरे बनकर रह जाओगे, यह समझ ही लेना। सो आज से ही "मैं से हम तक" उठना शुरू हो जाओ। परिवार के साथ बैठे हो तो अपनी नहीं, पूरे परिवार के हित की सोचो। धंधा कर रहे हो तो पार्टनर से लेकर सप्लायर तथा बायर तक के हित की सोचो। कुल-मिलाकर आगे उन्हीं कार्यों में बढ़ो जिसमें मैं का नहीं 'हम' का भला हो रहा हो। फिर देखो, कैसे जीवन रातोरात ऊंचाइयां छूने लगता है। क्योंकि मैं नहीं 'हम' ही प्रकृति की शिक्षा है। इसलिए 'हम' में जीने वालों को हमेशा प्रकृति का पूरा साथ मिलता है। सो अगले पेज पर दिये गए चार्ट के सहारे मैं से 'हम' की ओर आगे बढ़ो।

‘हम’ धीरे–धीरेकर बढ़ाते चले जाने हेतु क्रमवार सूची

यहां दृढ़तापूर्वक अपनी भाषा में लिखो कि
मैं आज के बाद इसमें ‘हम’ की ही चिंता करूंगा।

आ रही बाधा बाबत भी लिखो। अपनी भाषा में जितना ज्यादा लिखोगे, उतना तात्कालिक फायदा होगा। साथ ही उससे ‘हम’ हेतु दृढ़ता भी बनी रहेगी।

परिवार की चिंता से मैं अपने ‘हम’ का प्रारंभ करता हूँ।

यानी आज के बाद पारिवारिक मामलों में मैं अपनी बजाय सम्पूर्ण परिवार के हित की सोचूंगा

....
....
....
....
....
....
....
....

मित्रों में भी ‘हम’ के भाव से जीना प्रारंभ करूंगा

....
....
....
....
....
....
....
....
....
....

ऑफिस में भी सारे व्यवहार व निर्णय 'हम' के आधार पर ही लूंगा

मैं जहां, जब व जिनके साथ रहूंगा,
सारे निर्णय 'हम' मानकर सबके हित के ही लूंगा

ऐसे ही धीरे–धीरेकर मैं अपने 'हम' को शहर, देश, दुनिया व ब्रह्मांड तक उठाऊंगा

....
....
....
....
....
....
....
....
....
....
....
....
....

अध्याय – 9

कृष्ण:

अब वैसे तो मैंने अर्जुन को समझा ही दिया था कि तू संयुक्तता का एहसास अपने जहन में बनाए रखते हुए यह युद्ध कर, इस तरह युद्ध करने से तू "मुझ परमात्मा" को उपलब्ध हो जाएगा। ...फिर तो उसे युद्ध करने हेतु खड़ा हो ही जाना चाहिए था। लेकिन ऐसा हुआ नहीं। सो मेरे पास बात आगे बढ़ाने तथा उसे नये तरीके से समझाने के अलावा उपाय ही क्या बचा था? अत: मैंने अपनी बात जारी रखते हुए कहा कि सुन अर्जुन, मैं

उस गोपनीय ज्ञान को तुझे फिर भलीभांति समझाकर कहूंगा जिसे पाकर तू दुखरूपी संसार से हमेशा के लिए तर जाएगा। विज्ञान से भरपूर यह ज्ञान समस्त विद्याओं का राजा है। इस ज्ञान को विज्ञान कहते ही इसलिए है कि यह नियमबद्ध है। और इसीलिए इसके पालन के अलावा मनुष्य के पास अन्य कोई विकल्प ही नहीं है। यह ना सिर्फ करने में बड़ा ही आसान है, बल्कि साथ ही यह हाथोहाथ फल देनेवाला भी है। इसपर अमल करते ही मनुष्य का दुखरूपी संसार से तत्क्षण उद्धार हो जाता है। क्योंकि सत्य में ऐसा नहीं है कि कर्म आज करो व फल कल मिले। कल के फल की बात अधर्म की दुनिया में करी जाती है। कोरे आसरे-आश्वासनों को 'कल' की आवश्यकता है, सत्य को नहीं। अत: तू इस महान ज्ञान को समझकर तत्क्षण अपने तमाम वर्तमान कष्टों से मुक्त हो जा।

हे अर्जुन, एक मुझ निराकार परमात्मा से यह सम्पूर्ण जगत चारों ओर "एक संकल्प के आधार पर" फैला हुआ है। और मेरी ऐसी तो लीला है कि चारों ओर छाए होने के बावजूद न तो कुछ मेरे में स्थित है, और ना मैं किसी में स्थित हूँ। यही कारण है कि युगों से मनुष्य मेरे बाबत भ्रमित है। कभी वह सोचता है कि मैं कहीं दूर हूँ, तो कभी सोचता है कि मैं भीतर हूँ। लेकिन वह यह नहीं समझ पाता कि मैं सब ओर होते हुए भी कहीं नहीं हूँ। इसलिए मुझे पाने या खोने की बात करना ही बेमानी है। क्योंकि मैं हर वक्त... हर जगह पर हूँ भी, और नहीं भी। बस मेरी इस रहस्यमय लीला का अनुभव करना ही एकमात्र सच्चा ज्ञान है। तू ऐसा समझ कि एकसाथ दो जगत अस्तित्व में हैं। और यह दोनों जगत पूर्णत: भिन्न हैं। एक वह जगत है जिसे बार-बार मैं अपनी योगमाया से रचता हूँ और फिर बार-बार उस जगत को मैं अपने में लीन भी कर लेता हूँ। वहीं दूसरी ओर एक मेरा जगत है; जिसकी न उत्पत्ति है और न जिसका विनाश ही है। इसी बात को मनुष्यों के संदर्भ में कहूं तो ऐसा समझ कि मनुष्य के जीवन में दो तरह के विस्तार हैं। एक "मैं" के बल पर किया गया विस्तार तथा एक परमात्मा की संयुक्तता के भाव से किया गया विस्तार। और जिस मनुष्य के जीवन में जितना "मैं, मेरे या मेरा का विस्तार है" उसके इस तरह के किसी भी विस्तार में मैं, यानी परमात्मा नहीं हूँ। उसने अपना वह विस्तार "मेरा धर्म या मेरा ईश्वर" के नामपर ही क्यों न किया हो, परंतु उसमें भी मैं नहीं ही हूँ। यहां एक बात और समझ ले अर्जुन कि "मनुष्य के मैं के इर्द-गिर्द घूम रहे इन सारे कर्मों के आधार पर" मैं परमात्मा उन्हें बार-बार रचता हूँ। वहीं एक दूसरे प्रकार के मनुष्य भी होते हैं जो तमाम प्रकार की आसक्ति से मुक्त हो चुके होते हैं। उनके पूरे जगत का विस्तार अकारण होता है। उनके ऐसे किसी भी विस्तार में "मैं का भाव" नदारद होता है। और यही कारण है कि उनके ऐसे हर विस्तार में "मैं परमात्मा" हमेशा उपस्थित रहता हूँ। अत: तू यूं समझ कि दो

मनुष्य हो या **जानवर** हरकोई यहां अपनी **प्रकृति** के अधीन होकर **कर्म** करने को **बाध्य** है

तरह के मनुष्य संसार में हैं। एक वे ''जिनके किसी विस्तार में मैं नहीं हूँ'' और दूसरे वे ''जिनके हर कर्म तथा हर विस्तार में'' मैं हूँ। सो सवाल सिर्फ मेरे होने या नहीं होने का ही है। यदि मैं नहीं हूँ तो ''मैं'' उस मनुष्य के धर्म, ध्यान व पूजा-पाठ में भी नहीं हूँ। और मैं हूँ तो फिर उस मनुष्य के छल-कपट करने से लेकर युद्ध करने तक में भी हूँ। ...यानी मेरा होना और नहीं होना, दोनों एक साथ नहीं हो सकता है। सो, सवाल तेरे युद्ध करने या युद्ध से भागने का नहीं है, बल्कि सवाल तेरे कर्मों में मेरे होने या न होने का है। अतः तू तेरे हर कर्म में मुझे शामिल कर ले तो तेरे लिए युद्ध में भी चारों ओर परमात्मा-ही-परमात्मा रह जाएगा, और नहीं तो तू युद्ध करे या भागे, उसमें मेरा कहीं नामोनिशान नहीं होगा। तू युद्ध करेगा तो कर्मों से बंधेगा, परमात्मा युद्ध करेगा तो कर्मों से नहीं बंधेगा। अतः इतना समझ कि यह दोनों दुनिया ही अलग है। ...एक अहंकार की तथा एक परमात्मा की। और अहंकार की दुनिया से कहे गए शास्त्रों में भी परमात्मा का नामोनिशान नहीं है, जबकि मेरी दुनिया से किया गया कोई भी कर्म सिवाय परमात्मा के और कुछ नहीं है। यहां इतना और समझ ले अर्जुन कि मनुष्य के लिए यह दोनों उसकी मनोदशा है। मनुष्य की इस मनोदशा में परमात्मा व अहंकार एक साथ नहीं रह सकते। अतः तू अपना ''मैं रूपी अहंकार'' अपने भीतर के परमात्मा को समर्पित कर दे। इससे तेरे सारे वर्तमान भ्रम तत्क्षण मिट जाएंगे।

अर्जुन, मनुष्य के भीतर स्थित मेरे इस 'परमात्मीय परमभाव'' को न जानने वाले मूर्ख मनुष्य मुझे शरीर धारण करनेवाला साधारण मनुष्य समझते हैं। वे यह समझते ही नहीं कि इस परमभाव को प्राप्त हुआ मैं, सिर्फ संसार के उद्धार हेतु मनुष्य स्वरूप में विचरता हूँ। मुझ परमात्मा का अपने नाम, शरीर या कर्मों से कुछ भी लेना-देना नहीं है।

सो, तू मुझे मेरे नाम या शरीर में मत खोज। तू मेरे परमभाव पर दृष्टि घुमा। तू अपने भीतर स्थित ''परमात्मीय परमभाव'' को जगाकर मुझे पहचान। क्योंकि हे अर्जुन, जो इस महान ईश्वर को शरीरधारी समझते हैं, वे राक्षसी और मोहिनी प्रकृति को ही धारण किये रहते हैं। और इस कारण वे इस शरीररूपी ईश्वर से हजारों व्यर्थ की आशा करते हैं। और अधिकांश शास्त्र ऐसी ही व्यर्थ की आशाएं जगाने वाले हैं। फिर उन ''व्यर्थ के ज्ञान से भरे शास्त्रों के मोहजाल से उभरी आशाओं की पूर्ति के लिए'' वे मनुष्य हजारों व्यर्थ के कर्म करते हैं। और इसी में उनका जीवन पूरा हो जाता है। लेकिन कोई सच्चा ज्ञान ना तो कभी झूठी आशाएं जगाता है, और ना ही मनुष्यों को व्यर्थ के कर्मों में लगाता है। सच्चा ज्ञान कोरे आसरे-आश्वासन नहीं देता, बल्कि सीधे भीतर के ''परमात्मीय परमभाव'' को जगाने को कहता है। और अपने 'परमभाव' को जगाने में लगे दैवी प्रकृति के लोग कभी मुझ महान ईश्वर को शरीर की सीमाओं में कैद करके नहीं रखते हैं। वे मुझ महान परमात्मा को अपने भीतर के परमभाव में खोजते हैं। वे दिन-रात उस परमभाव की ही चर्चा करते हैं। ...उसका ही कीर्तन करते हैं। और उसे बार-बार प्रणाम कर उसकी अनन्य प्रेम से उपासना करते हैं। वहीं दैवी प्रकृति के कुछ अन्य लोग मुझ परमात्मा को विराट स्वरूप मानते हैं। वे चारों ओर ''मैं परमेश्वर ही मौजूद हूँ'' ऐसा मानते हैं। ...और ये दोनों सही हैं। क्योंकि जिसके भीतर परमात्मा है, उसके लिए चारों ओर भी परमात्मा ही है। यह तो जिसके भीतर अहंकार है, उसे ही चारों ओर भेद नजर आते हैं। अत: तू दैवी प्रकृति से मुझ परमेश्वर की उपासना कर। ...या तो तू मुझे अपने भीतर का 'परमभाव' जान ले या फिर तू इस युद्ध सहित सबमें वही मौजूद है, ऐसा मान ले। परंतु परमात्मा को मुझमें या दूसरों के शरीर में देखने या खोजने वाली आसुरी प्रवृत्ति को त्याग दे। उसी के कारण तू स्वर्ग-नर्क तथा पाप-पुण्य जैसी हजारों व्यर्थ की आशाएं पाल रहा है और फिर उनकी पूर्ति हेतु ''युद्ध से भागने का'' व्यर्थ का कर्म करने की जिद्द कर रहा है। लेकिन यदि सबके भीतर का परमभाव ही परमात्मा है या फिर जिसके लिए चारों ओर सबकुछ परमात्मा है; उसे किसी भी प्रकार की आशा में कोई कर्म करने की आवश्यकता ही कहां रह जाती है?

अर्जुन, ऐसा समझ कि दैवी प्रकृति में भी दो प्रकार के मनुष्य होते हैं। एक 'अंतर्मुखी' तथा दूसरे 'बहिर्मुखी'। अंतर्मुखी व्यक्ति के लिए परमात्मा को अपने भीतर के 'परमभाव' में खोजना बेहतर है। और बहिर्मुखी व्यक्ति के लिए ''चारों ओर सबकुछ परमात्मा है'' यह एहसास करना आसान है। चूंकि तू बहिर्मुखी है, अत: तेरे लिए 'चारों ओर सबकुछ परमात्मा है' यह समझना ज्यादा आसान है। और जब सबकुछ परमात्मा है... तो सबकुछ परमात्मा है। फिर एक जगह या एक मूर्ति में है व दूसरे में नहीं, ऐसा नहीं

चलता। फिर मेरे यज्ञ में है तथा तेरे यज्ञ में नहीं, ऐसा भी नहीं मान सकते। फिर एक वस्तु में है तथा एक में नहीं, यह कहना ही गलत हो जाता है। और तू इस समय यही कोशिश कर रहा है। तू मान रहा है कि संन्यास में परमात्मा है, तथा युद्ध में नहीं है। नहीं अर्जुन, ऐसा नहीं है। ''मैं परमात्मा'' हर यज्ञ की तमाम क्रियाओं व सामग्री में मौजूद हूँ। मैं तमाम वेदों में मौजूद हूँ। इस सम्पूर्ण जगत का धारण-पोषण करनेवाला भी मैं ही हूँ तथा उनका माता-पिता व पितामह भी मैं ही हूँ। परंतु किसी भी प्रकार की कामनाओं तथा उसकी पूर्ति के प्रयासों में मैं नहीं हूँ। जो कामना से प्रेरित होकर यज्ञ वगैरह करते हैं, फिर चाहे वह कामना स्वर्ग की ही क्यों न हो, वे मुझे न प्राप्त होकर आवागमन को प्राप्त होते हैं। क्योंकि वे ईश्वर को पूरा-का-पूरा पाने की जगह, उसे टुकड़े-टुकड़े में चाहते हैं। तू भी यही कर रहा है। चारों ओर व्याप्त परमात्मा को पाने की चाह करने की बजाय उसे टुकड़े-टुकड़े में चाह रहा है। तू स्वर्ग भी चाह रहा है तथा राज्य भी। तू जान-माल की खैर भी चाह रहा है तथा पुण्य भी। परंतु अर्जुन तू इतना समझ कि ऐसा आधा-अधूरा चाहने से तू 'मुझ परमात्मा' को प्राप्त नहीं होगा, बल्कि आवागमन को प्राप्त होगा। बार-बार इस मृत्युलोक में आएगा। अत: बहिर्मुखी व्यक्ति को भी मुझ परमात्मा को बिना किसी भेद के पूरा-का-पूरा चाहना पड़ेगा। और जो पूरा चाहते हैं वे कभी किसी वस्तु, व्यक्ति या कर्म से इनकार नहीं करते। क्योंकि जब सबकुछ परमात्मा है तो इनकार करे किससे? अत: तू भी युद्ध को परमात्मा की एक लीला मानकर उसे गले लगा ले।

अर्जुन, यदि किसी कारण तुझे ऐसा लगता है कि तू अंतर्मुखी है तथा तेरे लिए परमात्मा को चारों ओर की बजाय भीतर खोजना आसान है, तो वह मार्ग भी मुझसे सुन। अंतर्मुखी लोग निरंतर बिना किसी कामना के अपनी अंतरात्मा को समर्पित होते हैं। वे यह मानकर ही चलते हैं कि मेरे भीतर परमात्मा है तो सबके भीतर भी वही है। वे यह मानकर ही चलते हैं कि जैसे मेरे भीतर 'परमात्मीय भाव' है, वैसे ही जगत के कण-कण में परमात्मीय भाव मौजूद है। अत: वे भी किसी बात के लिए कभी भेद नहीं करते हैं। वे कभी कामनाओं से भरकर टुकड़े-टुकड़े में देवताओं का पूजन नहीं करते हैं। क्योंकि अलग से किसी देवता की पूजा करना यही दर्शाता है कि एक उसे छोड़ अन्यों में परमात्मीय भाव नहीं। अत: अलग से किसी ऐसे देवता का पूजन भी अविधिपूर्वक का पूजन है। यह भी परमात्मा में भेद करना है। इसलिए ऐसे लोग भी बार-बार पुनर्जन्म को प्राप्त होते हैं। अत: तू भीतर के ''परमात्मीय भाव'' को जानना चाहता है, तो भी तुझे तमाम भेद तो छोड़ने ही होंगे। ...तमाम कामनाओं से मुक्ति तो तुझे फिर भी पानी ही होगी। क्योंकि अपने भीतर परमात्मीय भाव है, तो सबके भीतर परमात्मीय भाव है ही। ...ऐसे में भेद किससे व कामना

किसकी? अत: तू चाहे परमात्मा को अपने भीतर बाहर खोज या चारों ओर खोज, परंतु जहां खोज वहां पूरा खोज। यह विश्वास जान कि मुझे पूरा-का-पूरा खोजनेवालों का कभी पुनर्जन्म नहीं होता।

अर्जुन, मनुष्य जन्म 'कर्म' का नाम है। और कर्म करने पर पाना व खोना लगा ही रहता है। लेकिन जब सबकुछ परमात्मा है तो यह सब पाना-खोना भी परमात्मा का ही हुआ। और जो ऐसा मानकर ही जीता चला जाता है, एक वही मेरा सच्चा भक्त है। जो अपने सारे कर्म मुझ एक परमात्मा को अर्पित कर देता है, वही मेरा प्रिय है। और ऐसा प्रिय मुझे प्रेम से पत्र, पुष्प या फल भी अर्पित करे तो भी मैं उसे ग्रहण कर लेता हूँ। उसके तो मैं युद्ध से लेकर छल-कपट भी ग्रहण कर लेता हूँ। अत: तू भी जो कुछ कर्म करता है, जो कुछ भी खाता है, जो कुछ तप या दान करता है, सब मुझे अर्पित कर दे। अपने लिए कुछ भी मत कर, सबकुछ मेरे लिए कर। जो कोई अपने समस्त कर्म मुझे अर्पित कर देता है, वह हमेशा के लिए कर्मों के बंधन से छूट जाता है। परंतु हवन हो या पूजा, जो अपने लिए करता है; वह कर्मों से बंधता चला जाता है। तू अपने लिए भागना चाह रहा है, और मैं कह रहा हूँ कि तू परमात्मा के लिए युद्ध कर। अर्जुन, मैं तो सबमें समभाव से व्याप्त हूँ। मेरा न कोई प्रिय है और ना कोई अप्रिय। मुझे तुझसे लगाव व कौरवों से वैर नहीं है। सवाल मेरा है ही नहीं। सवाल तुम लोगों का है। जो कोई मेरे लिए कर्म करेगा, उसे मैं प्रत्यक्ष उपलब्ध हो जाऊंगा। अत: तेरे हित में है कि तू मेरे लिए कर्म कर। इससे मैं तुझे उपलब्ध हो जाऊंगा। और एकबार जिसे मैं उपलब्ध हो गया, उसे फिर अन्य कोई चिंता करने की जरूरत ही नहीं।

अर्जुन, तू समझ क्यों नहीं रहा है? तेरे रथ के सारथी होने से मैं तेरे साथ नहीं हो जाऊंगा। तू अपने तमाम कर्म मुझे समर्पित करेगा तो मैं साथ होऊंगा। लेकिन दुर्भाग्य से तू "मेरे साथ का महत्त्व" ही नहीं समझ पा रहा है। तू क्या, बड़े-बड़े ज्ञानी इसका महत्त्व नहीं समझ रहे हैं। ...वरना यहां हरकोई सारे कर्म मुझे समर्पित कर चैन की वंशी न बजा रहा होता? ...परंतु तू ऐसा कर। तू यह युद्धरूपी कर्म मुझे समर्पित कर दे। मैं ही प्राप्त करने योग्य परमधाम हूँ। मैं ही सबका स्वामी हूँ। मैं ही उत्पत्ति तथा प्रलय का परम कारण हूँ। सूर्य रूप से तपता भी मैं हूँ व वर्षा रूप से बरसता भी मैं ही हूँ। अर्जुन, मुझे कर्म समर्पित कर देना तो वह जादू है कि इससे तमाम पुराने कर्म भी क्षणभर में भस्म हो जाते हैं। दुराचारी-से-दुराचारी भी यदि एकबार मुझे कर्म समर्पित कर देता है तो वह तत्क्षण धर्मात्मा हो जाता है। एकबार निश्चियपूर्वक कर्म मुझे समर्पित कर देने पर तमाम पुराने पापों से मनुष्य का तुरंत छुटकारा हो जाता है। सो मेरी बातें सुनकर यदि तू ऐसा सोच रहा है कि मैं इतने समय से फलों की लालसा में कर्म किये जा रहा हूँ, आज कुछ बदल भी दिया तो

क्या होगा? ...तो मेरा विश्वास जान कि उससे सबकुछ तत्क्षण बदल जाएगा। तू यदि इस समय यह "युद्धरूपी कर्म" मुझे समर्पित कर देगा तो तेरे सारे पुराने कर्म भस्म हो जाएंगे तथा तत्क्षण तू मुझे प्राप्त हो जाएगा। अत: तुझे या किसी को भी कल क्या किया था, यह सोचने की जरूरत नहीं है। बीत गई सो बात गई। महत्त्व इस पल का है, महत्त्व इस पल किये जा रहे कर्म का है। एकबार वह मुझे समर्पित कर दिया कि व्यक्ति हाथोहाथ धर्मात्मा हो गया। यह बीते कल की तथा आनेवाले कल की बातें तो स्वार्थी व अज्ञानी लोग करते हैं। नि:स्वार्थ भाव से परमात्मा के ध्यान में लगे ज्ञानी लोग तो इस पल की बात करते हैं। और इस पल तेरे सामने टाला न जा सके ऐसा युद्ध मुंह फाड़े खड़ा है और उस युद्ध को तू परमात्मा के लिए कर ले; बस तमाम कर्मों से हाथोहाथ तू मुक्त हो जाएगा। सत्य की राह में तथा परमात्मा के मार्ग में कभी देर नहीं होती। ...वहां तो जब जागो तब सबेरा हो जाता है।

हे अर्जुन, "कर्म का परमात्मा को यह समर्पण" एक जादू है। इसमें धर्मात्मा और पापी का कोई भेद नहीं। इसमें कर्मों का भी भेद नहीं। दान का समर्पण स्वीकार्य है तथा युद्ध का नहीं, ऐसा भी नहीं है। कर्मों के इस समर्पण में जात या लिंग का भी भेद नहीं है। ऐसा नहीं है कि पुरुष के कर्म स्वीकार्य हैं तथा स्त्री के नहीं। धर्मात्मा के स्वीकार्य हैं तथा पापयोनि चाण्डाल के नहीं। मैं परमात्मा तो सदैव सबके लिए समभाव में ही स्थित रहता हूँ। यह सारे भ्रम अज्ञान से भरे शास्त्र फैलाते हैं। अत: तू यह मत मान कि तू संन्यास लेकर हवन करेगा, तो ही तेरा वह कर्म मैं स्वीकारूंगा। नहीं, तू क्षत्रिय बनकर मेरे लिए युद्ध भी करेगा, तो भी मैं उसे उतने ही प्रेम से स्वीकारूंगा। अत: हे अर्जुन, तू चाहे तो मुझ परमात्मा को अपनी अंतरात्मा में खोज और चाहे तो उसे चारों ओर व्याप्त मेरे विराट स्वरूप में खोज, परंतु खोज। तू हरहाल में... मुझमें मन वाला हो, मेरा भक्त बन, मेरा पूजन कर, और मुझे प्रणाम कर। मुझे चाहे जिस तरीके से हो, पूरा-का-पूरा स्वीकार कर। इस प्रकार पूरी तरह से अपनी अंतरात्मा को समर्पित होकर तू मेरे विराट स्वरूप को प्राप्त हो जाएगा। सो उठ व उसकी आवाज पर मेरे लिए युद्ध कर।

प्रैक्टिकल एप्लीकेशन - 14

इस अध्याय की प्रमुख विशेषता कृष्ण का उनकी शरण आने हेतु पुकारना है। सवाल इतना ही है कि अर्जुन इस समय भ्रमित, चिंतित व दुखी है। और उससे भी बड़ा मसला यह है कि आप भी भ्रमित, चिंतित व दुखी हैं। और यही गलत है। इस जगत में बाकी कुछ गलत है भी नहीं। गलत यही है कि हममें मीरा की मस्ती नहीं है, कबीर का भोलपन नहीं है तथा कृष्ण की प्रज्ञा नहीं है। और इसी कारण सभी दुखी हैं। और सबके कष्टनिवारण हेतु ही कृष्ण कह रहे हैं कि जबतक कोई मेरी सम्पूर्ण 'शरणागति' नहीं स्वीकारेगा, वह कष्ट में रहेगा ही। और कृष्ण क्या हैं? तो उस बाबत कृष्ण कह ही चुके हैं कि मैं सबका आत्मा हूँ। यानी जितने जीवित हैं, उन सबका ''सामूहिक हित'' कृष्ण हैं। और कृष्ण इस अध्याय में अर्जुन को समझा रहे हैं कि तू 'तेरे' लिए कर्म कर रहा है, उसके बजाय 'मेरे' लिए कर्म कर। तमाम संकटों से मुक्त होने का यही एक उपाय है। बाकी सारे पाप-पुण्य व अच्छे-बुरे बेकार की बातें हैं। कृष्ण कह रहे हैं कि अर्जुन, यदि तू अपने लिए संन्यास लेगा, तो मैं उसे नहीं स्वीकारूंगा। लेकिन यदि तू मेरे लिए यानी ''सबकी रक्षा के लिए'' युद्ध करेगा तो मैं तत्क्षण तुझे गले लगा लूंगा। कुल-मिलाकर कृष्ण यही कह रहे हैं कि सबमें मैं हूँ, इसलिए सबके भले की सोचना, यही मेरी पूजा है। इसके अलावा की सारी बातों को तू बकवास जान। अब हर कर्म में जगत का भला तो नहीं हो सकता है। सो

जब, जो व जितने सामने हों, उनके भले की सोचना 'शरणागति' है। पांच लोग हों तथा चार का फायदा व मेरा नुकसान हो रहा हो तो ऐसे में चार के भले की सोचना परमात्मा की शरणागति है। और कृष्ण की लीला देखो। इस समय उनके सामने अर्जुन व दुर्योधन दोनों हैं। तथा वे दोनों के भले की सोच रहे हैं। अर्जुन को वर्तमान भ्रमित अवस्था से निकालने हेतु गीता सुना रहे हैं तथा वहीं दूसरी ओर दुर्योधन के जुल्मों पर लगाम लगाना चाह रहे हैं। और इसमें भलाई दुर्योधन की ही है, ताकि वह इस पाप प्रवृत्ति वाले जीवन से छुटकारा पाए और नये जनम में नयी शुरुआत करे। सर्वहित के मामले में कृष्ण जितना परफेक्शन कभी किसी का नहीं रहा। और कृष्ण को पूरा समझना चाहते हो तो मेरे द्वारा लिखित उनकी बायोग्राफी 'मैं कृष्ण हूँ' पढ़ें। कृष्ण के सारे क्या, क्यों व कैसे पकड़ में आ जाएंगे। होगा, अभी तो प्रमुख बात यह कि जो व जितने सामने हों, सबके भले की सोचो और अपने को हर जगह से पूरी तरह हटा लो। अपनी जगह सबको समा लो, हो गई शरणागति। फिर आपका जीना-मरना सब परमात्मा का हो जाएगा। सो चलो, अगले पेज पर दिया गया चार्ट भरकर शरणागति की ओर कदम बढ़ाना शुरू करो। मुझे मिला, मेरा फायदा, की जगह उसे यानी ''परमात्मा को मिला'' तथा ''परमात्मा का फायदा'' ऐसा कह सको, ऐसे दस बड़े कर्म करो। तथा जब भी ऐसे श्रेष्ठ कर्म करो, उन्हें विस्तार से लिखो। कुल-जमा दस कार्य ही परमात्मा के लिए करने को कह रहा हूँ। सो यह चार्ट महीनेभर में भरा ही जाना चाहिए। क्योंकि आपको धीरे-धीरेकर अपने सारे कार्य परमात्मा हेतु करना है।

परमात्मा के लिए किये गए कार्यों का विवरण

1

2

3

4

5

6

7

8

9

10

....

....

....

....

....

....

....

....

नोट: अब देखो यह कि परमात्मा के लिए दस बड़े कार्य आप कितने दिनों या महीनों में करते हैं। फिर यह देखो कि अपने फायदे व परमात्मा के लिए किये गए कर्मों के वक्त आपके भीतर क्या फर्क महसूस हो रहा है? फिर कुछ समय के इन्तजार के बाद यह देखो कि ज्यादा फायदा आपको कौन-से कर्मों से हो रहा है? आप चकित रह जाएंगे! बाहर ज्यादा फायदा व भीतर ज्यादा प्रसन्नता, दोनों परमात्मा के लिए किये कार्यों में मिलेगी। बस फिर परमात्मा के लिए किये जाने वाले कार्यों की संख्या बढ़ाते चले जाइए तथा एकदिन सबकुछ परमात्मा के लिए करना प्रारंभ कर दीजिए। मनुष्यजीवन की अंतिम ऊंचाई पा लेंगे।

अध्याय - 10

कृष्णः

अब वैसे तो मैंने अपनी ओर से अर्जुन को सबकुछ समझा ही दिया था। और एक नहीं अनेक बार, तथा वह भी कई तरीकों से। इतना सीधा सत्य और वह भी अनेकों तरीके से शायद पहले कभी नहीं समझाया गया है। परंतु अर्जुन समझने को तैयार ही नहीं था। हालांकि मैं उसकी मजबूरी भी समझ रहा था। वह एक नहीं अनेक चिंताओं से इस समय घिरा हुआ था। और इस मनोदशा में किसी के भी लिए, कोई भी बात समझना आसान

नहीं होता है। वहीं दूसरी ओर उसका ध्यान अब भी युद्ध से भागने में ही लगा हुआ था। हां, यह बात अवश्य है कि अब उसे ज्ञान में भी रुचि जागी थी। लेकिन यहां भी एक पेंच फंसा हुआ था। वह यह माने कैसे कि मैं ज्ञानी हूँ? मैं ईश्वर हूँ? क्योंकि जीवन का एक लंबा सफर हम दोनों ने साथ में गुजारा था। आज से पहले मैंने कभी उससे अपने ईश्वरीय अनुभव को जताया नहीं था। ज्ञान की कोई बात कभी उससे करी नहीं थी। व्यवहार उसने हमेशा शरीररूपी सामान्य कृष्ण से किया था। ऊपर से वह शास्त्रों से भी अति प्रभावित था। और उनमें से कइयों में ईश्वर की ऐसी हवाई कल्पनाएं करी हुई हैं कि अब आत्मारूपी वास्तविक ईश्वर को समझना उसके लिए आसान नहीं रह गया था। हालांकि उसका मुझपर तथा मेरे ज्ञान पर विश्वास जागे, उस हेतु मैं कई बातें बड़े दावे से कर चुका था। मैं कह ही चुका था कि जगत की उत्पत्ति तथा प्रलय दोनों मेरे अधीन हैं। मैं कह ही चुका था कि सूर्य का तेज व चांद की ठंडक भी मैं ही हूँ। अब फिर भी उसका विश्वास न जागे तो क्या किया जाए? वैसे मैं जानता हूँ कि कई लोग इस तरीके की बात करने से मुझे अहंकारी कहेंगे। वे नादान नहीं समझेंगे कि अहंकार व कृष्ण का कुछ लेना-देना ही नहीं है। मैं जो कह रहा हूँ वह तो मेरी चेतना की स्वाभाविक ऊंचाई है। यह तो चूंकि उसे शब्दों में पिरोकर अर्जुन को समझाना जरूरी है, इसलिए ऐसी बातें करुणावश निकल रही हैं। और फिर यह अहंकार है तो मैं तो कहता हूँ कि हरेक को इस अनुभव का अहंकार पालना ही चाहिए। मैंने अपने को इस सर्वोच्च ऊंचाई पर पहुंचाया है, तभी तो ऐसी बातें कह पा रहा हूँ। है कोई इतिहास में दूसरा जो इतने दावे से यह सब कह पाया हो? ...जबकि यह अनुभव पाना हरेक का कर्तव्य है।

खैर, बात अर्जुन की चल रही थी, सो बेहतर है वापस उसी पर लौट आते हैं। और वहां का द्वंद्व बिल्कुल स्पष्ट है। मैं अर्जुन से युद्ध लड़वाने हेतु कटिबद्ध हूँ और दूसरी ओर अर्जुन हरहाल में युद्ध से बचना चाह रहा है। और निश्चित ही युद्ध के परिणामों को लेकर पकड़ी चिंता इसका एकमात्र कारण है। उसकी वह चिंता दूर करने हेतु मैं उसे ज्ञान दे रहा हूँ... परंतु वह उसपर असर नहीं कर रहा है। उसका भी कारण साफ है कि वह मुझपर पूरी तरह से विश्वास नहीं कर पा रहा है। सो कुल-मिलाकर इस समय मेरे पास उसमें विश्वास जगाने के अलावा कोई उपाय नहीं है। और यह विश्वास "युद्ध के परिणामों से लेकर मेरे ज्ञानी होने तक पर" जगाना जरूरी है। बस, मैंने अपनी ओर से ही बात को आगे बढ़ाते हुए कहा कि हे अर्जुन, तू फिर से मेरे प्रभावयुक्त वचनों को सुन। और चूंकि मैं तुझसे अति प्रेम करता हूँ, इसलिए यह विश्वास भी कर कि ये सारे वचन मैं तेरे हित की इच्छा से ही कह रहा हूँ। यदि तू मुझे नहीं समझ पा रहा है तो यह तेरी गलती नहीं है। क्योंकि तेरी तो

छोड़, मेरे लीला से प्रकट होने को तो न देवता लोग जानते हैं न महर्षिजन ही। अत: वे लोग मेरे बाबत शास्त्रों में क्या कहते हैं, उससे ''मुझ ईश्वर'' के वास्तविक स्वरूप का कुछ लेना-देना नहीं है। अर्जुन, वास्तव में जो मुझे अजन्मा यानी जन्मरहित जानता है, वही मेरे बाबत यथार्थ जानता है। और मात्र वह ज्ञानवान पुरुष ही सब पापों से मुक्त हो पाता है। ईश्वर को किसी भी स्वरूप-विशेष में खोजना अज्ञानता का सबूत है। अत: तू ना सिर्फ शास्त्रों में वर्णित ईश्वर की कल्पनाओं को त्याग, बल्कि मुझ शरीररूपी कृष्ण में भी ईश्वर खोजना बंद कर। मैं तो वह हूँ जिसकी कोई सीमा नहीं तथा जिसका कोई जन्म नहीं। यह पूरा ब्रह्मांड एक संकल्प के आधार पर मुझमें स्थित है। यह सम्पूर्ण संसार मेरी प्रजा है। और उस तमाम प्रजा में जो मेरे ''इस महान ईश्वरीय स्वरूप का'' अपनी मनोदशा में एहसास करता है, वही मेरा सच्चा भक्त है।

हे अर्जुन, तू ऐसा समझ कि सबकी अंतरात्मा में स्थित मैं कृष्ण ही इस जगत की उत्पत्ति का परम कारण हूँ। यहां हरकोई सारी चेष्टाएं भी एक मेरी उपस्थिति के कारण ही करता है। और यही कारण है कि मेरे शरीर छोड़ते ही मनुष्य की तमाम चेष्टाओं का अंत आ जाता है। जो अपने में स्थित अंतरात्मा के इस महत्त्व को जानते हैं तथा निरंतर उसमें ही अपने प्राणों को अर्पित करते हैं; वे जल्द ही मुझे उपलब्ध हो जाते हैं। जो लोग आपस में अंतरात्मा के प्रभावों की चर्चा करते हैं, वे भी मुझ कृष्ण को जल्द ही उपलब्ध हो जाते हैं। मैं इस समय तुझसे ''मनुष्य की अंतरात्मा के प्रभावों'' की ही चर्चा कर रहा हूँ। इस महान चर्चा में तू शास्त्रों की हवाई तथा काल्पनिक बातें बीच में मत ला। हे अर्जुन, जो लोग निरंतर अपनी अंतरात्मा में ही संतुष्ट रहते हैं, उन्हें मैं इस महान ज्ञान का जल्द ही साक्षात्कार करवा देता हूँ। क्योंकि अंत में तो ''मैं'' ही सबकी अंतरात्मा में स्थित हूँ। अत: तू यहां-वहां की चिंताओं में भटकने की बजाय अपनी अंतरात्मा में स्थित हो, मैं तुझमें ज्ञानरूपी दीपक अवश्य प्रज्ज्वलित कर दूंगा।

अर्जुन:

आप वाकई परम ब्रह्म, परम धाम तथा परम पवित्र हैं। महान ज्ञानी भी आप आत्मारूपी परमात्मा को ''सनातन दिव्य पुरुष'' मानते हैं। वे भी आपको देवों का देव तथा अजन्मा स्वीकारते हैं। ऋषि नारद तथा महर्षि व्यास भी आपको सर्वव्यापी ही मानते हैं। और आप भी मेरी अंतरात्मा की उसी महानता का वर्णन कर रहे हैं। सच कहूं कृष्ण तो अब कहीं जाकर मैं वो समझ पा रहा हूँ... जो आप समझाना चाह रहे हैं। मैं अब समझ रहा हूँ कि शरीर अलग है और आत्मा अलग है। मैं समझ रहा हूँ कि आप शरीर नहीं, एक शुद्ध

आत्मा हैं। मैं वह भी समझ रहा हूँ जो आप समझाना चाह रहे हैं कि मैं भी शरीर नहीं, एक शुद्ध आत्मा हूँ। आप जो कुछ भी कह रहे हैं, मैं उसे सत्य मानता हूँ। हे कृष्ण, यह सत्य ही है कि आत्मा के इस लीलामय स्वरूप को न देवता जानते हैं, न दानव ही। यह सत्य भी समझ आ रहा है कि आप ही अपने को अपने से जानते हैं। अत: एकमात्र आप ही अपनी महिमा को विस्तार से कहने में सक्षम हैं। अत: आप ही बताइए कि मैं किस प्रकार का चिंतन करता हुआ आपको प्राप्त हो सकता हूँ? आप किन-किन भावों में भजने योग्य हैं? आप अपनी लीलामय विभूतियों को थोड़ा विस्तार से कहिए। मैं आपको ज्यादा-से-ज्यादा सुनना चाहता हूँ। क्या करूं, आपके बाबत कितना ही सुनूं, मेरा मन ही नहीं भर रहा है।

कृष्ण:

हश्श...! वाकई पहली बार अर्जुन वह समझा था, जो मैं उसे समझाने का प्रयास कर रहा था। ऐसे में आत्मा के बाबत और जानने व समझने की जिज्ञासा उठना स्वाभाविक ही था। और मेरे पास तो यूं भी उसकी हर इच्छा पूरी करने तथा उसके हर सवाल का जवाब देने के अलावा उपाय ही क्या था? युद्ध के मैदान में तो मैं उसके रथ का सारथी था-ही-था, उसके युद्ध से इनकार ने मुझे उसके जीवन का सारथी भी बना दिया था। सो मैंने उसकी इच्छा का सम्मान करते हुए कहना प्रारंभ किया। मैंने कहा कि हे अर्जुन, अब मैं अपनी चंद प्रमुख विभूतियों को विस्तार से कहूंगा, क्योंकि मेरे विस्तार का कोई अंत नहीं है। सबसे पहले तो यह समझ कि मैं सब मनुष्यों के हृदय में स्थित सबका आत्मा हूँ। सभी मनुष्यों का भूत, भविष्य तथा वर्तमान भी मैं ही हूँ। फिर भी तू मुझे विष्णु का स्वरूप, यानी सबका वर्तमान ही समझ। मनुष्य पैदा हो चुका, इसलिए अब उसका ब्रह्मा मैं नहीं हूँ। मृत्यु उसकी कल होगी, इसलिए मैं महेश नहीं हूँ। मैं तो यहां हर मनुष्य का आज का जीवन, यानी विष्णु हूँ। वैसे ही इन्द्रियों में बुद्धि-अहंकार नहीं, मनुष्यों का 'मन' मैं हूँ। हर मनुष्य का मन ही उसकी आत्मा के ज्यादा निकट है। ...क्योंकि उसके बुद्धि-अहंकार इस जनम के हैं, जबकि उसका मन जन्मो-जन्मांतर का है। यही नहीं, मनुष्यों की जीवनशक्ति, यानी जीने की इच्छा भी मैं ही हूँ। और अपने जीने की तमन्ना पूरी करने हेतु यहां हरेक को अपना जीवन फैलाना भी जरूरी है। फिर चाहे वह फैलाव वह पद और सत्ता पाकर करे या चाहे आर्थिक तौर पर अपना विकास कर के करे। परंतु इन सबमें ''धन का स्वामी कुबेर'' यानी व्यवसायी तू मुझे जान। मुझे ही देख, मैंने जीवन फैलाने हेतु कभी पद पाने, किसी का राज्य छीनने या अपना राज्य फैलाने की कोशिश नहीं की। मैंने ग्वाले से द्वारकाधीश तक का सफर अपनी व्यावसायिक बुद्धि के सहारे ही तय किया। यही नहीं, द्वारका के विकास

हेतु मैंने कभी किसी अन्य राज्य का हक नहीं छीना, बल्कि द्वारका के व्यवसाय फैलाने का ही सहारा लिया।

हे अर्जुन, मैं जितना बाहर चारों ओर फैला हुआ हूँ, उतना ही भीतर मनुष्यों की मनोदशा में भी गहरा उतरा हुआ हूँ। बाहर दृश्यों में जो कुछ भी श्रेष्ठ है उसे भी तू मेरा ही स्वरूप जान, और वैसे ही मनुष्य के भावों की जो ऊंचाइयां हैं, उन्हें भी तू मेरी ही अनुभूति जान। वसुओं में अग्नि और पर्वतों में सुमेरु पर्वत भी तू मुझे ही समझ। वैसे ही मनुष्यों की मनोदशा में 'समुद्र-सा व्यवहार' तू मुझे जान। यानी जो स्वच्छ या दूषित जल वाली तमाम नदियों को बिना भेदभाव के अपने में समा ले, ऐसा विशाल समुद्ररूपी हृदय तू मुझे ही समझ। जो सफलताओं के झोंके तथा असफलताओं के थपेड़ों से न छलके, ऐसी 'समुद्ररूपी मानसिक स्थिरता' तू मुझे ही जान। वैसे ही मंत्रों में जपमंत्र यानी कार्य की समाप्ति तक लगातार प्रयास करने की प्रवृत्ति भी मैं ही हूँ। ठीक उसी तरह मनुष्यों में राजा, यानी "एक ऐसा तृप्त हृदय जिसे कुछ और नहीं चाहिए" वह भी तू मुझे ही जान। क्योंकि जिसकी खुशी अब भी कुछ और पाने पर निर्भर है, वह मेरी दृष्टि में भिखारी ही है। अर्जुन! तू हस्तिनापुर की धरती पाने हेतु यहां आया है, परंतु तू समझ नहीं रहा है कि राजा हृदय का होता है; धरती का नहीं। खैर, इसके अलावा बिना किसी जबरदस्ती के "पूर्ण आपसी इच्छा के साथ" यानी शास्त्र सम्मत किये जानेवाले काम, जिसमें संतानोत्पत्ति को भी ध्यान में रखा गया हो; वह 'काम' भी तू मुझे ही जान। साथ ही शासन करनेवालों में यमराज, यानी बिना भेदभाव के समय पर न्याय करने वाले को तू मेरा ही स्वरूप समझ। तू भी जानता है कि मौत का देवता न पापी देखता है और न पुण्यात्मा, न बूढ़ा देखता है न जवान, न स्वस्थ देखता है और न बीमार; वह बिना भेदभाव के सबको समय पर बुला ही लेता है। वैसे

जुए वाली मनोदशा की सबसे बड़ी खूबी ही यह है कि इसमें बाजी का निर्णय मनुष्य तीसरी शक्ति यानी परमात्मा पर छोड़ता है

ही जो बुद्धि लगाते हैं तथा गणित बिठाते हैं, ऐसे बुद्धिमानों में ''समय का ज्ञान व ध्यान रखनेवाले बुद्धिमान'' तू मुझे ही जान। अर्जुन, तू भी बुद्धिमान है, अत: तुझे यह बात विशेष रूप से समझने की है। तुझे ''युद्ध करना या उससे भागना'' पर अपनी बुद्धि नहीं लगानी है, बल्कि तुझे बुद्धि इस बात पर लगानी है कि यह समय युद्ध करने का है या युद्ध से भागने का। अर्जुन, एक बात हमेशा ध्यान रखना कि ''क्या करना और क्या नहीं करना'' इस हेतु समय ही एकमात्र निर्णायकशक्ति है। कोई शास्त्र या कैसा भी स्वार्थ इस बाबत निर्णय नहीं कर सकता है। और समय का यह ज्ञान बिना अंतरात्मा के निकट गए मनुष्य को नहीं हो सकता है। ...बस यही अंतरात्मा के निकट जाने का महत्त्व है। अत: तू भी युद्ध करने या न करने के कारण खोजने या लाभ-हानि के गणित बिठाने की बजाय, समय पर ध्यान दे। ...देख यह कि समय क्या कह रहा है? क्योंकि समय के निर्णय में चुनाव नहीं होता है।

हे अर्जुन, इसके अलावा भी मनुष्यों की अनेक महान मनोदशाएं हैं, जिनमें मैं विराजमान हूँ। उदाहरण के तौर पर ''भला करनेवालों में वायु-सी मनोदशा तू मुझे ही जान'' जो हर वक्त तथा हर जगह सबको जीवन देने हेतु उपलब्ध ही रहती है। वैसे ही शस्त्रधारियों में राम तू मुझे ही समझ, जो शक्ति का उपयोग सिर्फ समय की मांग पर ही करते हैं। ज्ञान में सिर्फ आत्मज्ञान तू मुझे समझ। बाकी तमाम ज्ञानों को तू अज्ञान ही समझ। वैसे ही अर्जुन, वाद-विवाद में भी मैं हूँ, यदि वह निर्णय पर पहुंचने हेतु किया जा रहा हो। मन में क्या करने का निर्णय तय करने के बाद किया जा रहा वाद-विवाद मैं कभी भी नहीं हूँ। और यह बात अर्जुन तुझे विशेषरूप से समझने की है, क्योंकि युद्ध न करने के निर्णय के साथ ही तू मुझसे संवाद किये जा रहा है। और तेरा यही पूर्वनिर्णय तुझे बात समझने में बाधा खड़ी कर रहा है। खैर अर्जुन, तू चिंता मत कर। ...क्योंकि संशयों में 'द्वंद्व' भी मैं ही हूँ। द्वंद्व यानी दो में से एक चुनने के विकल्प के भ्रम में रहना। और तू इस समय द्वंद्व में ही है कि युद्ध करूं या नहीं? इसलिए फिक्र मत कर, जल्द ही युद्ध न करना हट जाएगा और तू दृढ़तापूर्वक युद्ध करने हेतु खड़ा हो जाएगा। ...बस तू जो युद्ध न करने का निर्णय करके वाद-विवाद में लगा है, उसकी जगह खुले मन से विवाद कर। ...वैसे ही अर्जुन मैं छल करनेवालों में जुआ हूँ। जुआ, यानी बराबरी की बाजी। यह युद्ध भी एक छल ही है। अत: बेहतर है कि तू इसे एक जुए की बाजी समझकर खेल जा। ज्यादा सोच मत। छल, जुआ, युद्ध वगैरह करना तो नहीं चाहिए, परंतु सर पर आ पड़े तो उससे भागा भी नहीं जा सकता है। तब हार-जीत की चिंता करने की जगह उसे एक जुआ मानकर खेल जाना बेहतर है। जुए वाली मनोदशा की सबसे बड़ी खूबी ही यह है कि इसमें बाजी का निर्णय मनुष्य तीसरी शक्ति यानी परमात्मा पर छोड़ता है। स्वयं उसकी ना तो चिंता करता है और ना ही उसपर

चिंतन करता है। और उसका यह 'परिणाम' तीसरी शक्ति पर छोड़ना ही उसके हर जुए को तमाम प्रकार के पापों से मुक्त कर देता है। अत: मेरा विश्वास जान कि तू जुए की मनोदशा में युद्ध करेगा, तो पाप को उपलब्ध नहीं होगा।

हे अर्जुन, शक्ति का प्रयोग करनेवालों में दण्ड यानी सजा देने की शक्ति तू मुझे ही जान। लेकिन राज्य पाने हेतु या शत्रुता निकालने हेतु दिखाई जाने वाली ताकत मैं नहीं हूँ। अत: तू राज्य पाने की कामना और कौरवों के प्रति वैरभाव छोड़; बल्कि उनको दंडित करने के इरादे से युद्ध कर। इस तरह की मनोदशा में युद्ध करने से भी तू पाप को कभी प्राप्त नहीं होगा। अर्जुन, तू संक्षेप में ऐसा समझ कि जो कुछ भी श्रेष्ठ है, सबमें मैं हूँ। जैसे छंदों में गायत्री तथा नदियों में गंगा मैं ही हूँ। इसका अर्थ यह नहीं है कि गायत्री का मंत्रजाप करो या गंगा की पूजा करो। मेरे शब्दों पर ध्यान देना जरूरी है। मैं कह रहा हूँ कि छंदों में गायत्री मैं हूँ। यानी छंदों का चुनाव करना ही है तो गायत्री मैं हूँ। वैसे ही परिस्थितिवश नदियों का चुनाव करना ही पड़ जाए तो फिर उसमें गंगा मैं हूँ। जैसे कि मैंने कहा था कि छल करनेवालों में जुआ मैं हूँ। उस समय भी मैंने जुआ खेलना पवित्र है, ऐसा नहीं कहा था; बल्कि मैंने यही कहा था कि परिस्थितिवश छल करना ही पड़े तो फिर किये जानेवाले छलों में जुआ मैं हूँ। वैसे ही मैंने कहा था कि काम करना हो तो ''संतान उत्पत्ति का उद्देश्य'' मैं हूँ। बिना रत्तीभर दबाव के दोनों की इच्छा से किया काम मैं हूँ। मैंने उसमें भी यह नहीं कहा था कि काम मैं हूँ। अर्जुन, मैं पहले ही कह चुका हूँ कि सबमें मैं हूँ व सब मुझमें हैं, परंतु न तो मैं किसी में हूँ और न कोई मुझमें है। क्योंकि मैं तो सिर्फ हर क्षण के सत्य में हूँ। मैं तो सिर्फ हर क्षण किये जाने वाले श्रेष्ठ का चुनाव करने में हूँ। ...जैसे इस समय इस युद्ध में मैं हूँ। क्योंकि यह युद्ध अब समय की बहती धारा के द्वारा तय किया जा चुका है। और जब 'समय' तय कर चुका है, तो युद्ध तो करना ही है। और जब युद्ध करना ही है तो युद्ध करने की श्रेष्ठ मनोदशा, यानी जुए में मैं हूँ। सो बस, जुए की मनोदशा में खेल जा इस युद्ध से और इसके परिणाम का फैसला तीसरी शक्ति पर छोड़ दे।

हे अर्जुन, क्या और कितना कहूं तुझसे? ...क्योंकि मेरी विभूतियों का कोई अंत ही नहीं है। सारे मनुष्यों की उत्पत्ति का कारण भी मैं हूँ। हे अर्जुन, ऐसा कोई निर्जीव या जीवित तत्त्व नहीं, जिसमें मैं मौजूद नहीं हूँ। यह तो मैंने तुझे अपनी विभूतियों को संक्षेप में कहा। उसमें तू इतना ही समझ कि सभी मनुष्यों में, मैं उनके जीवन के रूप में स्थित हूँ। अत: जीवन को ऐश्वर्य, तेज तथा शक्ति से भरना मनुष्य का कर्तव्य है। तथा यह सब करते-करते आत्मसाक्षात्कार कर लेना उसकी अंतिम मंजिल है। बस उसी तर्ज पर यह युद्ध करना तेरा कर्तव्य है। वहीं इससे प्राप्त होनेवाले ऐश्वर्य पर तेरा अधिकार भी है। परंतु

वह मिले या न मिले, उसका फैसला परमात्मा के न्याय पर छोड़ना जरूरी है। उसकी चाह करना या मिलने पर उसे ठुकराना, दोनों परमात्मा के न्याय पर अविश्वास करना है। सो संक्षेप में तू तो इतना समझ कि इस सम्पूर्ण जगत को मैं अपनी योगशक्ति के अंशमात्र से धारण किये हुए स्थित हूँ। अत: यहां के कण-कण में तथा मनुष्यों के हर कर्म में मैं हूँ। बस मनुष्य को चाहिए कि वह सर पर आए कर्मों को श्रेष्ठ मनोदशा से करता चला जाए। उसे चाहिए कि कर्म करने हेतु उपलब्ध चुनावों में से वह श्रेष्ठ का चुनाव करता चला जाए। स्वयं न तो कर्म खोजने जाए और ना किसी कर्म से भागे। तेरे संदर्भ में कहूं तो यह युद्ध तेरे कर्मों का परिणाम है। अत: तू अब इसमें चुनाव करने की मत सोच। चुनाव तो हो चुका, कम-से-कम आज यह युद्धरूपी कर्म बिना चुनाव के कर ले। फिर इसे आदत बना ले। बस इस तरह बिना चुनाव के लगातार कर्म करते रहने से एकदिन तू ''तमाम कर्मों से मुक्त'' हो जाएगा। ...अपनी महिमा का वर्णन कहां तक करूं? अत: तू तो सिर्फ इतना समझ कि ब्रह्मांड हो या संसार, चारों ओर बिना चुनाव के जो कुछ भी कर्म अपने-आप चल रहे हैं; उनमें मैं हमेशा उपस्थित रहता हूँ।

प्रैक्टिकल एप्लीकेशन - 15

दसवें अध्याय में कृष्ण कह रहे हैं कि जिसमें जो भी श्रेष्ठ है, वह मैं हूँ। और यही सत्य है कि जिसमें जो कुछ भी श्रेष्ठ है, वही कृष्ण है तथा वही परमात्मा है। दूसरी ओर आपको याद होगा कि कृष्ण यह भी कह चुके हैं कि सबकुछ 'मैं' हूँ। यानी पूरी तरह से खराब इस जगत में कुछ भी नहीं है। मनुष्य कैसा भी हो तथा वस्तु कोई भी हो, कुछ-न-कुछ तो सबमें श्रेष्ठ होता ही है। और कृष्ण कह रहे हैं कि बुरे-से-बुरे आदमी में भी जो श्रेष्ठ है, वह मैं ही हूँ। पूरी बात का सार उदाहरण देकर समझाऊं तो हथियार का श्रेष्ठ उपयोग है "आतंकवादियों तथा दुराचारियों" को मारना। सो हथियार का यह उपयोग कृष्ण ही है। अतः हथियारों को पूरी तरह से खराब नहीं ही कहा जा सकता है। अब इसमें आपके मतलब की सीधी बात कहूं तो कोई भी मनुष्य पूरा खराब कभी नहीं होता है। हरेक में कोई-न-कोई श्रेष्ठता होती ही है। सो किसी को भी कभी पूरा नकारो मत। किसी को तुच्छ या नीच समझो मत। आप तो बस सबके भीतर छिपे उसके श्रेष्ठ गुण को देखो। तथा हरेक से संबंध उसकी श्रेष्ठता के रखो। जिस बाबत जो श्रेष्ठ नहीं, उस बाबत उससे संबंध नहीं। कहने का तात्पर्य शौकीन से शौकों के, व्यवसायी से व्यवसाय के, बुद्धिमानों से संवाद के, ज्ञानियों से ग्रहण करने के संबंध रखो। शत्रु से भी उसकी श्रेष्ठता के संबंध तो बनाये ही रखो तथा अजीज से भी संबंध सिर्फ श्रेष्ठता तक सीमित रखो। अज्ञानी से संवाद, बदमाश से व्यवसाय, मनहूसों के साथ पार्टी तथा उपवासी के साथ डिनर करना ही क्यों? संबंध रखो सबके भीतर की श्रेष्ठता से, यानी सबके भीतर के कृष्ण से। फिर देखिए, जीवन कितना हसीन हो जाता है। सो मैं यहां एक चार्ट दे रहा हूँ। इसमें आपके मेलजोल वाले बीस व्यक्तियों के नाम लिखें तथा साथ में उनकी श्रेष्ठता लिखें। और आज के बाद संबंधों को उस व्यक्ति की श्रेष्ठता तक ही सीमित कर लें। सीखने को भी मिलेगा, मजा भी आएगा तथा सुकून भी बना रहेगा।

आपके मेलजोल वाले बीस व्यक्तियों के नाम तथा उनके श्रेष्ठ गुण

1

....

....

....

....

2

....

....

....

....

3

....

....

....

....

4

....

....

....

....

5

6

7

8

9

10

11

12

13

14

15

16

17

18

19

20

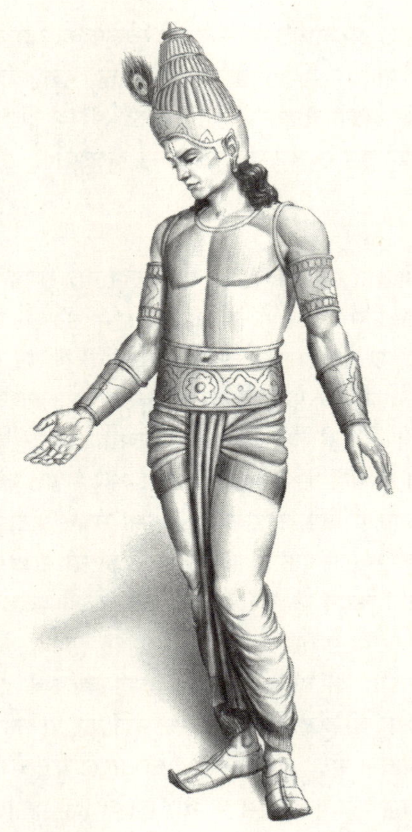

अध्याय - 11

अर्जुन:

हे कृष्ण! मुझपर कृपाकर आपने जो परम गोपनीय धर्मज्ञान मुझे दिया, उससे मेरा अज्ञान नष्ट हो गया। मैंने आपसे जगत की उत्पत्ति तथा उसके प्रलय के नियम विस्तार से सुने। मैंने आपकी अविनाशी महिमा भी सुनी। मैंने यह भी जाना कि यहां का कण-कण एक आपसे ही चलायमान है। आप ही इस सम्पूर्ण जगत के एकमात्र परम कारण हैं। और यह सब जो आप अपने बारे में कहते हैं, यह बिल्कुल ऐसा ही है। ...इसमें अब मुझे कुछ

संशय नहीं है। फिर भी आपके इस चारों ओर फैले हुए स्वरूप को समझना मेरे लिए आसान नहीं है। अत: आप बुरा न मानें तो मैं आपके ऐश्वर्य, शक्ति, बल, वीर्य और तेज से युक्त इस महान स्वरूप को प्रत्यक्ष देखना चाहता हूँ। यदि वाकई आपके द्वारा वह स्वरूप दिखाया जाना शक्य है तो आप अपने इस स्वरूप का मुझे दर्शन कराइए।

कृष्ण:

वैसे तो अर्जुन की बात सही ही है। यह समझ लेने मात्र से कि शरीर अलग है तथा आत्मा अलग है, आत्मा का एहसास तो हो नहीं जाता है। यह सुन लेने से कि यह पूरा जगत एक आत्मा का विस्तार है, उसका अनुभव तो नहीं हो जाता है। सो बात को पक्की करने के लिए अर्जुन आत्मा के चारों ओर फैले 'ईश्वरीय स्वरूप' को प्रत्यक्ष देखना चाहता है। अब वैसे तो यह मुमकिन है ही नहीं। क्योंकि स्वयं आत्मसाक्षात्कार किये बिना सर्वव्यापी परमेश्वर का अनुभव किया ही नहीं जा सकता है। सत्ता और संपत्ति तो बांटे जा सकते हैं, परंतु अनुभव थोड़े ही विरासत में दिये जा सकते हैं? ऐसा संभव होता तो मैं पूरे संसार को कृष्ण बना चुका होता। अब सवाल एक ही है कि शक्य हो या न हो, मेरे पास तो अर्जुन को मेरे विश्वस्वरूप के दर्शन कराने के अलावा दूसरा उपाय ही कहां है? क्योंकि वह तो वैसे ही युद्ध से भागने की फिराक में बैठा है। ऐसे में मेरा यह इनकार उसे युद्ध से भागने का बहाना दे देगा। वह तुरंत कहेगा कि चूंकि मैं आपके विश्वस्वरूप के दर्शन नहीं कर पाया, सो स्वयं को आपके कहने पर भी युद्ध करने हेतु राजी नहीं कर पा रहा हूँ। और ऐसा हुआ तो कौरवों के जीत की संभावना सुदृढ़ हो जाएगी। अब अटल युद्ध में वह मौका तो लिया ही नहीं जा सकता है। लेकिन मुझे कृष्ण ऐसे ही थोड़े कहते हैं? मेरे लिए ऐसा क्या है जो संभव नहीं है। मैं उसे भले ही अपने विश्वस्वरूप का अनुभव नहीं करा सकता, परंतु उसे सम्मोहित करके भ्रम में तो डाल ही सकता हूँ। जीवनभर सबको सम्मोहित करके ही तो मैंने अपना काम निकलवाया है। बचपन से ही "व्यक्तिगत से लेकर सामूहिक सम्मोहन" ही तो करता आ रहा हूँ। आपको तो मालूम ही है कि बचपन में पूरा वृन्दावन किस कदर मुझसे सम्मोहित था। मेरे सम्मोहन में गोपियों के हाल क्या हुए पड़े थे, यह किससे छिपा है? और आज भी आर्यावर्त का ऐसा कौन-सा कोना है जहां मेरे सम्मोहन की तूती नहीं बोल रही है? सो अर्जुन को पूरी तरह से सम्मोहित करके उसे विश्वदर्शन कर लिए जाने के भ्रम में डाला ही जा सकता था। ...बस मनुष्यजाति के इतिहास का पहला सम्पूर्ण सम्मोहन मैंने कर दिया। थोड़ा-सा सम्मोहन की प्रक्रिया समझना। मनुष्य के पास दो प्रमुख शक्तियां हैं। एक है उसका मन, तथा दूसरे हैं उसके बुद्धि-अहंकार। सम्मोहन का अर्थ है, मनुष्य के बुद्धि-अहंकार

को सुप्त कर देना। एकबार मनुष्य के बुद्धि-अहंकार सुप्त कर दिये तो वह नॅचरल हो जाता है। उससे दो चीजें संभव हो जाती हैं। पहला तो इससे उसके भीतर का वास्तविक स्वरूप पूरा-का-पूरा बाहर आ जाता है। क्योंकि तोड़-मरोड़कर सबकुछ समझने और समझाने वाले 'बुद्धि-अहंकार' सम्मोहित किये जानेपर कार्य करना बंद कर देते हैं। और ऐसे में आप ना सिर्फ मनुष्य को जो कुछ भी दिखाना चाहते हैं वह उसे दिखा सकते हैं, बल्कि जो कुछ भी उसे समझाना चाहते हैं वह समझा भी सकते हैं। क्योंकि इस क्रिया में भी बाधा पहुंचाने वाली बुद्धि सम्मोहन के समय कार्य नहीं कर रही होती है। सो, कुल-मिलाकर कहूं तो अर्जुन ने तो अपनी तरफ से मुझे दुविधा में डाल दिया था, परंतु मेरी चतुराई ने इसे भी एक मौका बना लिया। क्योंकि अब मैं उसके भीतर को भी प्रकट करवा दूंगा तथा उसे मेरे विश्वस्वरूप का एहसास भी करवा दूंगा। इससे मुझे दो सीधे फायदे होंगे। एक तो उसकी छिपी इच्छा के साथ-साथ उसके वर्तमान भय की गहराई का भी पक्का अंदाजा हो जाएगा, और दूसरा यह कि विश्वस्वरूप देखते ही वह पूरी तरह से मेरे वश में आ जाएगा।

सो, शुभ कार्य में देर क्या करना! मैंने, तत्क्षण उसकी आंखों में झांक उसके बुद्धि-अहंकार सुप्त कर दिये। और उनके सुप्त होते ही मैंने कहा कि अब तू नाना प्रकार के तथा नाना प्रकार की आकृतिवाले मेरे अलौकिक स्वरूप को देख। इसमें अब तू शास्त्रों में वर्णित आदित्यों, वसुओं, रुद्रों तथा अश्विनीकुमार व उनके पुत्रों के पहले न देखे हुए आश्चर्यमय रूपों को देख। अब चूंकि यह सब शास्त्रों में अर्जुन ने पढ़ा हुआ है, इसलिए सम्मोहित अवस्था में यह सब उसको दिखाना बड़ा आसान है। इसके तुरंत बाद मैंने कहा कि और भी मेरे विश्वस्वरूप में जो कुछ भी तू देखना चाहता है, वह देख। यहां यह भी समझ लेना कि सम्मोहन में भी मैं उसे वही दिखा सकता हूँ जिसकी कोई-न-कोई कल्पना पहले से उसके भीतर है। कोई नई कल्पना करवा पाना सम्मोहन के बस में नहीं है। लेकिन मैंने चतुराईपूर्वक "आदित्यों से लेकर अश्विनीकुमार तक की बात करके" उसे दिशा पहले ही दे दी। ...फिर कह दिया कि जो कुछ भी तुमने आत्मा-परमात्मा के बारे में सुन रखा है, वह सब देख। अब सम्मोहन में उसी की कल्पना उसी के मन में साकार होनी थी, मुझे तो सिर्फ मार्ग दिखाना था और जो मैं दिखा चुका था। बस उसके तुरंत बाद मैंने कह दिया कि इसके अलावा भी तू जो कुछ देखना चाहता है, वह देख। मेरे यह कहने से अब वह अपने मन में छिपी इच्छाओं को साकार होते देखेगा। अब वह इस संदर्भ में क्या-क्या देखता है, उससे उसका "वास्तविक भीतर" प्रकट हो जाएगा। तत्पश्चात उसके बुद्धि-अहंकार को पूरी तरह से सुप्त करने हेतु मैंने कहा कि हे अर्जुन! परंतु इन सबको तू अपने प्राकृतिक नेत्रों से नहीं देख सकता है, अत: उन्हें बंद कर, मैं तुझे दिव्य आंखें देता हूँ। बस अब तू आसानी से मेरे

महान ईश्वरीय स्वरूप को देख पाएगा। इतना कहकर मैं चुप हो गया। अब मुझे यह सुनने की जिज्ञासा जागी थी कि अर्जुन क्या-क्या देखता है? यह तो ठीक, वहां अर्जुन के साथ-साथ संजय भी सम्मोहित हो गया। होना ही था। मेरी सम्मोहन शक्ति यूं भी बेमिसाल थी। सो अर्जुन जो कुछ भी भीतर देख रहा था, वही संजय भी अनुभव करना शुरू हो गया। और आश्चर्यजनक रूप से बोलना उसी ने शुरू किया। अर्जुन तो सबकुछ देखने में ही पूरी तरह से डूबा हुआ था। यानी मेरी ऐतिहासिक सम्मोहन-शक्ति पूरी तरह से सिद्ध हो चुकी थी।

संजय:

हे महाराजा धृतराष्ट्र, इतना कहकर योगेश्वर श्रीकृष्ण ने वास्तव में अर्जुन को अपना दिव्यस्वरूप दिखलाया। और उसके साथ ही अनेक मुख और नेत्रों से युक्त, अनेक भुजाओं वाले, दिव्य शस्त्रों को हाथों में उठाए, सब ओर मुखवाले कृष्ण के स्वरूप को अर्जुन ने देखा। हे राजन, श्रीकृष्ण के इस स्वरूप के तेज की तो चर्चा ही क्या करूं? ...ऐसा लगता है मानो हजारों सूर्य एकसाथ प्रकाशित हो गए हों। वाकई इस समय अर्जुन ने पृथक-पृथक सम्पूर्ण जगत को श्रीकृष्ण महाराज के शरीर में एक जगह स्थित देखा। यह सब देख अर्जुन पूरी तरह से भौंचक्का रह गया। और उसी मनोदशा में श्रीकृष्ण से हाथ जोड़ते हुए उसने बोलना प्रारंभ किया।

अर्जुन:

हे श्रीकृष्ण! मैं इस समय बड़ा ही अचम्भित हूँ। मैं आपके शरीर में देवों को तथा भूतों को एकसाथ देख रहा हूँ। मुझे इस समय आपके भीतर ब्रह्मा और महादेव ही नहीं, तमाम ऋषि व सांप भी उपस्थित नजर आ रहे हैं। हे सम्पूर्ण विश्व के स्वामी, मैं न आपके अंत को देखता हूँ, न मध्य को और न प्रारंभ को ही। सच कहूं तो मैं आपके मुकुट, गदा और चक्रयुक्त इस अस्तित्व को देखकर गद्‌गद्‌ हुआ जा रहा हूँ। मैं मानता हूँ कि आप वाकई कठिनता से देखे जाने योग्य हैं। और इसमें तो अब मुझे कोई संदेह ही नहीं है कि आप ही परमअक्षर ब्रह्म हैं। आप ही इस जगत के मालिक हैं। आप ही अनादि धर्म के रक्षक हैं। और आप ही ''अविनाशी सनातन पुरुष'' हैं। हे केशव, यह स्वर्ग और पृथ्वी के बीच का सम्पूर्ण आकाश एक आप से ही प्रकाशित है। सच कहूं तो आपके इस अलौकिक स्वरूप को देखकर तीनों लोक व्यथा को प्राप्त हो रहे हैं। देवता हों या महर्षि, सभी चारों ओर से आपकी स्तुति कर रहे हैं। वाकई ग्यारह रुद्र, बारह आदित्य, आठ वसु, अश्विनीकुमार, गन्धर्व, यक्ष, राक्षस तथा पितरों के समुदाय तक विस्मित निगाहों से आपको देख रहे हैं।

सच तो यह है कि आपके इस अनेक हाथ, जांघ और पैरोंवाले अत्यंत विकराल स्वरूप को देखकर मेरे समेत सभी अति व्याकुल हो रहे हैं। मैं तो आपके इस स्वरूप को देखकर धीरज व शांति दोनों खो रहा हूँ। मैं इस समय पूरी तरह भयभीत हो चुका हूँ। मैं तो दिशाओं तक का ज्ञान खो चुका हूँ। मेरी बुद्धि पूरी तरह भ्रष्ट हो चुकी है।

अत: हे देवों के देव! आप प्रसन्न होइए। आप नाराजगी छोड़िए। मैं तो इस समय धृतराष्ट्र के पुत्रों को आपके इस विकराल स्वरूप में प्रवेश होते देख रहा हूँ। धृतराष्ट्र के पुत्रों के अलावा भीष्म, द्रोण तथा कर्ण भी उनमें शामिल हैं। मैं तो हमारे व उनके पक्ष के कई योद्धाओं को भी आपके भयानक मुख में प्रवेशते देख रहा हूँ। मुझे तो ये सभी आपके विशाल दांतों के बीच पिसते नजर आ रहे हैं। ...जैसे नदियां चारों ओर से समुद्र में प्रवेश पाने हेतु दौड़ती हैं, वैसे ही यह सब भी चारों ओर से आपके मुख में समाने हेतु दौड़े चले आ रहे हैं। हे सम्पूर्ण लोकों के मालिक, मुझे बतलाइए कि इस उग्र स्वरूप वाले आप कौन हैं? हे देवों में श्रेष्ठ, आपको नमस्कार हो। आप प्रसन्न हों। मैं आपको जानना और समझना चाहता हूँ। क्योंकि मैं आपकी इस समय की प्रवृत्ति को बिल्कुल नहीं समझ पा रहा हूँ।

कृष्ण:

चलो, अर्जुन मेरे ईश्वरीय स्वरूप को देखना चाहता था, सो उसने देख लिया। ...यानी मेरा सम्मोहन पूरी तरह से सफल रहा। यहां यह भी समझ लेना कि अर्जुन मुझे जो बहुत मुखों वाला, बहुत-सी भुजाओं वाला तथा अनेक शस्त्रों से लैस जो देख रहा है, यह वह "उसी की ईश्वरीय कल्पना" देख रहा है। उसने शास्त्रों में ईश्वर के बाबत जो कुछ पढ़ा है, वह उसी का विस्तार देख रहा है। यदि किसी अन्य की "ईश्वर की कुछ और कल्पना है" तो सम्मोहित किये जानेपर वह अपनी उस कल्पनानुसार ही ईश्वर को देखेगा। और यदि किसी की ईश्वर के बाबत कोई कल्पना ही नहीं है, तो सम्मोहित किये जानेपर भी वह ईश्वरीय स्वरूप नहीं ही देखेगा। कहने का तात्पर्य यह है कि मनुष्य चौबीस घंटे अपने मन की कल्पना का ही चारों ओर विस्तार देखता रहता है। और इसे ही निद्रा यानी उसका अज्ञान कहते हैं। और ऐसी निद्रा में जी रहे मनुष्यों को ही सम्मोहित किया जा सकता है। ...किसी भी जागृत व्यक्ति को कभी सम्मोहित नहीं किया जा सकता है।

खैर, अर्जुन ने मुझमें ईश्वर देख लिया, सो अब उसके मुझपर विश्वास न करने का कोई कारण न बचा। परंतु सच तो यह है कि इससे भी समस्या समाप्त नहीं हुई। अर्जुन के भयभीत मन ने एक नई समस्या खड़ी कर दी। अब तक जो अर्जुन 'युद्ध' से घबरा रहा

था, लेकिन अब मेरे इस 'ईश्वरीय स्वरूप'' को देखकर भी वह घबराना शुरू हो गया। दरअसल भयभीत मन की यही खूबी है। वह नया डर पहले पकड़ता है तथा पुराना भय बाद में छोड़ता है। यानी एकबार किसी को भय पकड़ ले तो फिर उसके उस भय को पूरी तरह से निकालना बड़ा मुश्किल हो जाता है। कुछ नहीं तो अंत में वह ''ईश्वर जो विश्वास का प्रतीक होना चाहिए'' उससे भी डरना शुरू हो जाता है। और यह अधिकांश मनुष्यों की समस्या है। वह अपने भय के विस्तार में ईश्वर को भी लपेट लेता है।

होगा, मैं तो वापस अर्जुन पर ही लौट आऊं। और उस बाबत यह कहना ही पड़ेगा कि मेरा उसे सम्मोहित करना पूरी तरह से सफल रहा। एक ओर जहां उसने मुझमें अपनी कल्पना का ईश्वर देख लिया, वहीं दूसरी ओर इस युद्ध को लेकर उसके मन में दबी इच्छा को भी मैं प्रकट करवाने में सफल रहा। अर्जुन जो प्रारंभ में शास्त्रों की दुहाई दे रहा था और भातृप्रेम जता रहा था, सम्मोहित किये जानेपर उसने खुद ही कबूल लिया कि वह सब बेकार की बातें थी। वह अब भी कौरवों के विनाश की चाह लिए ही युद्ध के मैदान में खड़ा है। तभी तो मेरे यह कहने पर कि तू जो देखना चाहता है, देख; उसने मेरे विकराल मुख में ना सिर्फ कौरवों को समाते देखा, बल्कि द्रोण, भीष्म, कर्ण को भी देखा। इससे उसने सिद्ध कर दिया कि वह द्रोण, भीष्म तथा कर्ण की त्रिमूर्ति से डर गया था। क्योंकि तीनों श्रेष्ठ तीरंदाज हैं। यदि वे तीनों मेरे मुख में समा जाते हैं, तो उसे युद्ध से कोई ऐतराज नहीं। और उसके मन की यही बात मैं पहले श्लोक से कह रहा हूँ। मैं बार-बार अर्जुन से वही तो कह रहा हूँ कि तू मुझे भ्रमित करने का प्रयास मत कर। तेरे मन में अब भी राज्य पाने की इच्छा छिपी हुई है। तेरा मन अब भी कौरवों का विनाश चाहता है। मैं उससे यह स्पष्ट कह ही चुका हूँ कि ''पकड़ी नपुंसकता के कारण'' तू युद्ध से भागना चाहता है। ...लेकिन यह गलत है। और इसीलिए तेरे पास ''अटल हो चुके इस युद्ध को करने के अलावा'' कोई उपाय नहीं है।

खैर, अब तो यह समस्या भी नहीं बची थी। अब तो अर्जुन का भय और उसकी चाह दोनों पूरी तरह से उजागर हो चुके थे। अब तो वह मेरे ईश्वरीय स्वरूप को भी देख चुका था। हालांकि इन सबके बावजूद समस्या अब भी समाप्त नहीं हुई थी। वह युद्ध करने हेतु अब भी तैयार नजर नहीं आ रहा था। क्योंकि जैसा मैंने कहा कि अब वह मेरे ईश्वरीय स्वरूप को देखकर डर चुका था। वह सोच रहा था कि मैं ऐसे तो कैसे स्वरूप में हूँ कि चारों ओर सभी को मौत के घाट उतार रहा हूँ? युद्ध में आए सभी योद्धा मेरी दाढ़ों में पिसा क्यों रहे हैं? और कहीं इस क्रम में मैं भी न पीसा जाऊं? और यही तो वह नहीं चाहता। तभी तो युद्ध से भागने की बात कह रहा है। तभी तो जहां कौरवों समेत इतने लोगों को उसने मेरी दाढ़ों में पिसते देखा है, परंतु अपने स्वयं को या अपने भाइयों या पुत्रों को उसने

मेरी दाढ़ों में समाते नहीं देखा है। इससे उसकी चाह स्पष्ट रूप से उजागर होती है कि युद्ध में चाहे जो हो जाए, परंतु अपनी या अपनों की हानि नहीं होनी चाहिए। इसका सीधा अर्थ यह हुआ कि विश्वस्वरूप के दर्शन कर लिए जाने के बावजूद भी जबतक उसे दुश्मनों के विनाश की और अपनों के सुरक्षित बचने की गारंटी नहीं हो जाएगी, वह युद्ध हेतु राजी नहीं होगा। इसीलिए तो अंत में वो पूछता है कि आप हैं कौन जो इतने विकराल स्वरूप में प्रकट हुए हैं?

कोई बात नहीं अर्जुन महाराज! अब तो बातें पूरी तरह से साफ हैं। सो बात को उसी अनुसार आगे बढ़ाते हुए उससे स्पष्ट कहा कि सुन अर्जुन, मैं इस समय लोकों का नाश करने आया हुआ महाकाल हूँ। मैं युद्ध के मैदान में एकत्रित सबको नष्ट करने हेतु प्रवृत्त हुआ हूँ। अत: हे अर्जुन, तू एक सीधी बात समझ कि चाहे तू युद्ध करे या न करे, ये तेरे प्रतिपक्षियों की सेना विनाश को उपलब्ध हो ही जाने वाली है। अब अर्जुन के वर्तमान भय को इससे बड़ा आश्वासन तो मैं दे ही नहीं सकता था। सो बात को उसी तर्ज पर आगे बढ़ाते हुए मैंने कहा कि अतएव अर्जुन, तू उठ व बेफिक्र होकर युद्ध कर। शत्रुओं को जीत तथा यश प्राप्त कर। ...हस्तिनापुर का राज प्राप्त कर। ये सब विपक्षी योद्धा तो मेरे द्वारा पहले ही मारे जा चुके हैं। तुझे तो बस अब एक निमित्त बनकर युद्ध करने का नाटक करना है। और इस नाटक के एवज में तुझे यश व राज्य दोनों मिल जाएंगे। अब यूं तो ऐसा कहकर एक तरीके से मैं अर्जुन को तगड़ा आश्वासन ही दे रहा हूँ, ताकि उसका भय पूरी तरह से दूर हो जाए। क्योंकि जब ईश्वर स्वयं कह रहा है कि वे लोग मेरे द्वारा पहले ही मारे जा चुके हैं, तो मौका लेने में क्या बुराई है? ...परंतु इस बात का एक और पहलू भी है। और वह यह कि यह बात मैं ऐसे ही नहीं कह रहा हूँ। मैं तो प्रकृति के तमाम रहस्यों का ज्ञाता हूँ। सो मैं "अहंकार

सबकुछ **कृष्ण** ही है ऐसा समझने वाले **ज्ञानी** यहां कम ही **उपलब्ध** हैं

व प्रकृति के तालमेल'' को भी जानता हूँ। प्रकृति सिर्फ अहंकार की शत्रु है। चरम सीमा पर पहुंचा हर अहंकार प्रकृति द्वारा विनष्ट हो ही जाता है। और कौरव इस समय अपने अहंकार के चरम पर पहुंच चुके हैं। जिस दिन कौरवों ने मेरे द्वारा दिये गए ''पांडवों को पांच गांव देकर समाधान कर लेने के प्रस्ताव'' को ठुकराया था, उसी दिन उन्होंने अपना अंत तय कर लिया था। वे उसी दिन कुदरत के निशाने पर आ गए थे। अत: यह हकीकत भी है कि अब अर्जुन युद्ध करे या न करे, कौरव किसी कीमत पर बचनेवाले नहीं हैं। क्योंकि कुदरत अपने न्याय के पालन हेतु एक अर्जुन पर ही निर्भर नहीं है। अर्जुन युद्ध से इनकार करेगा तो कुदरत महाराजा द्रुपद के सहारे कौरवों का नाश कर देगी। तभी तो मैं अर्जुन से कह रहा हूँ कि तू 'कुदरत का निमित्त' बन जा। तू युद्ध कुदरत के लिए कर, बाकी सब कुदरत ही तुझसे करवा लेगी। मैं तो सभी से कहता हूँ कि ''कुदरत के निमित्त'' बनने का कोई मौका कभी मत छोड़ना। मनुष्य बड़ा व महान, लगातार कुदरत का निमित्त बनकर ही बनता है। खैर, मैंने आश्वासन की धार और मजबूत करते हुए आगे अर्जुन से कहा कि हे अर्जुन! भीष्म, कर्ण व द्रोण ही नहीं, जयद्रथ तक मेरे द्वारा पहले ही मारे जा चुके हैं। तुझे तो अब इन मरों को ही मारना है। और मरों को मारने में डर का क्या काम? अत: तू तमाम भयों से मुक्त हो जा। तू मेरा विश्वास कर कि तू युद्ध अवश्य जीतेगा। सो चिंतामुक्त होकर युद्ध में कूद पड़।

संजय:

हे धृतराष्ट्र, जैसे ही श्रीकृष्ण ने अर्जुन को युद्ध करने हेतु तैयार हो जाने का सुझाव देते हुए अपनी बात समाप्त करी कि भयभीत अर्जुन दोनों हाथ जोड़ते हुए श्रीकृष्ण से इस प्रकार बोला...

अर्जुन:

हे अंतर्यामी। निश्चित ही चारों ओर आपके नाम, गुण और प्रभाव के चर्चे हैं। यह पूरा जगत आपका भजन कर प्रसन्नता को प्राप्त हो रहा है। भयभीत राक्षस लोग आपसे बचने हेतु चारों दिशाओं में भाग रहे हैं। महात्मा लोग सब ओर से आपको नमस्कार कर रहे हैं। यूं भी वे सब आपको नमस्कार क्यों न करें? क्योंकि आप ना सिर्फ सबसे बड़े हैं, बल्कि ब्रह्मा के भी आदि हैं। आप तो वायु, यमराज, अग्नि, वरुण, चन्द्रमा तथा प्रजा के स्वामी प्रजापति ब्रह्मा तक के पिता हैं। आप एकमात्र सनातन पुरुष हैं। आपको मेरा भी हजारों बार नमस्कार! आपको नमस्कार हो। आपको बार-बार मेरा नमस्कार हो। हे परमशक्तिशाली, आपको मेरा आगे और पीछे से भी नमस्कार हो। आप अनन्त पराक्रमी हैं। आप पूरे संसार

को अंगीकार किये हुए हैं। ...लेकिन मुझ नादान ने आपके इस प्रभाव को आज से पहले कभी नहीं जाना। मैंने हमेशा आपको अपना सामान्य मित्र ही समझा। और इसी नादानीवश मैंने हंसी-मजाक में अनेकों बार आपको...हे कृष्ण, हे यादव, हे सखे, इस प्रकार कहकर पुकारा। आप महान पराक्रमी को बिना पहचाने इस प्रकार नाम से पुकारा जाना मेरी भूल थी। यही क्यों, अनेकों बार मैंने सोने तथा खाने को लेकर आपकी हंसी भी उड़ाई। अनेकों बार मैंने अन्य मित्रों के सामने आपका अपमान भी किया। अपनी उन तमाम नादानियों की ''आप अति प्रतिभाशाली पुरुष से'' मैं माफी मांगता हूँ।

आप वास्तव में इस जगत के पिता हैं। आप-सा प्रभावी दूसरा कोई इस जगत में नहीं है। ऐसे में आपसे बढ़कर तो किसी के होने का सवाल ही नहीं है। हे देवों के देव, मैं अपने शरीर को भलीभांति आपके चरणों में अर्पित करता हूँ। मैं आपको प्रणाम करता हूँ। और आपकी स्तुति करते हुए मैं आपसे प्रसन्न होने का निवेदन करता हूँ। हे ईश्वर! पिता जैसे पुत्र के, मित्र जैसे मित्र के, तथा पति जैसे अपनी पत्नी के गुनाह माफ करते हैं; वैसे ही मैं भी आपसे अपने तमाम अपराध क्षमा करवाना चाहता हूँ। आपके पहले न सोचे हुए इस आश्चर्यजनक ईश्वरीय स्वरूप को देखकर एक ओर जहां मैं हर्षित हो रहा हूँ, वहीं दूसरी ओर भयभीत भी हो रहा हूँ। हर्षित इसलिए कि मेरा सखा व सारथी ईश्वर है, और भयभीत इसलिए कि मैंने अनजाने में अबतक उससे कैसा-कैसा व्यवहार किया है। डरता हूँ कि कहीं उसके बदले मुझे आपकी नाराजगी का सामना न करना पड़ जाए। मैं तो आपसे इतना ही निवेदन करता हूँ कि आप अपने सामान्य स्वरूप में लौट आइए। आपके इस विश्वस्वरूप को देखकर मुझे तो अब व्याकुलता पकड़ने लगी है। हे मालिक, आप प्रसन्न होइए। आप यह विकराल स्वरूप त्यागकर मेरे मित्र कृष्ण के स्वरूप में लौट आइए। क्योंकि आपको एकबार फिर अपने मित्र के स्वरूप में पाकर मुझे ढाढ़स बंधेगा। उससे मुझे यकीन हो जाएगा कि परमात्मा होने के साथ-साथ ''सबकुछ हो जाने के बावजूद'' आप अब भी मेरे मित्र हैं।

कृष्ण:

अर्जुन ने कमाल ही कर दिया। उसने अनजाने में मेरा-तो-मेरा, मेरे ईश्वरीय स्वरूप का भी अपमान कर दिया। अब उसने एक मित्र होने के नाते हंसी मजाक में मेरे साथ क्या व्यवहार किया, क्या मैं उसका बुरा मानूंगा? और वह भी इस कदर कि उससे नाराज हो उठूंगा? कैसी बातें करता है? यही तो दिक्कत है मनुष्य की। वह ईश्वर की भी कल्पना करेगा तो भी अपनी मनोदशा के अनुसार ही करेगा। जैसे कौरवों का व्यवहार न भूल पाने

के कारण वह उनके विनाश की कामना लिये यहां आ पहुंचा है, उसी तर्ज पर वह सोच रहा है कि कृष्ण भी यह सब व्यवहार न भूल पाए तो? अरे, मित्र आपस में हंसी-मजाक नहीं करेंगे तो कौन करेगा? और फिर मैं उससे कितनी बार कह चुका हूँ कि तेरा मित्र यह "कृष्ण और उसका शरीर है", मैं उसके पार स्थित आत्मा हूँ। अत: किसने मेरे शरीर के साथ क्या व्यवहार किया उससे मेरा कुछ लेना-देना नहीं। और जब मेरे जीवित शरीर के साथ किये व्यवहार का कोई महत्त्व नहीं...तो मेरी मूर्तियों के साथ किये व्यवहार से तो मेरा दूर-दूर तक का ताल्लुक नहीं।

खैर, मुझे अभी अर्जुन से बहस तो करनी नहीं है। बहस करने हेतु आवश्यक समय भी मेरे पास नहीं है। मुझे तो उसके सारे भ्रम तथा भय दूर करने हैं, ताकि वह युद्ध करने हेतु तैयार हो जाए। और उस हेतु मुझे उसका विश्वास ही बढ़ाना है। सो मैंने सीधे कहा कि हे अर्जुन, मेरे इस विराट रूप का आजतक उन्होंने ही अनुभव किया है... जिन्होंने आत्मसाक्षात्कार किया है। बिना आत्मसाक्षात्कार किये मेरा यह विराटस्वरूप देखने वाला तू पहला व्यक्ति है। और यह तुझे मेरी कृपा से नसीब हुआ है। इससे स्पष्ट हो जाता है कि तू मेरा कितना प्रिय है। ऐसे में तुझे यह विचार मन में लाना ही नहीं चाहिए कि मैं तेरे किसी व्यवहार से कभी खफा भी हो सकता हूँ। हे अर्जुन, यहां यह भी स्पष्ट समझ लेना कि मेरा यह स्वरूप न वेदों के पाठन से, न यज्ञों से, न दान और न उग्र तपों से ही देखा जाना संभव है। यह कमाल तो मैंने तेरे प्रेम में किया है। ऐसे में मेरे इस स्वरूप को देखकर तुझे व्यर्थ की व्याकुलता कतई नहीं पकड़नी चाहिए। तुझे मूर्खतापूर्ण विचार भी नहीं आने चाहिए। फिर तू कहता है तो चल, तू अपने मित्र को एकबार फिर उसके सामान्य स्वरूप में देख। ...इतना कहते-कहते मैंने उसे सम्मोहन से आजाद कर दिया।

अर्जुन:

हे श्रीकृष्ण! आपके इस अति शांत मनुष्यरूप को देखकर अब मैं फिर से सामान्य हो गया हूँ। आपका यह मित्र स्वरूप मुझे बड़ी ढाढ़स बंधा रहा है।

कृष्ण:

हे अर्जुन! मेरा यह जो विश्वस्वरूप तुमने देखा है, उसका दर्शन अति दुर्लभ है। यहां तक कि देवता तक मेरे इस स्वरूप के दर्शन को तरसते हैं। अत: तू सोच कि मेरी तेरे पर कितनी कृपा है। अरे, तुमने जो मेरा यह विश्वस्वरूप देखा है, वह न वेदों के पठन से, न दान से और ना ही यज्ञ से देखा जाना संभव है। यह सब तो मनुष्य जन्मो-जन्मांतर

करता रहे, तो भी कुछ नहीं होता। परंतु अपनी आत्मा से एकात्म बनाए रखनेपर मुझे देखना तथा जानना ही नहीं, मुझमें प्रवेश तक कर पाना संभव है। हे अर्जुन, संक्षेप में कहूं तो मुझे जानना और पाना सिर्फ अनन्यभक्ति द्वारा ही शक्य है। हालांकि मुझे जानने और पाने का एक इससे भी सरल उपाय है। क्योंकि तू मेरा अति प्रिय है, अत: मैं तुझसे वह उपाय भी कहूंगा। दरअसल जो पुरुष ''केवल मेरे लिए यानी सर्वहिताय के लिए सम्पूर्ण कर्तव्य कर्मों को करता चला जाता है'' वह फिर कुछ भी क्यों न करे; अंत में मुझे ही प्राप्त होता है। अर्जुन जब सबमें परमात्मा है तो यहां तेरे-मेरे के भेद का सवाल ही कहां है? फिर तो जो कुछ भी करना है वह अपने तथा सबके लिए करना है। अर्थात जो पुरुष अपने 'स्व' की अच्छे से रक्षा करता है, और अपने कर्मों से ना सिर्फ अपना उद्धार करता है बल्कि सर्व के उद्धार हेतु भी हमेशा तत्पर रहता है; वह पुरुष मुझे प्राप्त ही है। ऐसे महापुरुष को ना तो किसी से कोई आसक्ति होती है और ना ही उसे किसी से ''किसी भी कारण कोई वैरभाव'' होता है। परंतु दुर्भाग्य से यहां हर मनुष्य 'स्व और सर्व' के बीच में हिचकोले खा रहा है। अज्ञानतावश यहां हरेक ने अपनी ही एक दुनिया बना रखी है। यह जो उसका ''मेरे, मेरा व अपने का जो विस्तार है'' वही यहां हरेक का अज्ञान है। तू भी स्व तथा सर्व के बीच में ही हिचकोले खा रहा है। तू भी अपनी तथा अपनों की चिंता में दुबला हुआ जा रहा है। लेकिन तू अपनों की सोच से ऊपर उठ तथा सर्व की सोच। क्योंकि सर्वहित में हमेशा हरेक का हित समाया ही रहता है। अत: तू यह युद्ध मेरे लिए यानी सर्व के लिए कर, पापियों के विनाश हेतु कर, उससे तेरा उद्धार हो जाएगा। मेरा विश्वास कर कि ऐसा करने पर तू मुझे ही प्राप्त हो जाएगा।

प्रैक्टिकल एप्लीकेशन - 16

अध्याय - 11 में कृष्ण ने अर्जुन को सम्मोहित करके कहा कि ले तू जो देखना चाहता है, वह देख। और अर्जुन ने वह सबकुछ देखा, जो उसके मन में था। कुल-मिलाकर कहने का तात्पर्य इतना कि यह बाहरी जगत एक सम्मोहन है। यह भी मनुष्य को वैसा ही दिखता है जैसा वह स्वयं होता है। संक्षेप में कहूं तो यह जगत सिर्फ हमारे मन का आईना है। इसीलिए इसे 'माया' भी कहते हैं। मीरा को यह जगत मस्त दिखाई देगा तो कृष्ण को यह जगत खेल दिखाई देगा। सवाल यह कि आपको यह जगत कैसा दिखाई देता है? और चूंकि आज आपका मन मीरा की तरह 'मस्ती' में स्थिर नहीं है, आज इसमें जमानेभर के उतार-चढ़ाव हैं, इसलिए आपको हमेशा यह अपने वर्तमान मन जैसा दिखाई देगा। यानी कभी कुछ तो कभी कुछ। होगा, अभी तो एक काम करो, अगले दस सप्ताह दो वाक्य में यह लिखो कि संसार के लोग कैसे हैं? ध्यान रखें कि आप जगत के बारे में लिखकर अपने मन को पहचानने की कोशिश कर रहे हैं। और यह प्रैक्टिस आप हर छह महीने में एकबार करें-ही-करें। इसे तबतक करें जबतक संसार के सारे लोग व यह जगत आपको एकरंगी नजर न आने लग जाए। एकरंगी यानी जिस दिन आपको सब भोले या सब प्रेमी, या फिर सब परमात्मा के अंश वगैरह नजर न आने लग जाए। जबतक एकदिन भोले व एकदिन बदमाश, कोई सीधा व कोई खराब... वगैरह नजर आ रहा है, तबतक यह समझ ही लो कि अभी आपकी दृष्टि शुद्ध नहीं हुई है। मन आपका अभी पूरी तरह से निर्मल नहीं हुआ है। क्योंकि प्रकृति का सत्य यह है कि आपके साथ बुरे-से-बुरा करने वाला भी इनोसेंट ही है। ...बस आपके पूरे इनोसेंट होने की देर है! आपके मन को एक रंग में स्थिर होने की देर है। और गीता पढ़कर हमने मन की यह ऊंचाई नहीं पायी तो क्या किया? सो आगे दिये गए चार्ट को ध्यान से भरें।

संसार के लोग कैसे हैं... जो दिल में हो वह सच्चाई से लिखें

1 पहला सप्ताह

....

....

....

....

2 दूसरा सप्ताह

....

....

....

....

3 तीसरा सप्ताह

....

....

....

....

4 चौथा सप्ताह

....

....

....

....

5 पांचवां सप्ताह

....

....

....

....

6 छठा सप्ताह

....

....

....

....

7 सातवां सप्ताह

....

....

....

....

8 आठवां सप्ताह

....

....

....

....

9 नौवां सप्ताह

....

....

....

....

10 दसवां सप्ताह

....

....

....

....

नोट: जब भी लिखें, ईमानदारी से लिखें। तथा पूरे सप्ताह लोगों से हुए आपके व्यवहारों के आधार पर लिखें। एक बात और, जब कोई आपके साथ बुरा करे तब खासकर उसके भीतर गहरे में झांकें। देखें यह कि बुराई करते वक्त भी आपको उसके भीतर छिपा कोई भोला व्यक्ति नजर आ रहा है? वह आना ही चाहिए। क्योंकि सबके भीतर एक भोला, एक प्रेमी तथा एक परमात्मा छिपा ही हुआ है। सो यह कोशिश निरंतर करते रहें। जिस दिन आपके साथ बुरा करने वाले सभी में आपको 'भोला' नजर आने लग जाए, समझ लेना कि उस दिन आपका मन 'शांत' हो गया। उस दिन एक और चमत्कार होगा। फिर आपके कर्म भी नाटक की तरह होने शुरू हो जाएंगे। क्योंकि फिर कर्मों से भीतर की शांति विचलित नहीं हो रही होगी। यह एक बड़ी उपलब्धि है, अत: इस बात की कोशिश गंभीरता से करना। खजाना वो हाथ लगेगा, जो जीने का मजा ला देगा।

अध्याय – 12

अर्जुनः

आपने जो अनन्यभक्ति की बात कही, वह मैं समझ गया। परंतु इस बाबत एक शंका मेरे मन में जाग रही है। मुझे सिर्फ इतना बताइए कि इस अनन्यभक्ति द्वारा सगुणरूप परमेश्वर को पूजना चाहिए या अविनाशी तथा निराकार ब्रह्मरूपी आत्मा को? हे कृष्ण! इन दोनों में से कौन श्रेष्ठ है?

कृष्ण:

वैसे तो मैं इसका जवाब पहले भी दे ही चुका हूँ। परंतु चूंकि अर्जुन ने सवाल अलग तरीके से पूछा है तो अबकी सवाल के अनुसार जवाब दे देता हूँ। ...निश्चित ही इससे उसके लिए यह पूरा विज्ञान समझना आसान हो जाएगा। सो मैंने कहा कि हे अर्जुन, इस हेतु तुझे पहले मनुष्य की संरचना अच्छे से समझनी होगी। साथ ही तुझे यह भी समझना होगा कि धर्म की कोई भी बात हमारे भीतर की बात होती है। धर्म की बात हमारे जीवन की बात होती है। और अबतक मैं कई बार इस बात का जिक्र कर चुका हूँ कि हम दो तत्वों के मिलन से अस्तित्व में हैं। एक है आत्मा, जिसे तू ''अविनाशी ब्रह्म का अंश'' समझ, तथा दूसरा है हमारा शरीर। हमारे शरीर में मन, बुद्धि, अहंकार, इन्द्रियां आदि सब शामिल हैं। यहां समझने वाली बात यह है कि आत्मा 'सर्व' का प्रतीक है तथा शरीर 'स्व' का प्रतीक है। सर्व हेतु जीना ही मनुष्यजीवन का एकमात्र उद्देश्य है। और उसके इस उद्देश्य की पूर्ति शरीर ही कर सकता है। अत: हे अर्जुन, सगुणरूप परमेश्वर को पूजनेवालों में जो अपने 'स्व' की अच्छे से रक्षा करते हैं, वे योगी मुझे परम मान्य हैं। क्योंकि 'स्व' सलामत रहेगा...तथा ऊंचाइयां छूएगा, तो ही वह 'सर्व' के स्तर तक उठकर ब्रह्म से एक हो पाएगा। लेकिन जो इन्द्रियों के समुदायों से आजाद हो जाते हैं, जो सुख हो या दुख...सदैव एकरस रहते हैं, जो बिना पक्षपात के हमेशा सबके हित में रत रहते हैं; वे तो सीधे 'निराकार ब्रह्म' को पूजने वाले होते हैं। सदैव समान भाव में रहनेवाले ऐसे महान योगी तो सीधे मुझे ही उपलब्ध हो जाते हैं। अर्जुन इतना समझ कि समान भाव में रहनेवाले योगी को तो अपने 'स्व' की चिंता करने की भी जरूरत नहीं होती। वे तो अपने 'स्व' को भी 'महान स्व' का एक हिस्सा मानकर ही जी रहे होते हैं। मेरा ही उदाहरण ले,

''परमात्मा के प्राप्ति की ओर'' **मनुष्य** को सिर्फ **पहला कदम** ही बढ़ाना होता है। बाकी की **यात्रा** तो सहज ही **पूरी** हो जाती है

मैं अभी युद्ध के मैदान में हूँ, पर तेरी तरह अपनी या अपनों की फिक्र नहीं पाल रहा हूँ। मुझे इस युद्ध के जीत पर न राज्य मिलना है और ना ही यश, फिर भी मैं युद्ध के मैदान में दृढ़तापूर्वक डटा हुआ हूँ। क्योंकि मैं सर्वहित में ''पाप के अंत किये जाने के'' एकमात्र उद्देश्य से जी रहा हूँ। लेकिन तू इस समय न सगुणरूपी अर्जुन यानी स्व की चिंता कर रहा है और ना ही निर्गुणरूपी तेरी आत्मा, यानी सर्व की चिंता कर रहा है। जबकि तेरे हित में भी तथा सर्व के हित में भी, तेरे लिए तमाम प्रकार के ''स्वार्थ व पक्षपात'' हटाकर युद्ध करना ही श्रेष्ठ है। अत: तू यह मत समझ कि सगुण या निर्गुणरूपी परमात्मा का पूजन कोई बाहर या भीतर करने की विधि है। यह दोनों ही मनुष्यों के जीवन जीने के तरीके हैं। और एक का ठीक से पूजन करते ही दूसरे का पूजन अपनेआप हो जाता है। ऐसा समझ कि स्व की रक्षा में सर्व की रक्षा छिपी हुई है तथा सर्व की रक्षा में स्व की रक्षा छिपी हुई है। अत: तू अपने सगुण की चिंता करे या निर्गुण की, दोनों के पूजन हेतु तेरे लिए बिना किसी कामना या पूर्वाग्रह के युद्ध करना ही एकमात्र विकल्प है।

अर्जुन, तू ऐसा समझ कि कर्म करना ही हमारे सगुणरूपी शरीर का एकमात्र कर्तव्य है। सो शरीर तो किसी का भी हो, बिना कर्म किये पलभर नहीं रहता है। और कुछ नहीं तो सांस लेने और छोड़ने का कर्म तो वह करता ही रहता है। लेकिन मनुष्य को चाहिए कि वह अपने समस्त कर्म अपने आत्मारूपी निर्गुण परमात्मा को अर्पित करे, अर्थात उसके लिए करे। यहां यह स्पष्ट समझ लेना कि निर्गुणरूपी आत्मा को कर्म अर्पित करना, अर्थात अपने समस्त कर्म सर्व के उद्धार हेतु करना। और ''अपने समस्त सगुण कर्म'' निरंतर अपनी ''निर्गुण आत्मा'' को समर्पित करने वाले तमाम भक्तों का मैं मृत्युरूपी संसार-समुद्र से शीघ्र ही उद्धार कर देता हूँ। अत: तू भी मुझमें, यानी अपनी आत्मा में ही अपने मन, बुद्धि व अहंकार को लगा, उसी के लिए कर्म कर, मैं विश्वास दिलाता हूँ कि इस प्रकार यह युद्धरूपी कर्म करने पर तू मुझे ही प्राप्त होगा। लेकिन यदि तू अपने शरीररूपी अस्तित्व को अपनी आत्मा में स्थापित नहीं कर पा रहा है तो स्वार्थ व पक्षपात त्यागने का लगातार प्रयास कर। यदि तू स्वार्थ व पक्षपात त्यागने में भी असमर्थ है तो तय कर कि जब कर्म करना ही है तो वह सर्वहित हेतु ही क्यों न करूं? जब कर्म करना ही है तो सिर्फ अपनी चिंता में क्यों करूं? क्यों न परमात्मा का निमित्त बनकर हर कर्म ''सर्व के उद्धार को ध्यान में रखकर'' करूं? इस प्रकार लगातार परमात्मा के लिए निमित्त कर्म करके भी तू तत्काल मुझे प्राप्त हो जाएगा, अर्थात अपनी आत्मा को पा लेगा। और यदि तुझे यह सब भी कठिन जान पड़ रहा है तो एक अत्यन्त सीधा व सरल उपाय सुन, तू तमाम कर्मों के फल का त्याग कर। यह बात मैं पहले भी कई बार कह चुका हूँ तथा एकबार फिर कह रहा हूँ कि फलों का त्याग

परमात्मा से एकरस होने का सबसे सरल उपाय है। क्योंकि कर्मों में फलों के त्याग-मात्र से मनुष्य तत्काल तमाम पापों से मुक्त हो जाता है।

हे अर्जुन, तू जमानेभर के शास्त्रों और उनमें वर्णित हजारों विधियों की चर्चा कर रहा है। परंतु मेरी एक सीधी बात ध्यान में रख कि बिना अर्थ समझे शास्त्रों के किये जाने वाले अभ्यास से तो ''किसी एक बात का पक्का अनुभव'' यानी ज्ञान श्रेष्ठ है। ऐसे ज्ञान से भी आत्मारूपी परमात्मा का ध्यान यानी ''सर्व के हित का खयाल'' होना श्रेष्ठ है। लेकिन कर्मों में फलों का त्याग तो इन सबसे श्रेष्ठ है। अत: तू शास्त्रों की, ज्ञान व ध्यान की तमाम बातें छोड़ तथा युद्धरूपी वर्तमान कर्म से लगी तेरी तमाम प्रकार की फल की आशाएं त्याग दे। ...इससे तू तत्काल ''शास्त्रज्ञानियों व ध्यानियों'' से भी श्रेष्ठ ऊंचाई पर पहुंच जाएगा। सो कुल-मिलाकर कहूं तो इन्सान को ''कर्मों में से फलों को त्यागने का'' एक ज्ञान आ जाए तो उसे संसार के किसी अन्य ज्ञान की कोई आवश्यकता नहीं है। क्योंकि मनुष्य के तमाम पापों की जड़ फल की आशा में छिपी हुई है। फल की आशा से तो ''चाहे शास्त्रों में उल्लिखित मंत्रों का भी कितना ही जाप क्यों न किया जाए'' अंत में तो उससे भी पाप ही उत्पन्न होगा। क्योंकि फल की आशा में स्वार्थ छिपा होता है और स्वार्थ एकमात्र पाप है। अत: तू भी इस युद्ध से जुड़े अपने तमाम प्रकार के स्वार्थों से मुक्त हो जा। क्योंकि बिना स्वार्थ के किया हर कर्म ''परमात्मीय कर्म'' हो जाता है। और ऐसा परमात्मीय कर्म करने वाला सीधे परमात्मा को प्राप्त हो जाता है।

हे अर्जुन, फलों का त्याग एक ऐसी जड़ी-बूटी है कि उससे ''मन-बुद्धि-अहंकार'' में छिपे तमाम विकार तत्काल दूर हो जाते हैं। फलों का त्याग करने वाले पुरुष का ना सिर्फ स्वार्थ से छुटकारा हो जाता है, बल्कि उसके तमाम द्वेषभाव भी तत्काल तिरोहित हो जाते हैं। ममता व अहंकार से भी उसका हाथोहाथ छुटकारा हो जाता है। फिर उसे कभी भी सुख या दुख विचलित नहीं करते हैं। क्योंकि जब फल की आशा ही नहीं तो सुख क्या और दुख क्या? वह हमेशा सबके हित की चिंता करने वाला होता है। ऐसा महान योगी हरहमेशा हर बात से संतुष्ट रहता है। यूं भी फल की आशा के सिवाय मनुष्य की असंतुष्टि का दूसरा कोई कारण है भी नहीं। सो फल की आशाएं त्यागने वाला ऐसा योगी न तो किसी को परेशान करता है और ना स्वयं किसी से परेशान होता है। हर्ष-शोक से परे होकर जीने वाला ऐसा भक्त ''तमाम शुभ व अशुभ'' कर्मों को त्याग देता है। क्योंकि जब स्वार्थ ही नहीं, जब सुख-दुख ही नहीं तो फिर उसके लिए शुभ क्या व अशुभ क्या? वह तो सर्व के हित हेतु हमेशा दृढ़निश्चय से कर्म करता रहता है। और सच कहूं तो इन तमाम गुणों से ओतप्रोत ऐसे दृढ़निश्चयी भक्त मुझे अत्यंत प्रिय हैं। अत: मैं तुझसे एकबार फिर कहता हूँ

कि तू इस युद्धरूपी कर्म में से फलों का त्याग कर दे, फिर तू पूरी तरह से सर्व के हित हेतु कर्म करने का दृढ़निश्चयी हो जाएगा। ऐसे में तू युद्ध से इनकार नहीं करेगा... बल्कि पापियों के नाश हेतु दिल खोलकर युद्ध करेगा। हे अर्जुन, मुझपर श्रद्धा रखने वाले जो लोग मेरे इस अमृतरूपी ज्ञान का सेवन कर निष्कामभाव से कर्म करना प्रारंभ कर देते हैं, वे भक्त मुझे विशेषरूप से प्रिय हैं। अत: सवाल सगुण या निर्गुण के पूजन का नहीं है, सवाल तो कर्मों में से फलों के त्याग का ही है।

प्रैक्टिकल एप्लीकेशन - 17

अध्याय - 12 का महत्त्वपूर्ण सबक यह है कि कर्म करने के दो ही आधार होने चाहिए। एक है, सिर्फ 'स्वयं' के लिए तथा दूसरा है 'सर्व' के लिए। जबकि वास्तविकता यह है कि मनुष्य प्राय: बीच में ही फंसा होता है। वह न तो कुछ सिर्फ अपने लिए करता है और ना ही कुछ सिर्फ जगत के लिए। लेकिन कर्म या तो 'स्वयं' या फिर 'सर्व' के लिए होना चाहिए। और यह कर्म का वह कीमिया है जो हर कर्म में कमाल कर देती है। यूं समझें कि आपको कोई गीत लिखना है। अब या तो वह गीत आपको सिर्फ अपने आत्मसंतोष के लिए लिखना चाहिए या फिर वह गीत आपको जगत को मनोरंजन मिले इसलिए लिखना चाहिए। पर प्राय: गीत... नेम, फेम, पैसे या अहंकार के लिए लिखे जाते हैं। यहां गीत का तात्पर्य हर किये जाने वाले कर्म से है। कुल-मिलाकर कुछ मेरा व कुछ तेरा, यह कर्म करने का सही तरीका नहीं है। गीत तो अच्छा तभी बनेगा जब आप या तो नितांत अपने लिए या फिर सिर्फ जगत के लिए लिख रहे होंगे। कृष्ण नृत्य, बांसुरी, रास, पिकनिक, रथ पे टहलने निकलना, सजना-संवरना... वगैरह सिर्फ अपने लिए करते हैं। और बाकी के भव्य कर्म जगत के लिए करते हैं। और यह भी जान लो कि अपने लिए किये गए कर्मों से जगत का तथा जगत के लिए किये गए कर्मों से अपना भला होता है, यह प्रकृति का परमनियम है। मनुष्य यदि कहीं फंसा है तो बीच में कर्म करने के कारण। सो आप चाहते हैं कि आपका सिर्फ भला होता रहे, झंझट व नाकामियां जीवन में रहे ही न... तो आप 'स्व-सर्व' के लिए कार्य करना प्रारंभ कर दीजिए। इस एक ज्ञान के आगे विश्व के बाकी सारे ज्ञान फीके हैं। सो शुरुआत में पांच कार्य स्वयं के लिए तथा पांच सिर्फ जगत के लिए करें। यहां ध्यान रखना कि स्व और सर्व के बीच परिवार, समाज, धर्म या देश नहीं ही आता है। विज्ञान की कोई भी खोज या कलाकार की कोई भी कला को परिवार, समाज, धर्म या देश की सीमा नहीं ही है। वैसे ही यदि स्व के लिए सज रहे हैं तो किसी के दाद की परवाह नहीं ही है। हालांकि कर्म सिर्फ स्व या सर्व के लिए करना इतना आसान भी नहीं है। क्योंकि सारे कर्म बीच में करने की आदत बड़ी पुरानी है। इसीलिए कह रहा हूँ कि पहले पांच-पांच कर्मों से शुरुआत करो, फिर उन्हें बढ़ाते चले जाना। जीवन इतनी तेजी से बदल जाएगा कि आप देखते रह जाएंगे।

स्व के लिए किये गए कार्य का विवरण तथा उसका अनुभव अपनी भाषा में लिखें

1
....
....
....
....

2
....
....
....
....

3
....
....
....
....

4
....
....
....
....

5
....
....
....
....

सर्व के लिए किये गए कार्य का विवरण तथा उसका अनुभव अपनी भाषा में लिखें

1. ....
....
....
....

2. ....
....
....
....

3. ....
....
....
....

4. ....
....
....
....

5. ....
....
....
....

अध्याय – 13

कृष्ण:

वैसे तो मैंने अर्जुन से एकबार फिर युद्ध करने हेतु कह दिया था। सगुण और निर्गुण से संबंधित पूरा ज्ञान भी उसे दे दिया था। यह भी उसे समझा ही दिया था कि निर्गुणरूपी परमात्मा का निमित्त बनकर सगुणरूपी तेरे शरीर से सर्व के उद्धार हेतु यह युद्ध कर। इस तरह "पापियों का नाश करने हेतु खड़ा हुआ तू" परमात्मा को उपलब्ध हो जाएगा। परंतु मेरा सब कहना और समझाना बेकार गया। उसकी युद्ध करने की अब भी कोई तैयारी नहीं

थी। खैर, कोई बात नहीं। मैंने जहां छोड़ी थी, वहीं से बात आगे बढ़ाते हुए कहा कि हे अर्जुन, यह पूरा विश्व ''क्षेत्र और क्षेत्रज्ञ'' से घिरा हुआ है। इसमें क्षेत्र तो हमारे शरीर को कहा जाता है, तथा क्षेत्रज्ञ इस शरीर की क्रिया को जानने वाले को कहा जाता है। और इस जानने वाले का एहसास होना 'ज्ञान' है। परंतु इस ज्ञान का यह अर्थ कतई नहीं है कि अब क्षेत्र का कोई महत्त्व ही नहीं बचा। अनेकों ने यह गलती करी है। क्षेत्रज्ञ का ज्ञान होनेपर उन्होंने क्षेत्र यानी अपने शरीर व उसकी क्रियाओं को निरर्थक माना है। लेकिन मेरे मतानुसार ज्ञान की सर्वोच्चता ''क्षेत्र तथा क्षेत्रज्ञ'' दोनों के अस्तित्व को तथा उनके महत्त्व को पूर्णता से जानने में है। मेरा ही उदाहरण ले...। मुझे क्षेत्रज्ञ का पूर्ण होश होते हुए भी मैं 'क्षेत्ररूपी शरीर' से करने योग्य तमाम कर्म दिल लगाकर करता हूँ। क्योंकि क्षेत्रज्ञ सबकुछ जानते हुए भी अकर्ता है। अत: कर्म तो क्षेत्रज्ञ का निमित्त होकर क्षेत्र को ही करने होते हैं। इसी बात को वर्तमान युद्ध के संदर्भ में कहूं तो पापियों का विनाश होना चाहिए यह ज्ञान हरेक के क्षेत्रज्ञ को है। परंतु सवाल यह कि पापियों का यह विनाश करेगा कौन? ...वह तो किसी-न-किसी योद्धा का शरीर ही करेगा। और हरेक के शरीर को यह करना ही चाहिए। हरेक को यहां 'क्षेत्रज्ञ' की आवाज पर अपने 'क्षेत्र' को कर्म करने हेतु उपलब्ध करवाना ही चाहिए। अत: तू भी अपने शरीर को क्षेत्रज्ञ की आवाज पर उपलब्ध करवा दे। क्षेत्रज्ञ हेतु यह युद्ध लड़। यही तेरा कर्तव्य है, तथा यही एकमात्र सच्चा ज्ञान है।

खैर चल, तू नहीं समझ पा रहा है तो मैं तुझे 'क्षेत्र व क्षेत्रज्ञ' का ज्ञान विस्तारपूर्वक देता हूँ। यह क्षेत्र जो व जैसा है वह तुझसे कहता हूँ। इस क्षेत्र के विकारों को भी मैं तुझे संक्षेप में बतलाता हूँ। साथ ही मैं तुझे क्षेत्रज्ञ के प्रभावों से भी अवगत करवाता हूँ। यह ज्ञान अनेक शास्त्रों में अनेक तरीके से कहा गया है। लेकिन मैं तुझे यह ज्ञान स्पष्टतापूर्वक तथा पूर्णता से दूंगा। उसके बाद इस महान ज्ञान को लेकर तेरे मन में उठ रहे सारे भ्रम मिट जाएंगे। तू ऐसा समझ कि यह पूरा जगत क्षेत्र व क्षेत्रज्ञ के संगम के कारण अस्तित्व में है। मनुष्य भी इसमें अपवाद नहीं है। उसके भीतर क्षेत्रज्ञ के रूप में ज्ञान है तथा कर्म करने हेतु बाहर क्षेत्र के रूप में शरीर है। परंतु अधिकांश मनुष्यों को अपने भीतर के ज्ञान का कोई एहसास नहीं है। इसलिए वे सारे शारीरिक कर्म अज्ञानतावश बाहर से ओढ़े ज्ञान के प्रभाव में आकर करते हैं। मनुष्य के बुद्धि, अहंकार ही नहीं, उसकी जन्मो-जन्मांतर की मूल प्रकृति भी उसे ऐसे अज्ञान से भरे कर्म करने हेतु उकसाती है। मनुष्य का मन तथा उसकी पांचों इन्द्रियां भी उसे अज्ञानता की ओर ही धकेलती है। इन्द्रियों के पांचों विषय यानी शब्द, स्पर्श, रूप, रस और गन्ध भी उसे ''अपने ज्ञान से'' दूर ले जाते हैं। और चूंकि अधिकांश लोग अपने इस शरीर और उसकी इस जमावट को ही सत्य मानकर जी रहे होते हैं, इसलिए वे निरंतर

जो **सदैव** के लिए कर्मों में से **फलों** का **त्याग** कर देते हैं उन्हें अपने **कर्मों** का **फल** किसी काल में कभी नहीं **भुगतना** पड़ता है

''न करने योग्य कर्म'' ही करते रहते हैं। लेकिन यह शरीर और उसका प्रभाव हमेशा विकारों से भरा हुआ है। यही कारण है कि अधिकांश लोग इच्छा और द्वेष के जहर से घिरे पड़े हैं। यही कारण है कि हरकोई यहां सुख-दुख के झटके सह रहा है।

हे अर्जुन, परंतु चंद लोग यहां अपने शरीर से ऊपर उठ जाते हैं। वे मन, बुद्धि, अहंकार व इन्द्रियों के प्रभाव से मुक्त होकर 'ज्ञान' पा लेते हैं। ऐसे ज्ञानियों को फिर सुख-दुख विचलित नहीं करते हैं। उनके इच्छा व द्वेष पूरी तरह मिट जाते हैं। फिर उनसे जो होने चाहिए वे सारे कर्म अपनेआप होने लगते हैं। और जो नहीं होने चाहिए उनका खयाल तक उन्हें नहीं आता है। फिर ऐसे ज्ञानी क्या कर रहे हैं तथा क्या नहीं कर रहे हैं, का कोई महत्त्व नहीं रह जाता है। क्योंकि फिर वे सबकुछ 'एक परमात्मा' की मरजी से कर रहे होते हैं। लेकिन उनसे विपरीत तू अब भी अपने शरीर के प्रभाव में है। यही कारण है कि तेरे भीतर अब भी राज्य पाने की इच्छा भी छिपी हुई है तथा तेरे मन में अब भी कौरवों से द्वेष भी सलामत ही है। परंतु तेरे हित में यही है कि तू इन तुच्छ भावों को छोड़कर क्षेत्रज्ञ के महान गुणों को अपना। मैं तुझे ज्ञान को प्राप्त हुए ऐसे ज्ञानियों के लक्षण विस्तार से बतलाता हूँ जिससे तू इस ज्ञान की ओर उन्मुख हो सके। सबसे पहले तो यह जान ले अर्जुन कि ऐसे ज्ञानियों में श्रेष्ठता के अभिमान का अभाव होता है। वे अपने को अन्यों से विशेष या महत्त्वपूर्ण नहीं मानते हैं जैसा कि तू अभी अपने को मान रहा है। ...तभी तो तू सोच रहा है कि ''तुझे या तेरे अपनों को'' कुछ नहीं होना चाहिए। अरे, हो जाने दे जो होता है, तू कोई अलग से थोड़े ही आया है? ज्ञानियों का मन तो हरहाल में, हमेशा शांत रहता है। बाहरी परिस्थितियों के उतार-चढ़ाव से उनके भीतर वैसी उथल-पुथल नहीं मचती है जैसी कि

तेरे भीतर कौरवों की विशाल सेना देखकर मची हुई है। हे अर्जुन, ऐसे ज्ञानियों में इस लोक या परलोक को लेकर कोई तमन्ना भी नहीं होती है। लेकिन तू इस लोक में राज्य व उस लोक में स्वर्ग की कामना कर रहा है। वैसे ही ज्ञानी लोग ''जन्म-मृत्युरूपी नाटक'' से कभी प्रभावित नहीं होते हैं। जबकि इस समय तेरी तमाम चिंताओं के मूल में मृत्यु का भय है। हे अर्जुन, सच तो यह है कि सच्चा ज्ञानी पूरा जगत अपना माने जीता है, इसलिए पुत्र, स्त्री, धन या घर वगैरह में उसका अलग से कोई लगाव नहीं होता। लेकिन तू तो राज्य, धन व सत्ता के साथ-साथ रिश्तेदारों के गम में भी दुबला हुआ जा रहा है। अत: जबतक तू क्षेत्र से क्षेत्रज्ञ तक, यानी कि शरीर से ज्ञान तक नहीं उठ जाता है; तू इन तमाम प्रकार के विकारों से घिरा ही रहेगा। और तबतक तू शास्त्रों की दुहाई देकर पाप-पुण्य व अच्छे-बुरे की चर्चा करता ही रहेगा। परंतु तू स्पष्ट सुन ले कि ''सबकुछ परमात्मा है'' यही एकमात्र ज्ञान है, और जो कुछ भी इसके विपरीत है, वह अज्ञान है। सो तू यह अच्छे से समझ ले कि पाप-पुण्य ही नहीं, तेरे-मेरे से लेकर स्वर्ग-नर्क तक के भेद बताने वाली तमाम शिक्षाएं सिवाय अज्ञान के और कुछ नहीं है। द्वंद्व तथा भेद कोई भी हो तथा किसी भी प्रकार का हो, वह अज्ञान ही है।

अत: अर्जुन, तू यह समझ ही ले कि ''सबकुछ परमात्मा है'' यही एकमात्र सच्चा ज्ञान है। और इस ज्ञान को प्राप्त व्यक्ति ही 'परमानन्द' को प्राप्त हो सकता है। और ऐसे ''परमानंद को प्राप्त व्यक्ति'' की मस्ती और शांति का अंदाजा ही नहीं लगाया जा सकता है। थोड़ा सोच अर्जुन कि जिसे कुछ पाना नहीं और जिसका कुछ खोना नहीं, उसकी मस्ती क्या होगी? जिसके लिए पाया हुआ भी परमात्मा हो तथा खोया हुआ भी परमात्मा हो, उसके आनंद की धारा को कौन रोक सकता है? अर्जुन, मैं तुझे यह महान ज्ञान विस्तार से कहता हूँ, जिसे ग्रहण कर तू उस 'परमानन्द' में स्थित हो जाएगा। तू ऐसा समझ कि मनुष्य के आनंद की बहती धारा में द्वंद्व तथा भेद खड़े करने की आदत ही एकमात्र बाधा है। अत: यह ''महान ज्ञान'' किसी भी प्रकार के भेद को नकारने वाला है। इसलिए इस ज्ञान को न सत्य ही कहा जा सकता है, न असत्य ही। क्योंकि सत्य में भी वही है तथा असत्य में भी वही है। यह महान ज्ञान तो चारों ओर सबको अपने में शामिल किये हुए है। इसीलिए इसे सब ओर हाथ-पैरवाला, सब ओर आंख, कान व सिर वाला कहा जाता है। और यही कारण है कि शरीररूपी ऐसे ही स्वरूप की 'परमात्मा' के रूप में कल्पना करी हुई है। यह ज्ञान ही कुछ ऐसा है कि इसे न जाना जा सकता है और ना ही समझा जा सकता है। क्योंकि यह है भी और नहीं भी है। दरअसल तमाम विरोधाभासों के मध्य में यह स्थित है। इसलिए इस ज्ञान का मनुष्य सिर्फ अनुभव कर सकता है। यह इन्द्रियों के विषयों को

तो जानने वाला है, परंतु फिर भी यह इन्द्रियों से रहित है। यह पूरी तरह से आसक्तिरहित है, फिर भी सबका धारण-पोषण करनेवाला है। यह निर्गुण होते हुए भी तमाम गुणों को भोगने वाला है। सबके बाहर भी वही है तथा सबके भीतर भी वही है। सबसे समीप भी वही है तथा सबसे दूर भी वही है। तू ऐसा समझ कि यह विभागरहित होते हुए भी अनेक रूपों में विभक्त है। तू यूं समझ कि पैदा करने वाला भी यही है, पालने वाला भी यही है तथा मारनेवाला भी यही है। फिर तुम यह नहीं कह सकते कि मारने तथा पैदा करने वाला एक कैसे हो सकता है? वैसे ही तुम यह भी नहीं पूछ सकते कि पाप व पुण्य दोनों में परमात्मा कैसे हो सकता है? सो, संक्षेप में तू यूं समझ अर्जुन कि हर दो विरोधाभासों के मध्य में वह स्थित है। अत: उसके बाबत ''है या नहीं है'' दोनों बातें कहना गलत हो जाता है। अत: तू ही नहीं, हरकोई अपने भीतर खोजे और विरोधाभासों के मध्य में स्थित होने की कला सीखे। किसी भी वस्तु, व्यक्ति या विषय के पक्ष या विपक्ष में खड़े होने की बजाय, उसके मध्य में स्थित हो जाए। अत: तू भी इस युद्धरूपी कर्म में मरने-मारने या हिंसा-अहिंसा रूपी भेदों से भरी अज्ञानता की बातों का शिकार मत हो। तू तो पाप-पुण्य, हार-जीत, जीने-मरने सबके मध्य में स्थित हो जा तथा फिर क्षेत्रज्ञ इस वक्त तुझे जो करने को कहता है; उस तरफ झुक जा। और कर्म खत्म होते ही फिर वापस मध्य में लौट आ। यही इस मायावी संसार में परमात्मा बनकर जीने की कला है। इसे मायावी जगत कहते ही इसलिए हैं कि यहां सबकुछ माया भी है और सबकुछ परमात्मा भी है। सवाल सिर्फ मनुष्य की दृष्टि का है। जिसकी दृष्टि मायावी है उसके लिए सबकुछ यहां पाप है, और जिसकी दृष्टि परमात्मीय है उसके लिए सबकुछ यहां परमात्मा है। यही कारण है कि मुझे इस युद्ध में भी चारों ओर परमात्मा-ही-परमात्मा नजर आ रहा है, और तुझे इस युद्ध में पाप और हिंसा नजर आ रही है। अत: तू युद्ध से भागने की सोचने की बजाय अपनी दृष्टि परमात्मीय बना। एकबार दृष्टि परमात्मीय हो गई तो फिर तुझे युद्ध से भागने का विचार नहीं आएगा। क्योंकि फिर तेरे लिए चारों ओर सबकुछ परमात्मा हो जाएगा। तभी तो कहते हैं कि परमात्मा है भी, और नहीं भी...। जो दृष्टि मेरी है, वहां सबकुछ परमात्मा है। वहीं जो दृष्टि तेरी है, वहां कहीं कुछ परमात्मा नहीं है।

हे अर्जुन, तू ऐसा समझ कि पुरुष हो या प्रकृति, दोनों अनादि हैं। और यह जो 'त्रिगुणी-माया' से घिरा हुआ संसार है, उसे तू मनुष्य की प्रकृति से ही उत्पन्न जान। संक्षेप में कहूं तो ऐसा समझ कि मनुष्य हर नये जनम के साथ अपना स्वरूप तो बदलता रहता है, परंतु उसकी 'मूल प्रकृति' उसका पीछा जन्मो-जन्मांतर तक करती रहती है। अपनी इस प्रकृति के अधीन होकर ही मनुष्य जमानेभर के 'कारण' पैदा करता है और

फिर उन कारणों के प्रभाव में आकर कर्म करता रहता है। इस कारण उसकी मूल प्रकृति विकृत हो जाती है। और फिर विकृत हुई इस मूल प्रकृति द्वारा किये गए कर्मों के आधार पर वह जन्मो-जन्मांतर तक सुख-दुख भोगता रहता है। क्योंकि अपने किये कर्मों के अनुसार ही मनुष्य ''अच्छी-बुरी योनियों में'' जन्म लेता रहता है। यह एक ऐसा मायाजाल है जिसे तोड़कर निकलने में ही मनुष्य की भलाई है। हर मनुष्य यहां ''अपनी प्रकृति के अनुसार'' इस मायाजाल में उलझा हुआ है। और उसी से प्रभावित होकर वह सफलता-असफलता, हार-जीत, अपना-पराया, हिंसा-अहिंसा तथा संन्यास-संसार के भेद उत्पन्न कर दौड़ता रहता है। परंतु लाखों जन्मों की दौड़ के बाद भी उसके हाथ कुछ नहीं लगता है। तू भी इस समय अपनी इसी विकृत प्रकृति का शिकार है। तेरी विकृत प्रकृति इस समय तुझे ''युद्धरूपी कर्म से'' भागने को उकसा रही है। लेकिन मेरी बात याद रखना कि इससे तुझे कुछ हासिल नहीं होगा। तुझे अपनी इस 'विकृत प्रकृति' से ऊपर उठकर अपनी 'मूल प्रकृति' में फिर स्थित होना पड़ेगा। और तेरी मूल प्रकृति में अब भी युद्ध ही छिपा हुआ है। सो तेरी मूल प्रकृति को 'कर्ता' बनकर करने दे यह युद्ध। तू उसकी चिंता मत कर। तू अपना ध्यान अपनी आत्मा पर लगा। तेरी मूल प्रकृति से भिन्न यह आत्मा ही परमात्मा है। यह कर्ता नहीं, साक्षी है। और सबका साक्षी होने के कारण इसे कोई भ्रम नहीं है। यह हमेशा यथार्थ सम्मति देनेवाला है। तू इस आत्मा के ''सच्चिदानन्द स्वरूप'' को पहचान। यह सच्चिदानन्द शब्द तीन शब्दों के जोड़ से बना है; और वह है सत्, चित्त तथा आनंद। सत् यानी जो आंख के सामने है व टाला नहीं जा सकता है, जैसे यह युद्ध। अत: उसी में चित्त लगाते हुए युद्ध कर, तथा युद्ध करने में आनंद का अनुभव कर। सच तो यह है कि इस समय तुझे या मुझे,

दोनों में से किसी को इससे ऊपर के अन्य किसी ज्ञान की आवश्यकता ही नहीं है। उसके ऊपर का जो कुछ भी ज्ञान तू झाड़ रहा है वह तेरी विकृत प्रकृति को दर्शाता है, परमात्मा को नहीं। तेरे सारे पाप-पुण्य तथा तेरी सारी जीत-हार की इच्छाएं, इन सबको तू अपनी विकृत प्रकृति ही समझ। और जो मनुष्य 'पुरुष' यानी अपनी आत्मा को तथा 'प्रकृति' यानी अपनी मनोदशा को, दोनों को भिन्न-भिन्न पहचानता है; वह तमाम कर्तव्यकर्मों को करता हुआ भी हमेशा के लिए मुक्त हो जाता है। परंतु इसके विपरीत जो बाहरी उकसावे में आकर अपनी विकृत-प्रकृति का शिकार होता है, वह अपने को हजारों बंधनों में बांधता चला जाता है।

हे अर्जुन, अपने इस आत्मारूपी परमात्मा को कई लोग बुद्धि को क्षीण कर ध्यानपूर्वक अपने हृदय में देखते हैं। अन्य कई लोग मन को समभाव में स्थित कर इसका अनुभव करते हैं। दूसरे कितने ही कर्मयोगी फलों का त्याग कर इसका अनुभव करते हैं। कई लोग ज्ञानियों से इस आत्मारूपी परमात्मा की चर्चा सुनकर अपनी आत्मा की ओर कूच करते हैं। अर्जुन, मार्ग कोई भी अपनाओ, परंतु प्रकृति से ऊपर उठकर इस आत्मा में दृढ़तापूर्वक स्थित हुए बगैर मनुष्य का उद्धार नहीं है। अत: तू अपनी ऊर्जा युद्ध करूं या न करूं में मत लगा, उसकी बजाय अपनी ऊर्जा को तू ''प्रकृति से परमात्मा तक उठने'' में लगा। उससे तू नि:संदेह इस मृत्युरूपी संसार से तर जाएगा। एक बात तुझसे और कह दूं अर्जुन कि इन सभी मार्गों में ''समभाव में स्थित होना'' मनुष्य के लिए सबसे आसान है। अत: तू भी समभाव में स्थित होने की कोशिश कर। ना तो युद्ध करने या न करने में चुनाव कर और ना ही तेरे व कौरवों में कोई भेद कर। क्योंकि अब तेरे करने या न करने पर यह युद्ध निर्भर नहीं है। तू चाहे युद्ध करे या न करे, यह युद्ध तो अब होने ही वाला है। ऐसे में इसे समभाव से स्वीकार ले और खेल जा। उसके पश्चात जीने-मरने या जीतने-हारने में भी तेरे व कौरवों के बीच भेद मत कर। ...बस इस तरह युद्ध करने से तू परमगति को प्राप्त हो जाएगा।

अर्जुन एक बात समझ कि तू अलग है और तेरा आत्मा अलग है। तेरे सारे कर्म तेरी प्रकृति के अधीन हैं। अपनी इसी प्रकृति के अधीन होकर तूने तीर चलाना सीखा है तथा अपनी इसी प्रकृति के अधीन होकर तुझमें राज्य पाने की चाह पैदा हुई है। तेरे इन सारे कर्मों में तेरा आत्मा तो अकर्ता ही रहा है। वह तो हमेशा से तेरे तमाम कर्मों को मात्र देखने वाला ही बना हुआ है। तो आज नया क्या हो गया? आज भी तू अपनी प्रकृति के अनुसार युद्ध कर तथा तेरे आत्मा को तुझे युद्ध करता देखने दे। बस मेरे कहने पर आज तू नया यह कर कि अपना ध्यान अपनी ''कर्तारूपी प्रकृति'' से हटाकर अपने ''द्रष्टारूपी आत्मा'' में लगा। और जो इस प्रकार अपनी प्रकृति को कर्ता तथा अपनी आत्मा को अकर्ता देखता है, वही सत्य देखता है। सच तो यह है अर्जुन कि मनुष्य के भिन्न-भिन्न भावों को भी तू प्रकृति

से ही उत्पन्न जान तथा मनुष्य की इस प्रकृति को तू परमात्मा से उत्पन्न जान। अत: ऐसे में यहां हर किसी के लिए अपनी प्रकृति को बदलने की कोशिश करने की बजाय अपनी प्रकृति का द्रष्टा हो जाना ही श्रेष्ठ है। अत: तू भी युद्ध से भागकर अपनी प्रकृति बदलने की कोशिश करने की बजाय युद्ध करने की तेरी प्रकृति का द्रष्टा हो जा। इससे तू इसी क्षण ''सच्चिदानन्दघन ब्रह्म'' को प्राप्त हो जाएगा। अर्जुन, मनुष्य के सारे गुण उसकी प्रकृति के हैं तथा उसकी यह प्रकृति अनादि है। अत: इसे बदलना असंभव है। संभव उसके लिए यही है कि वह भीतर के निर्गुण परमात्मा की शरण चला जाए जो शरीर में होने के बावजूद न तो कोई कर्म करता है और ना ही किसी कर्म में लिप्त होता है। वह तो बस मनुष्य की प्रकृति से निकल रहे कर्मों को सिर्फ देखता रहता है। इसीलिए मनुष्य का यह आत्मा सर्वव्यापी है। और इसीलिए कहते हैं कि वह उसके हर कर्म में शामिल है।

अर्जुन, तू इस बात को इस तरह समझ कि मनुष्य हो या जानवर, पदार्थ हो या ब्रह्मांड के ग्रह-उपग्रह; हरकोई यहां अपनी प्रकृति के अधीन होकर कर्म करने को बाध्य है। यहां सूर्य रोशनी देने को व चांद ठंडक पहुंचाने को बाध्य है। क्योंकि यही उनकी अपनी-अपनी प्रकृति है। ठीक वैसे ही तू भी अपनी प्रकृति के अनुसार कर्म करने को बाध्य है। अत: बेहतर है कि तू दिल खोलकर अपनी प्रकृति के अनुसार कर्म कर तथा स्वयं अपने उन तमाम कर्मों का द्रष्टा हो जा। अपने कर्मों का द्रष्टा होते ही तू सभी के कर्मों का द्रष्टा हो जाएगा। यही नहीं, फिर तो तू ब्रह्मांड में चल रही तमाम लीलाओं का भी द्रष्टा हो जाएगा। यानी एक अपने कर्मों का द्रष्टा होते ही तू सर्वव्यापी ''सच्चिदानन्दघन परमात्मा'' हो जाएगा। तेरे सारे भेद व भ्रम मिट जाएंगे। तेरे तमाम पाप-पुण्य व हार-जीत की चाहें मिट जाएगी। क्योंकि ऐसे में तो तू जगत में चल रहे तमाम पाप-पुण्यों का भी मात्र द्रष्टा रह जाएगा। अत: तू प्रकृति से परमात्मा तक उठके तेरे इस युद्धरूपी कर्म का द्रष्टा हो जा। ...एक यही तेरे हित में है। और यदि तू अपनी 'मूल प्रकृति' के विरुद्ध जाकर 'विकृत प्रकृति' ओढ़ेगा, तो अपने तमाम हितों से हाथ धो बैठेगा।

प्रैक्टिकल एप्लीकेशन - 18

अध्याय - 13 की विशेषता है-कृष्ण द्वारा दी गई 'सच्चिदानन्द' की परिभाषा। अब जीवन है तो उतार-चढ़ाव है। सबकुछ हमेशा मनमाफिक तो हो नहीं सकता है। अब कृष्ण भी स्वभाव से कलाकार थे। बांसुरी, नृत्य, रास, शृंगार वगैरह का उन्हें शौक था। पर जीवन ऐसा था जिसमें रह-रहकर शत्रु आते रहते थे। संघर्ष बात-बे-बात दस्तक देते रहते थे। तो क्या, जीवन को कोसें? संघर्षों से भागें? नहीं, यह कृष्ण की शिक्षा नहीं है। कृष्ण समझा रहे हैं कि संघर्षों को भी रास मानकर उनका मुकाबला किया ही जा सकता है। और यही कृष्ण ने जीवनभर किया। तथा यही इस समय वे अर्जुन से करने को कह रहे हैं। और अभी यही मैं आप लोगों से कह रहा हूँ। खराब समय, संकट, असफलता वगैरह मनुष्यजीवन के हिस्से हैं। और सच्चिदानन्द वाली मनोदशा का अर्थ इतना ही है कि जो कष्ट अटल हो जाएं यानी जिन्हें टाला ही न जा सकता हो, वे सारे कष्ट 'सत्य' हो गए। क्योंकि सत्य क्या है? जो सामने है। सो जो अटल हो गया, कृष्ण कह रहे हैं कि उसमें चित्त लगाओ। उससे भागो मत। उससे पलायन मत करो। ...बल्कि अपना पूरा मन उस संकट से खेलने में लगाओ। और खेलने का आनंद लेते हुए उस संकट पर विजय पाओ। बस इसे ही सत्-चित्-आनंद यानी सच्चिदानन्द कहते हैं। सच्चिदानन्द का अर्थ ही इतना है कि हर सत्य में चित्त लगाकर उसका आनंद लो। कृष्ण के हमेशा विजयी रहने का भी, तथा उनका हरहाल में सदैव प्रसन्न रहने का भी राज उनका यह 'सच्चिदानन्द' स्वभाव ही है। और आप भी लगातार खुश रहना चाहते हैं तथा साथ ही निरंतर जीतना चाहते हैं, तो आपको भी आज से 'सच्चिदानन्द' हो ही जाना पड़ेगा। और उस हेतु अगले पेज पर दिया गया चार्ट भरो। इसमें आपके 10 वर्तमान प्रमुख कष्टों व संघर्षों के बाबत विस्तार से लिखो। न उन संकटों से भागो तथा ना ही उनका मातम मनाओ। तय यह करो कि 'सत्-चित्-आनंद' यानी सच्चिदानन्द बनकर मस्ती से खेलते हुए एक के बाद एक सारे संकटों पर विजय पाते चले जाना है। और जिस-जिस संकट पर विजय पाते चले जाओ उसके नीचे गर्व से ''जीत लिया'' लिख लो। दृढ़तापूर्वक तय यह करो कि सारे अटल संकटों पर विजय पाना ही पाना है। बाकी तो जो टाले जा सकते हों, ऐसे संघर्षों में उतरने की आवश्यकता ही नहीं है। बस साथ में इतनी समझ और जगा लो।

नोट: जबतक अंतिम संघर्ष पर विजय चिह्न नहीं लग जाए, छोड़ना मत।

1 विस्तार से संकट व संघर्ष बाबत लिखो

....

....

....

....

....

विजयी हो जाने पर गर्व व खुशी जाहिर करो।
साथ ही बात को थोड़ा विस्तार से लिखो।

....

....

....

....

....

2 विस्तार से संकट व संघर्ष बाबत लिखो

....

....

....

....

....

विजयी हो जाने पर गर्व व खुशी जाहिर करो।
साथ ही बात को थोड़ा विस्तार से लिखो।

....

....

....

....

....

3 विस्तार से संकट व संघर्ष बाबत लिखो

....

....

....

....

....

विजयी हो जाने पर गर्व व खुशी जाहिर करो।
साथ ही बात को थोड़ा विस्तार से लिखो।

....

....

....

....

....

4 विस्तार से संकट व संघर्ष बाबत लिखो

....

....

....

....

....

विजयी हो जाने पर गर्व व खुशी जाहिर करो।
साथ ही बात को थोड़ा विस्तार से लिखो।

....

....

....

....

....

5 विस्तार से संकट व संघर्ष बाबत लिखो

....

....

....

....

....

विजयी हो जाने पर गर्व व खुशी जाहिर करो।
साथ ही बात को थोड़ा विस्तार से लिखो।

....

....

....

....

....

6 विस्तार से संकट व संघर्ष बाबत लिखो

....

....

....

....

....

विजयी हो जाने पर गर्व व खुशी जाहिर करो।
साथ ही बात को थोड़ा विस्तार से लिखो।

....

....

....

....

....

7 विस्तार से संकट व संघर्ष बाबत लिखो

....

....

....

....

....

विजयी हो जाने पर गर्व व खुशी जाहिर करो।
साथ ही बात को थोड़ा विस्तार से लिखो।

....

....

....

....

....

8 विस्तार से संकट व संघर्ष बाबत लिखो

....

....

....

....

....

विजयी हो जाने पर गर्व व खुशी जाहिर करो।
साथ ही बात को थोड़ा विस्तार से लिखो।

....

....

....

....

....

9 विस्तार से संकट व संघर्ष बाबत लिखो

....
....
....
....
....

विजयी हो जाने पर गर्व व खुशी जाहिर करो।
साथ ही बात को थोड़ा विस्तार से लिखो।

....
....
....
....
....

10 विस्तार से संकट व संघर्ष बाबत लिखो

....
....
....
....
....

विजयी हो जाने पर गर्व व खुशी जाहिर करो।
साथ ही बात को थोड़ा विस्तार से लिखो।

....
....
....
....
....

अध्याय – 14

कृष्ण:

अब वैसे तो अबकी मैंने अर्जुन को बड़े अच्छे से समझा दिया था कि भाई, तेरे लिए दिल खोलकर युद्ध करना ही एकमात्र 'परमात्मीय कर्म' है। मैंने उसे समझा ही दिया था कि परमात्मा कोई भौगोलिक अवस्था नहीं, बल्कि एक मानसिक स्थिति है। और 'सत्-चित्-आनंद' उसका स्वरूप है। यानी सत्य जो सामने है, उसमें चित्त लगाकर आनंद लेते रहना ही 'परमात्मीय अवस्था' है। परंतु अर्जुन इस बात को कहां समझने वाला था?

अर्जुन की छोड़ो, यहां कोई भी समझने को तैयार ही कहां है? परमात्मा की ऐसी तो हवाई कल्पनाएं करी गई हैं कि पूरा मनुष्य-समुदाय भ्रमित हुआ पड़ा है। वह यह समझ ही नहीं रहा कि 'सत्य' कोई खोजने जाने की चीज नहीं है, बल्कि जो सामने है...वही सत्य है। लेकिन मनुष्य को शास्त्रों का ऐसा तो भंडार पकड़ा दिया गया है कि वह सामने पड़ा 'सत्य' छोड़ जमानेभर के असत्यों में 'सत्य' खोजता रहता है। अर्जुन भी इस समय यही कर रहा है। युद्धरूपी सत्य को ठुकराकर "शास्त्रों से लेकर युद्ध के संभावित परिणामों तक में" सत्य खोजने की कोशिश कर रहा है।

खैर, वर्तमान सत्य तो यह है कि वह युद्ध लड़ने हेतु अब भी तैयार नहीं है। ऐसे में मेरे पास बात को आगे बढ़ाने के अलावा उपाय ही कहां है? यही तो मैं सबको समझाना चाह रहा हूँ। वर्तमान में जो कुछ भी है, वह परमात्मा है। उसका हंसते हुए सामना करने के अलावा मनुष्य के पास उपाय ही नहीं है। ...जैसे इस समय मेरे पास "अर्जुन का युद्ध लड़ने हेतु राजी न होने को" हंसते हुए स्वीकारने के अलावा उपाय नहीं है। तभी तो मैं हमेशा से जो सामने आता है, उसे हंसते हुए पूरी मस्ती से स्वीकारता चला आ रहा हूँ। मौत के साये को तो न जाने कितनी बार हंसते हुए गले लगा चुका हूँ। मैंने तो छल-कपट को भी उसी प्रेम से गले लगाया है, जिस प्रेम से मैंने रास और छप्पनभोग को गले लगाया है।

होगा, मेरी बात बाद में। पहले तो सामने जो वर्तमान कर्म मुंह फाड़े खड़ा है, उसपर लौट आऊं। सो, अर्जुन के राजी न होनेपर मैंने अपनी ओर से ही बात को आगे बढ़ाते हुए कहा कि हे अर्जुन, ज्ञानों में भी जो अति उत्तम परमज्ञान है वह मैं तुझसे फिर कहूंगा, क्योंकि इसे सुनकर बड़े-बड़े मुनिजन परमसिद्धि को प्राप्त हो गए हैं। यह वो ज्ञान है जिसे सुनकर व्यक्ति हमेशा के लिए मुक्त हो जाता है। फिर वह किसी काल, किसी समस्या से कभी विचलित नहीं होता है। सच कहूं तो अर्जुन के युद्ध करने से इनकार करने को भी मैं एक निमित्त के तौर पर ही ले रहा हूँ। अच्छा है, इस बहाने सीधा व सच्चा ज्ञान मनुष्य को उपलब्ध तो हो रहा है। सो सदैव प्रसन्न रहने वाला मैं इस समय इसी बात से खुश था कि इसी बहाने मेरे मुख से सच्चा ज्ञान तो बह रहा है। तभी तो कहते हैं कि खुश रहने वालों को खुशी का बहाना खोजने हेतु कहीं जाना नहीं होता है। वह तो जो कुछ भी सामने होता है उसी में परमखुशी को उपलब्ध हो जाता है।

खैर, अपनी खुशी की बात छोड़ वापस अर्जुन के गम पर लौट आऊं। सो मैंने लगातार युद्ध करने से इनकार कर रहे अर्जुन को "जगत के रहस्य को" एक अलग तरीके से समझाते हुए कहा कि सुन अर्जुन, मेरी दो प्रकार की प्रकृति है। ...एक जड़ तथा दूसरी

जो **भीतर बाहर** घट रही तमाम घटनाओं में एक **परमात्मा** को **कर्ता** देखता है वही **सत्य** देखता है

चेतन। मनुष्य के शारीरिक अस्तित्व धारण करने को तू मेरी जड़ प्रकृति समझ और उसमें प्राण फूंकने को तू मेरी चेतन प्रकृति समझ। इस लिहाज से मनुष्य के शरीर को तू जड़ तथा प्राणों को तू चेतन समझ। और इन दोनों के संगम से ही यहां हर मनुष्य की उत्पत्ति होती है। इसे तू यह भी कह सकता है कि मैं सारे जीवों के शारीरिक अस्तित्व को उत्पन्न करने वाली माता हूँ और मैं ही उनमें प्राणों के बीज की स्थापना करने वाला पिता हूँ। इसीलिए मैं बार-बार कहता हूँ अर्जुन कि मुझसे भिन्न इस जगत में दूसरा कोई कारण नहीं है। यहां सबको समझना यह है कि जड़... 'जड़' है, तथा चेतन 'चेतन' है। यह दोनों जगत ही अलग हैं। दोनों में से किसी का किसी पर... कोई प्रभाव नहीं। जड़ रूपांतरित है तथा चेतन स्थिर है। फिर भी जड़ के हर रूपांतरण से मनुष्य की भीतरी मनोदशा प्रभावित होती रहती है। और यही अज्ञान है। यही उसकी ''निद्रा की अवस्था'' है। जैसे बाहर के युद्धरूपी जड़ से इस समय तेरी भीतरी मनोदशा प्रभावित हो रही है। ...और यही तेरा अज्ञान है। क्योंकि तू यह नहीं समझ पा रहा है कि ये दोनों बातें ही अलग हैं। जड़ के रूपांतरण को तू चाहकर भी रोक नहीं सकता तथा चेतन को तू चाहकर भी रूपांतरित नहीं कर सकता। परंतु ऐसा करने का भ्रम तू पाल सकता है, और तू इस समय इसी भ्रम का शिकार हुआ बैठा है। तेरी क्या बात करूं, बड़े-बड़े ज्ञानी भी यही भ्रम पाले जी रहे होते हैं।

खैर, छोड़ इन बातों को। अब तू सीधे मुझसे इस 'भ्रम' का मूल कारण सुन। दरअसल इसके लिए जगत की वह त्रिगुणी माया जवाबदार है जो अपने प्रभाव में सबको लपेट रही है। ''सत्वगुण, रजोगुण तथा तमोगुण'' इन तीन गुणों से बनी यह त्रिगुणी माया चारों ओर फैली हुई है। यह त्रिगुणी माया ही मनुष्य के चेतन को शरीररूपी जड़ में बांधती है। उसी से उसका चेतन, जड़ के हर परिवर्तन

से बार-बार प्रभावित होता है। इसमें जो सत्व गुण है वह मनुष्य को सुख और ज्ञान के अभिमान से बांधता है। इस गुण से प्रभावित मनुष्य अकारण स्वयं को अन्यों से श्रेष्ठ समझता है। और आगे चलकर श्रेष्ठता के भाव का यह जो अभिमान है, वही उसके तमाम दुखों का मूल हो जाता है। फिर जब भी उसके मान, सत्ता, धन या ज्ञान पर हमला होता है, वह उससे विचलित होता रहता है। वैसे ही मनुष्य में छिपी कामना और आसक्ति से 'रजोगुण' उत्पन्न होता है। यह रजोगुण मनुष्य को कर्म करने तथा कर्मों के फल की लालसा करने हेतु उकसाता है। और उसी कारण रजोगुणवाला व्यक्ति भी संसार में 'सुख-दुख' भोगता रहता है। वहीं सत्य को न देख पाने के अज्ञान के कारण 'तमोगुण' उत्पन्न होता है। यह तमोगुण कर्मों के प्रति अश्रद्धा उत्पन्न करता है। अज्ञान के कारण वह हर कर्म में अच्छा-बुरा व पाप-पुण्य खोजने में लग जाता है। इसका सीधा असर उसकी कर्मठता पर पड़ता है। धीरे-धीरेकर ऐसा व्यक्ति आलस्य, प्रमाद तथा निद्रा का शिकार हो जाता है। इस कारण अक्सर उससे करने योग्य कर्म भी नहीं होते हैं। प्रायः मनुष्य कम या ज्यादा मात्रा में तीनों गुणों का शिकार होता ही है। कभी एक तो कभी दूसरा उसपर हावी होता ही रहता है। और इस कारण उसका पूरा जीवन इनके धक्के सहते-सहते बीत जाता है। अब वैसे तो यह तीनों गुण मनुष्य के चेतन को बांधने वाले हैं, फिर भी मनुष्य को चाहिए कि वह 'तमोगुण' से 'रजोगुण' तक, तथा 'रजोगुण' से 'सत्वगुण' तक स्वयं को बार-बार उठाता रहे।

हे अर्जुन, जब भी भीतर विवेकशक्ति जागे तब समझना चाहिए कि सत्वगुण में बढ़ोतरी हुई है। जब भी लोभ, स्वार्थ एवं कामनाएं जागे तो मनुष्य को समझ लेना चाहिए कि उसके रजोगुण में वृद्धि हुई है। और जब मनुष्य का मन जीवन-जरूरियात के कार्य में भी लगना बंद हो जाए...तब उसे समझ लेना चाहिए कि उसके तमोगुण में वृद्धि हो रही है। फिर वह जीवन को आत्मनिर्भर बनाने हेतु किये जानेवाले कर्मों को न करके "व्यर्थ की अन्य चेष्टाओं में" लगा रहता है। अतः जिस किसी का भी जीवन किसी भी अच्छे या बुरे कारणों से दूसरों पर आश्रित है, उन्हें समझ लेना चाहिए कि उनपर 'तामसी-प्रवृत्ति' हावी है। ...फिर वह आश्रय व्यक्ति कर्मकांड में ही क्यों न खोज रहा हो, उससे कोई फर्क नहीं पड़ता है।

हे अर्जुन, यह तीनों गुण मनुष्य के ना सिर्फ इस जनम को प्रभावित करते हैं, बल्कि वे उसके जन्मो-जन्मांतर को भी प्रभावित करते रहते हैं। सत्वगुण की अधिकता वाला मनुष्य उत्तम मानसिकता वाले परिवार में जन्म लेता है। वहां पर उसका लालन-पालन कुछ इस तरीके से होता है कि उसे त्रिगुणी माया से छूटने में सहायता मिलती है। अर्जुन ऐसा समझ कि यह पूरा खेल मानसिक है। भौतिक जगत इसका आधार कतई नहीं है। अतः

यह कभी मत समझना कि अच्छी मानसिकता के साथ मृत्यु को प्राप्त हुए मनुष्य धनपतियों या राजाओं के यहां पैदा होते हैं। नहीं, वे अच्छी मानसिकतावाले व्यक्तियों के यहां पैदा होते हैं। यही कारण है कि अधिकांश ज्ञानी सामान्य परिवार में पैदा हुए हैं। मेरा ही उदाहरण ले, यदि मुझे नंद-यशोदा की छत्रछाया में पलने का मौका मिला, तो यह मेरी अच्छी मानसिकता का फल था। और देख, इस कारण यह ग्वाला आज क्या से क्या हो गया? खैर, इसी तरह अर्जुन रजोगुण की अधिकता के साथ मृत्यु को प्राप्त हुआ मनुष्य ''फलों में आसक्ति रखनेवाले व्यक्तियों के'' यहां पैदा होता है। वहीं जो व्यक्ति तमोगुण की अधिकता लिए मृत्यु को प्राप्त होता है ...वह पशुओं की योनि में जन्म पाता है।

हे अर्जुन, ऐसा समझ कि यहां कोई शरीर या जीवन इन तीन गुणों से आजाद नहीं है। परंतु जो मनुष्य अपने समस्त कर्मों को इन तीन गुणों के द्वारा होता हुआ देखता है, तथा स्वयं उसके इस पूरे खेल का द्रष्टा हो जाता है; वह उसी क्षण इस त्रिगुणी माया का उल्लंघन कर जाता है। और इससे वह तत्क्षण मेरे स्वरूप को प्राप्त हो जाता है। फिर उसके लिए अपने समेत समस्त मनुष्यों के सभी कर्म सिवाय ''मजबूरी में किये जानेवाले एक नाटक'' से बढ़कर और कुछ नहीं होते हैं। ऐसा व्यक्ति जन्म, मृत्यु तथा वृद्धावस्था जैसे तमाम दर्दों से तत्काल छूट जाता है। अत: तू भी तेरे तथा अन्यों के कर्मों को प्रकृति की त्रिगुणी माया से उत्पन्न जान तथा जो होता है, होने दे। तू इस पूरे खेल का द्रष्टा हो जा; बस इससे आज, अभी और यहीं तेरा छुटकारा हो जाएगा।

अर्जुन:

अच्छा कृष्ण, यह बताओ कि इन तीनों से अतीत हुए मनुष्य के क्या-क्या लक्षण होते हैं? वह किस प्रकार के आचरणवाला होता है? और इन तीनों गुणों से अतीत होने के उपाय क्या हैं?

कृष्ण:

अब वैसे तो मैं उसे कह ही चुका हूँ कि मनुष्य अपने में व्याप्त इन तीनों गुणों का द्रष्टा बनकर इनके पार हो सकता है। परंतु अर्जुन की बात सही है। यह बात सुनने में जितनी आसान है, समझने में शायद नहीं। सच कहूं तो जबसे हमदोनों के बीच यह वार्तालाप चल रहा है, यह पहला सवाल है जो अर्जुन ने बिल्कुल सटीक पूछा है। सो बस मैंने उसे समझाते हुए कहा कि सुन अर्जुन, यहां कोई ऐसा मनुष्य नहीं जो इन तीनों गुणों से प्रभावित न हो रहा हो। क्योंकि जबतक जीवन है, मनुष्य को बाहर व्यवहार करना ही है।

और मनुष्य द्वारा बाहर किये जानेवाला कोई भी व्यवहार इन तीनों में से एक या दूसरे गुण से प्रभावित रहता ही है। वहीं यह भी समझ ले कि मनुष्य के इन तीनों गुणों की ''उसकी अपनी जन्मो-जन्मांतर की एक शृंखला'' भी है। इस कारण यह इतनी गहरी है कि इस बाबत किसी को यहां विचार करने की कोई आवश्यकता नहीं। क्योंकि यह अपनेआप चलनेवाली एक ऐसी शृंखला है जिसपर किसी का कोई बस नहीं। अत: मनुष्य को इसपर ध्यान देने की बजाय ध्यान अपने चैतन्य पर लगाना चाहिए। उसे अपनी इस त्रिगुणीमाया को पूरी तरह से खुल्ला छोड़ देना चाहिए। उसे यह समझ लेना चाहिए कि इस त्रिगुणीमाया का कोई स्वरूप स्थायी नहीं है। इस पल एक गुण हावी है तो अगले पल दूसरा गुण हावी हो जाता है। अत: कायदे से उसे अपने को इन गुणों के बहाव के साथ बहने देना चाहिए। चाहे सत्वगुण आ और जा रहा हो चाहे तामस, उसे उनसे न द्वेष करना चाहिए न मोह। ना ही उसे उठ रहे इन गुणों को बदलने का प्रयास करना चाहिए। उसे तो बस गुणों के चल रहे इस खेल का देखनेवाला हो जाना चाहिए। हे अर्जुन, जो इन गुणों को आते और जाते हुए यह मानकर देखता रहता है कि इसमें मेरा कुछ नहीं, यह तो गुण-ही-गुण से खेल रहे हैं; वह हमेशा के लिए सच्चिदानन्दघन परमात्मा में स्थित हो जाता है। फिर वह द्रष्टा चाहे सत्वगुण का बन रहा हो, चाहे रजोगुण का या तमोगुण का; कोई फर्क नहीं पड़ता है। लेकिन इस त्रिगुणीमाया के बाबत मनुष्य इस कदर अंधकार में है कि उसे अब 'द्रष्टा' व 'कर्ता' का भेद ही समझ में आना बंद हो गया है। वह यह समझता है कि सत्वगुण वाला मनुष्य अच्छा व तमोगुण से ग्रसित मनुष्य खराब। लेकिन सत्य तो यह है कि सत्वगुण के भी ''कर्ता मनुष्य को'' अज्ञानी ही माना जाना चाहिए। वैसे ही फिर मनुष्य द्रष्टा चाहे अपने तमोगुण का ही क्यों न हो, उसे

प्रकृति का यह **नियम** है कि वह **अयोग्य व्यक्ति** को कभी **कुछ नहीं** देती

ज्ञानी ही माना जाना चाहिए। यहां हरेक को यह समझ लेना चाहिए कि सवाल सत्वगुण या तमोगुण का नहीं है, सवाल हमेशा से 'कर्ता' और 'द्रष्टा' का है। और यह बात अर्जुन तुझे विशेषरूप से समझने की है। तेरी प्रकृति से तुझे राज्य पाने का मोह तथा कौरवों से बदला लेने की इच्छा आ रही है। मैं कह रहा हूँ कि तू अपनी इस प्रकृति का द्रष्टा बन जा। इससे तू हाथोहाथ इस त्रिगुणीमाया के प्रभाव का उल्लंघन कर जाएगा। लेकिन ''बाहर के व्यर्थ के ज्ञानों तथा अपने ऊलझलूल विचारों के चक्कर में आकर'' तू यह सोच रहा है कि तेरे भीतर उठ रहा गुणों का यह धक्का गलत है। इसीलिए तू इसे तामसी मानकर ठुकराना चाह रहा है तथा बाहर से सत्वगुण ओढ़ने की कोशिश कर रहा है। लेकिन मैं कह रहा हूँ कि यह गलत है, क्योंकि इससे तू सत्वगुण अपनाने का कर्ता हो जाएगा। सीधी बात यह है कि जो कोई मनुष्य जो कोई कर्म बाहर से ओढ़ने की कोशिश करता है, उसका वह हमेशा कर्ता बना रहता है। इसी कारण उसे अपने किये हर कर्म का गुमान पकड़ता है। तू भी संन्यास लेने तथा युद्ध से भागने के कर्म का कर्ता ही तो होगा? और मैं यह कह रहा हूँ कि ''कर्म का कर्ता होना'' ही यहां एकमात्र पाप है। अत: संन्यास आना होगा तो एकदिन अपने वक्त पर उसका भी धक्का आएगा। ...तब ले लेना संन्यास। क्योंकि तब ऐसे संन्यास का तू द्रष्टा होगा, कर्ता नहीं। अत: सवाल युद्ध या संन्यास का नहीं, प्रमुख सवाल मनुष्य की प्रकृति से आ रहे धक्के का है। क्योंकि वही उसका इस पल का सत्य है। और लगातार द्रष्टा बनकर ''अपने सत्य का साथ देनेवाले'' मनुष्य का जल्द ही उद्धार हो जाता है। उसके मन के तमाम विकार जल्द ही भस्म हो जाते हैं। शुद्ध भावों का उसके भीतर निरंतर विकास होना शुरू हो जाता है। ऐसा समझ कि ''वाल्मीकि की तरह डाकू से ऋषि बनने में'' उसे वक्त नहीं लगता है। परंतु जो हठपूर्वक सत्वगुण का कर्ता बनने का प्रयास करता है, जन्मो-जन्मांतर तक भटकते रहने पर भी उसका उद्धार नहीं होता है। फिर वह झूठे धार्मिक व सामाजिक होने का गुमान पाले भटकता रह जाता है।

हे अर्जुन, लगातार तीनों गुणों में समभाव बनाए रखनेवाला जल्द ही इन तीनों गुणों के पार हो जाता है। अत: तू समभाव में स्थित होने का प्रयास कर। सुख व दुख को समान समझ। मिट्टी, पत्थर व स्वर्ण में कोई भेद मत कर। प्रिय व अप्रिय में भी समान भाववाला हो जा। निंदा व स्तुति में भी समान भाव रख। स्वर्ग तथा नर्क में भेद मत कर। क्योंकि ये सारे भेद ही मनुष्य को ''एक गुण को अच्छा तथा दूसरे को खराब'' मानने हेतु प्रेरित करते हैं। और उसी के चक्कर में वह बार-बार अनेक कर्मों का कर्ता बनता रहता है। अत: तू स्पष्ट समझ ले अर्जुन कि सवाल श्रेष्ठ या तुच्छ कर्म के चुनाव करने का है ही नहीं...। क्योंकि ऐसा हर चुनाव मनुष्य को कर्मों का कर्ता बनाता है। और कर्ता बनने के

कारण ही वह इस संसार में जमानेभर के झटके झेलता रहता है। क्योंकि इस जगत का यह नियम है कि जो करता है, वही भरता है। परंतु जो इन तीनों गुणों के प्रति समभाव रखता है, वह प्रकृति को इन तीनों गुणों का कर्ता मानता है। इस कारण वह उनके बीच में नहीं आता है। और जब वह बीच में आने का कर्म ही नहीं करता है तो उसे यहां कुछ भरना भी नहीं पड़ता है। वह तो प्रकृति के चल रहे इस खेल का द्रष्टा बनकर आनंद लेते हुए इस जगत से हमेशा के लिए मुक्त हो जाता है। सो तू भी ''इस युद्ध का द्रष्टा बनकर'' हमेशा के लिए मुक्त हो जा। यहां यह भी समझ ले अर्जुन कि युद्ध से मिलनेवाले सुख-दुख तथा युद्ध में होनेवाली हार-जीत के प्रति समभाव रखे बगैर तू इस युद्ध का द्रष्टा कभी नहीं हो पाएगा। ठीक वैसे ही तू पाप-पुण्य या स्वर्ग-नर्क का विचार करेगा, तो भी तू इस युद्ध का द्रष्टा नहीं हो पाएगा। सौ बातों की एक बात यही है कि समभाव में सम्पूर्णता से स्थित हुए बगैर मनुष्य कभी भी... किसी भी कर्म का 'द्रष्टा' नहीं बन सकता है। और बिना द्रष्टा बने उसे मुक्ति नहीं मिलती है। अत: अब बिना किसी संकोच के तू समभाव से युद्ध लड़ने हेतु खड़ा हो जा।

प्रैक्टिकल एप्लीकेशन - 19

इस अध्याय में कृष्ण का दिया सबसे बड़ा सबक यह है कि तामस गुण से राजस गुण बेहतर है, राजस से सत्वगुण बेहतर है, परंतु ज्ञानी इन तीनों से ऊपर है। अब सत्वगुण यानी क्या? संक्षेप में कहूं तो ज्ञान का अभिमान। राजसगुण यानी क्या? धन का अभिमान। तथा तमसगुण यानी क्या? दुर्गुणों तथा अज्ञान का अभिमान। और अभिमान हर प्रकार का गलत ही है। कृष्ण के शुद्ध ज्ञान में युधिष्ठिर को सत्य बोलने का या भीष्म महाराज को दृढ़ प्रतिज्ञा लेने का अभिमान हो, तो दोनों गलत ही हैं। सो कृष्ण द्वारा कहे गए इस सत्य को अपना अहंकार कमजोर करने के तौरपर लो। और कुछ नहीं तो कम-से-कम तीन सात्विक अहंकार, तीन राजस अहंकार तथा तीन तामस अहंकार त्यागो। और फिर धीरे-धीरेकर सारे अहंकार त्यागते ही चले जाओ। क्योंकि अहंकार से बड़ा मनुष्य का दूसरा कोई शत्रु नहीं है। विश्वास जानो कि अहंकार त्यागते ही आप इतने अच्छे व सच्चे हो जाएंगे कि अपने ही प्रेम में पड़ जाएंगे। महान लोगों के प्रेम में आप पड़ते क्यों हैं? क्योंकि उन्होंने इन तीनों प्रकार के अहंकारों को त्यागा होता है। सो आगे दिया गया चार्ट भरकर आप महानता की ओर अपना कदम बढ़ा लें।

1 अपने सात्विक अहंकार बाबत विस्तार से लिखो

....

....

....

इस अहंकार को त्यागने की यात्रा पर निकल पड़ो और जब त्याग दो तब यहां ''त्याग दिया'' लिख दो।

....

....

2 अपने सात्विक अहंकार बाबत विस्तार से लिखो

....

....

....

इस अहंकार को त्यागने की यात्रा पर निकल पड़ो और जब त्याग दो तब यहां ''त्याग दिया'' लिख दो।

....

....

3 अपने सात्विक अहंकार बाबत विस्तार से लिखो

....

....

....

इस अहंकार को त्यागने की यात्रा पर निकल पड़ो और जब त्याग दो तब यहां ''त्याग दिया'' लिख दो।

....

....

1 अपने राजसी अहंकार बाबत विस्तार से लिखो

....

....

....

इस अहंकार को त्यागने की यात्रा पर निकल पड़ो और
जब त्याग दो तब यहां ''त्याग दिया'' लिख दो।

....

....

2 अपने राजसी अहंकार बाबत विस्तार से लिखो

....

....

....

इस अहंकार को त्यागने की यात्रा पर निकल पड़ो और
जब त्याग दो तब यहां ''त्याग दिया'' लिख दो।

....

....

3 अपने राजसी अहंकार बाबत विस्तार से लिखो

....

....

....

इस अहंकार को त्यागने की यात्रा पर निकल पड़ो और
जब त्याग दो तब यहां ''त्याग दिया'' लिख दो।

....

....

1 अपने तामसी अहंकार बाबत विस्तार से लिखो

....

....

....

इस अहंकार को त्यागने की यात्रा पर निकल पड़ो और
जब त्याग दो तब यहां ''त्याग दिया'' लिख दो।

....

....

2 अपने तामसी अहंकार बाबत विस्तार से लिखो

....

....

....

इस अहंकार को त्यागने की यात्रा पर निकल पड़ो और
जब त्याग दो तब यहां ''त्याग दिया'' लिख दो।

....

....

3 अपने तामसी अहंकार बाबत विस्तार से लिखो

....

....

....

इस अहंकार को त्यागने की यात्रा पर निकल पड़ो और
जब त्याग दो तब यहां ''त्याग दिया'' लिख दो।

....

....

अध्याय – 15

कृष्ण:

अब वैसे तो मैंने उसे फिर एक नये तरीके से समझाकर युद्ध करने हेतु खड़ा होने के लिए कह ही दिया था। अर्जुन सवाल करे उससे मुझे कोई ऐतराज नहीं था। परंतु समस्या यह थी कि अभी बातचीत को लम्बा खींचने हेतु समय नहीं था। युद्ध का बिगुल बज जाए तो सब धरा-का-धरा रह सकता था। यदि तबतक अर्जुन युद्ध करने हेतु तैयार नहीं हो जाता तो यह तय था कि युद्ध के प्रारंभिक क्षणों में ही वह कौरवों के बाणों का शिकार हो जाएगा।

अब मैं तो अपनी ओर से उसे अनेक तरीकों से समझा ही चुका था। लेकिन वह था कि न तो बात समझ रहा था और ना ही मौके की नजाकत समझ रहा था। खैर, मुझे तो हथियार डाल नहीं देने थे। मुझे तो अंतिम क्षण तक उसे विनाश से बचाने की कोशिश करनी ही थी। सो उसके युद्ध करने हेतु राजी न होनेपर मैंने एकबार फिर अपनी ओर से कहना प्रारंभ कर दिया। हां, मैंने कहने में एक फर्क अवश्य लाया। अबकी उसे समझाने हेतु मैंने शास्त्रों में प्रचलित बातों का सहारा लिया। क्योंकि यह स्पष्ट हो चुका था कि मेरे द्वारा नये तरीके से कहे गए सीधे सत्यों को वह पचा नहीं पा रहा था।

खैर, मैंने कहा कि हे अर्जुन, तू तो जानता है कि शास्त्रों में इस संसार को पीपल के वृक्ष की भांति कहा गया है। यह वृक्ष तीन मुख्य तत्वों से बना हुआ है। पहली है, वृक्ष की जड़। इस जड़ से ही वृक्ष विकास को उपलब्ध होता है। इस कारण जड़ को वृक्ष का परमेश्वररूप कहा जाता है। दूसरी होती हैं वृक्ष की शाखाएं, जिनपर पत्तों के रूप में वृक्ष का तीसरा हिस्सा टिका रहता है। इस तरह तीन भागों, यानी तीन लोकों में विभाजित यह संसाररूपी वृक्ष है। और इसमें समझने योग्य महत्त्वपूर्ण बात यह है अर्जुन कि अहंकार, ममता, और वासना से इन तीनों लोकों में से कोई आजाद नहीं है। यह सबमें व्याप्त है। यह मैं तुझे इसलिए समझा रहा हूँ कि इस विषय में मनुष्य युगों से भ्रमित है। वह सोचता है कि मूल तक यानी परमात्मा तक पहुंचने के लिए अहंकार, माया व वासनाएं त्यागनी पड़ती हैं। बड़े-बड़े ज्ञानी भी ''संसार की संरचना'' को न समझने के कारण ऐसी बातें कहते हैं। और जो नियम से संभव नहीं है। यही कारण है कि लाखों में एक परमात्मा के स्तर तक उठ पा रहा है। क्योंकि यहां हरकोई परमात्मा तक पहुंचने के लिए अहंकार, ममता तथा वासना को शत्रु

ईश्वर को मानने का अर्थ यह जानना है कि इस जगत का कण-कण परमात्मा का निर्मित किया हुआ है

मान रहा है। यहां कोई यह समझ ही नहीं रहा है कि यह तीनों जगत के मूल में है। यहां 'जड़, शाखा व पत्तों'' के रूप में सबके अपने अहंकार हैं तथा सबकी अपनी वासनाएं हैं। फर्क सिर्फ उनके मायनों का है। जड़ जहां पूरे वृक्ष के फलने-फूलने की कामना में कर्म कर रही होती है, वहीं शाखाओं को अपने ही विकास की चिंता लगी रहती है। और पत्तों की तो बात ही क्या करना? उनकी तो अपने अलावा किसी पर नजर ही नहीं जाती।

कुल-मिलाकर यह समझ अर्जुन कि मैं तुझे चाह या ममता त्यागने का नहीं कह रहा हूँ। मैं यह कह रहा हूँ कि चाह और ममता के मायने बदल ले। जहां तू पत्तों की तरह सिर्फ अपनी फिक्र में लगा हुआ है, वहां तू जड़ की तरह सबकी फिक्र करने की सोच। सबकी फिक्र 'चाह' का परमात्मीय स्तर है, और अपनी फिक्र अहंकार का द्योतक है। सो, यह कहना व सोचना ही गलत है कि परमात्मीय मनोदशा के व्यक्ति को फिक्र नहीं होती। मेरा ही उदाहरण ले, मेरा युद्ध के मैदान में उपस्थित होना या तुझसे वार्तालाप करना, दोनों में सर्व की फिक्र छिपी ही हुई है। जबकि तेरा यहां आना भी तेरी जाती कामनाओं के कारण है तथा तू बात भी अपने को बचाने हेतु कर रहा है। अत: तू यह समझ कि जब मैं कामनाओं को त्यागने की बात करता हूँ, तो तुझे यह समझना चाहिए कि मैं स्वार्थजनित कामनाओं को त्यागने की बात कर रहा हूँ। कामनाओं का सम्पूर्ण त्याग तो यहां संभव ही नहीं है। क्योंकि 'कामना' ही जगत की उत्पत्ति का परमकारण है। अरे, परमात्मा ने भी तो जगत को विकसित देखने की कामना करी ही है। एवं उसी से तो यह संसार अस्तित्व में आया है। और ऐसे में सबकी खुशहाली की कामना से जीना ही एकमात्र सच्ची परमात्मीय कामना है। अत: तू भी परमात्मीय कामना से यह युद्ध लड़।

हे अर्जुन, तू ऐसा समझ कि स्वयं की चिंता से सर्व की चिंता तक उठना ही परमात्मा को पाने का सबसे सरल मार्ग है। क्योंकि सर्व की चिंता ही परमात्मा का एकमात्र पूजन है। और मनुष्य का ''जाती स्वार्थ'' ही इसमें एकमात्र बाधा है। इसलिए मनुष्य को चाहिए कि वह अपने तमाम जाती स्वार्थों को वैराग्य की तलवार से काट दे। वैराग्य मनुष्य को संसार से नहीं, स्वयं के स्वार्थ से लेना है। परमात्मा द्वारा रचित इस संसार को तो करुणा के साथ पूरा-का-पूरा अपनाना है। ...और ऐसा व्यक्ति ही सच्चा वैरागी है। हे अर्जुन, ऐसे वैरागी के मान और मोह पूरी तरह नष्ट हो चुके होते हैं। अपनी तमाम जाती कामनाओं से वह निजात पा चुका होता है। सुख-दुख फिर उसे कभी विचलित नहीं करते। क्योंकि सुख-दुख के एहसास मनुष्य को तभी तक होते हैं जबतक कि वह स्वार्थप्रवृत्ति से ग्रसित होता है। स्वार्थ से छूटते ही मनुष्य तत्काल तमाम प्रकार के द्वंद्वों से छूट जाता है। और द्वंद्वों से मुक्त हुआ ज्ञानी परमात्मा को पा लेता है। हे अर्जुन, उस परमपद को प्राप्त

हुआ मनुष्य फिर लौटकर संसार में नहीं आता है। क्योंकि जबतक स्वार्थ है, तभी तक आवागमन है।

अर्जुन, जब इतनी बात चली है तो मुझसे तू ''मनुष्य के आवागमन का सिद्धांत'' भी समझ ले। मनुष्य के भीतर स्थित आत्मारूपी जीवात्मा मेरा अंश है। और उसी से मनुष्य की अपनी प्रकृति निर्मित होती है। वही आत्मा मनुष्य के मन तथा पांचों इन्द्रियों में प्राण डाल उन्हें आकर्षित करता है। और इसी से मनुष्य में स्वार्थ भाव उत्पन्न होता है। मनुष्य को अपने में उत्पन्न हुए इस स्वार्थ के भाव को त्यागकर वापस मुझमें, यानी परमात्मा में स्थित होना रहता है। ...यही मनुष्यजीवन का खेल है। अब तू मुझसे जन्म तथा पुनर्जन्म का सिद्धांत भी समझ ले। जब भी मनुष्य शरीर का त्याग करता है तो उसका आत्मा उसके ''मन सहित इन्द्रियों के समूह को'' अपने साथ ले जाता है। ...और फिर वह आत्मा मन और इन्द्रियों सहित दूसरा शरीर धारण करता है। आत्मा के साथ मन और इन्द्रियों के आनेजाने का तथा नये शरीर धारण करते रहने का यह खेल तबतक चलता रहता है जबतक मनुष्य 'स्वार्थ' से छुटकारा नहीं पा लेता है। स्वार्थ से छुटकारा पाते ही मनुष्य के मन और इन्द्रियां दोनों तिरोहित हो जाते हैं। ऐसे में आत्मा के साथ कुछ नहीं जाता, और जब आत्मा के साथ कुछ नहीं जाता तो वह आत्मा फिर हमेशा के लिए परमात्मा में लीन हो जाता है। अत: अर्जुन तू भी 'स्वार्थ' से उठकर 'परमार्थ' के लिए युद्ध कर। ऐसा करने से तेरे मन और इन्द्रियां तिरोहित हो जाएंगे। और ऐसा होने पर इस दुखरूपी संसार में बार-बार आने से तुझे मुक्ति मिल जाएगी। अर्जुन तू स्वार्थवश हार-जीत की तथा अपने जीने-मरने की चिंता कर रहा है। और मैं तुझे ''परमपद परमात्मा'' को पाने के मार्ग पर लगा रहा हूँ। सो तू डटकर परमार्थ यानी पापियों का विनाश करने हेतु युद्ध के लिए खड़ा हो जा।

दरअसल इस विषय में सारा भ्रम इसलिए है कि अज्ञानीजन इस परमपद को मृत्यु के पश्चात की अवस्था मानते हैं। ...परंतु विवेकशील ज्ञानी ऐसा नहीं मानते हैं। वे तो मेरे तीनों स्वरूपों को; अर्थात शरीर में आते हुए, शरीर छोड़कर जाते हुए, तथा शरीर में स्थित होकर जीते हुए को भी पहचानते हैं। अब शरीर में तो मैं आ ही चुका हूँ, सो मुझे जानने का वह मौका तो जा चुका। वहीं शरीर छोड़कर जाऊंगा तब जाऊंगा, सो उसकी चर्चा भी अभी करने का कोई मतलब नहीं है। परंतु शरीर में स्थित मेरे स्वरूप को तू वर्तमान में जान सकता है। और तेरे लिए ही नहीं, यहां सभी के लिए परमात्मा को जानने का अवसर वर्तमान में ही उपलब्ध होता है। तुझे भी युद्धरूपी वर्तमान कर्म में यह मौका उपलब्ध है। बस तू इसको सर्व के उद्धार हेतु भोग। इस भोगने से तेरे हृदय में स्थित मुझ परमात्मा को

तू तत्व से जान लेगा। परंतु स्वार्थ का रत्तीभर एहसास रहा तो तू परमात्मा को जानने के महान अवसर से वंचित रह जाएगा।

हे अर्जुन, मैं जहां एक ओर मनुष्यों के हृदय में स्थित हूँ...वहीं दूसरी ओर मैं चारों ओर फैला हुआ भी हूँ। सूर्य, चन्द्रमा और अग्नि का जो कुछ भी तेज है, उसे तू मेरा ही स्वरूप जान। मैं ही पृथ्वी में प्रवेश करके जीवन को धारण करता हूँ। जीवन का विकास भी मैं ही करता हूँ तथा उस विकास हेतु उनके अन्न को भी मैं ही पचाता हूँ। अर्जुन, ऐसा तो मेरा स्वरूप है कि शास्त्रों में जिसे जाननेयोग्य कहा गया है, वह परमात्मा भी मैं ही हूँ, तथा उन शास्त्रों को जाननेवाला भी मैं ही हूँ। तू ऐसा समझ कि मनुष्य हो या शास्त्र, सबके भीतर-बाहर मैं ही हूँ। इस संसार में दो प्रकार के मेरे स्वरूप हैं। एक नाशवान तथा दूसरा अविनाशी। मनुष्यों के संदर्भ में कहूं तो उनके नाशवान शरीर भी मैं ही हूँ तथा उनकी अविनाशी आत्मा भी मैं ही हूँ। इसलिए यहां शरीर को त्याग के आत्मा को पाने की बात करनेवाला हमेशा से गलत है। क्योंकि अंत में तो दोनों मेरे ही स्वरूप हैं। अत: मेरी राय में सिर्फ शरीर की चिंता करनेवाला तो गलत है ही, लेकिन सिर्फ आत्मा का चिंतन करनेवाला भी पूरी तरह से सही नहीं है। उत्तम पुरुष तो वह है जो दोनों का ठीक से तालमेल बिठाकर जगत के उद्धार में लगा रहता है। क्योंकि जबतक जीवन है तबतक आत्मा व शरीर दोनों एकदूसरे के बिना अधूरे हैं। जहां बिना आत्मा के मनुष्य कभी स्वार्थ के ऊपर नहीं उठ पाता है, वहीं बिना शरीर के आत्मा अपने अकेले के बल पर जगत-उद्धार का कोई कार्य नहीं कर सकता है। अत: तू भी ''आत्मा के परमार्थ का भाव'' तथा ''शरीर के कर्म करने की क्षमता'' का मिलन कर ले। और इस मिलन से ''सर्व के हित में पापियों का विनाश करने हेतु'' खड़ा हो जा। इस तरह की मनोदशा में युद्ध करने से तेरे भीतर भी परमात्मा होगा तथा बाहर चारों ओर युद्ध के मैदान में भी तेरे लिए सिवाय परमात्मा के और कुछ नहीं होगा। शरीर और आत्मा के मिलन से लगातार कर्म करनेवाला ऐसा मनुष्य ही मेरा 'पुरुषोत्तम स्वरूप' है। हे अर्जुन, मैंने अपने इस अति गोपनीय स्वरूप के बारे में तुझसे कहा। इसे समझकर सामान्य-से-सामान्य मनुष्य भी ज्ञानवान हो सकता है। ...जबकि तू तो बड़ा ही समझदार है। अत: शरीर और आत्मा का पूर्ण मिलन करके युद्ध के लिए खड़ा हो जा। ...इससे तू तत्काल मेरे ''पुरुषोत्तम स्वरूप'' को प्राप्त हो जाएगा।

प्रैक्टिकल एप्लीकेशन - 20

कृष्ण जिस भी तरीके से समझा सकते थे, उन सब तरीकों से वे अर्जुन को समझा चुके थे कि उसके लिए 'युद्ध करना' ही श्रेष्ठ विकल्प है। पर अर्जुन युद्ध करने हेतु राजी अब भी नहीं हो रहा है। कारण क्या है? उसका एकमात्र कारण है, अहंकार। अहंकार वह बला है जो पकड़ तो फटाफट लेता है, पर उससे कुछ छूटता नहीं है। नया पकड़ना व पकड़ने के बाद नहीं बदलना, यह अहंकार की एक प्रमुख प्रवृत्ति है। और यह अहंकार ही मनुष्य की दुर्गति का प्रमुख कारण है। अपनी मान्यता, अपनी सोच, अपनी जिद्द कितना ही कष्ट क्यों न दे रही हो, पर अहंकार उसे छोड़ नहीं पाता है। कोई अच्छी व सच्ची बात क्यों न कह दी जाए, फिर भी अपनी पुरानी बात से चिपके रहना अहंकार का एक स्वरूप है। और यही प्रवृत्ति मनुष्य की बर्बादी का प्रमुख कारण है। सो नयी अच्छी बात जानने, सुनने या समझने के बाद भी यदि आप अपनी पुरानी बातों व आदतों से चिपके रहते हैं, तो आप सावधान हो जाएं। क्योंकि हर अच्छी नयी बात सीखने तथा उस अनुसार बदलने वालों का ही जीवन बन सकता है। सो नयी व अच्छी बातों को तेजी से अपनाना सीख जाओ। और उस हेतु अगले पेज पर दिये गए चार्ट को सावधानीपूर्वक भरो। जो आप सालों से मानते व करते आ रहे हैं, ऐसी पांच बातों को पहले लिखें। फिर नीचे उस बाबत जानी नयी बात को लिखें। फिर दोनों बात पर अच्छे से मनन कर देखें कि कौन-सी बात वाकई श्रेष्ठ है? यदि नयी बात श्रेष्ठ जान पड़े तो उसका जल्दी-से-जल्दी अनुसरण करना प्रारंभ कर दो। हर नया सबक एक गीता ही है। और अगर हर गीता को इसी तरह अठारह अध्याय तक खींचोगे तो हो चुका। आज के गतिमान युग में नाकामी के अलावा कुछ हाथ नहीं लगेगा। समय कम है तथा सीखना बहुत है। ऐसे में तेजी से बदलना जरूरी है, क्योंकि जैसे हैं, वैसे जीवन नहीं ही बन रहा है। अत: आज से ही अपने को तेजी से सुधारने की कोशिश में लग जाओ...।

1 उस बात व आदत को लिखें जो सालों से मानते आ रहे हैं

....

....

....

....

....

....

उस बाबत नयी सुनी अच्छी बात लिखें

....

....

....

....

....

कौन–सी श्रेष्ठ है, यह लिखें

....

....

....

....

....

जो श्रेष्ठ हो उस बाबत विस्तार से लिखें

....

....

....

....

....

2 उस बात व आदत को लिखें जो सालों से मानते आ रहे हैं

....

....

....

....

....

....

उस बाबत नयी सुनी अच्छी बात लिखें

....

....

....

....

....

कौन–सी श्रेष्ठ है, यह लिखें

....

....

....

....

....

जो श्रेष्ठ हो उस बाबत विस्तार से लिखें

....

....

....

....

....

3 उस बात व आदत को लिखें जो सालों से मानते आ रहे हैं

....

....

....

....

....

....

उस बाबत नयी सुनी अच्छी बात लिखें

....

....

....

....

....

कौन-सी श्रेष्ठ है, यह लिखें

....

....

....

....

....

जो श्रेष्ठ हो उस बाबत विस्तार से लिखें

....

....

....

....

....

4 उस बात व आदत को लिखें जो सालों से मानते आ रहे हैं

....

....

....

....

....

....

उस बाबत नयी सुनी अच्छी बात लिखें

....

....

....

....

....

कौन–सी श्रेष्ठ है, यह लिखें

....

....

....

....

....

जो श्रेष्ठ हो उस बाबत विस्तार से लिखें

....

....

....

....

....

5 उस बात व आदत को लिखें जो सालों से मानते आ रहे हैं

....

....

....

....

....

....

उस बाबत नयी सुनी अच्छी बात लिखें

....

....

....

....

....

कौन–सी श्रेष्ठ है, यह लिखें

....

....

....

....

....

जो श्रेष्ठ हो उस बाबत विस्तार से लिखें

....

....

....

....

....

अध्याय - 16

कृष्ण:

हे अर्जुन, इस जगत में दो तरह की मानसिकता वाले मनुष्य जी रहे होते हैं। एक दैवी संपदा के लक्षणों से ओतप्रोत होते हैं, तो दूसरे आसुरी प्रवृत्तियों के शिकार होते हैं। दैवी संपदा का व्यक्ति स्वार्थ से ऊपर उठकर सर्व हेतु जी रहा होता है जबकि आसुरी संपदा का व्यक्ति स्वार्थी मनोवृत्ति का शिकार होता है। ऐसे में दैवी संपदा की मानसिकता तक उठना हर मनुष्य का कर्तव्य है। यानी "स्वार्थ से परमार्थ तक उठना" ही उसकी मुक्ति का एकमात्र मार्ग है। ...बाकी आसुरी संपदा तो मनुष्य को हजार जंजीरों में जकड़े ही रहती है।

खैर, तू मुझसे दैवी संपदा को उपलब्ध मनुष्यों के लक्षण सुन। इससे तुझे अपने को पहचानने में सहायता मिलेगी। सबसे पहली बात तो यह कि दैवी संपदा के व्यक्ति में भय का सर्वथा अभाव होता है। यूं भी जब स्वार्थ ही नहीं तो भय किस बात का? तू भी युद्ध में से सारे स्वार्थ हटा दे, तेरे सारे भय तत्काल तिरोहित हो जाएंगे। वैसे ही दैवी संपदा का व्यक्ति स्वधर्म के पालन हेतु कितना भी कष्ट उठाना पड़े, उठाता है। और तेरी बात करूं तो अपनी तथा अपने परिवार की इच्छाओं का सम्मान करना तेरा स्वधर्म है। तू हार या मौत के डर से इस युद्धरूपी स्वधर्म को टाल नहीं सकता है। बाकी तो कर्तापन का अभाव, चित्त में चंचलता का अभाव, कर्मों में फल की कामना का अभाव, व्यर्थ की चेष्टाओं का अभाव; यह सब दैवी संपदा को उपलब्ध व्यक्ति के स्वाभाविक गुण होते हैं। साथ ही किसी से भी किसी कीमत पर शत्रुभाव न जागना, यह दैवी संपदा को उपलब्ध व्यक्ति की सबसे बड़ी विशेषता होती है। अत: तुझे भी कौरवों को 'शत्रु' की जगह 'निमित्त' मानकर इस युद्ध को करने हेतु खड़ा हो जाना चाहिए। क्योंकि अंत में तो यहां हरकोई परमात्मा का भेजा हुआ निमित्त ही है। और सबको परमात्मा के भेजे एक निमित्त के रूप में पहचानना ही एकमात्र सच्चा ज्ञान है। अत: तू भी इस युद्ध का कर्ता होने की जगह उसका निमित्त हो जा। इससे तू तत्काल तमाम कर्मों से छूट जाएगा। इसके विपरीत अभिमान, कठोरता तथा अज्ञान वगैरह आसुरी संपदा को प्राप्त व्यक्ति के लक्षण हैं।

खैर अर्जुन, तू क्यों चिंता कर रहा है? तू तो दैवीसंपदा को उपलब्ध व्यक्ति है। अब किसी पर आगे कड़ा प्रहार करना हो तो इतना तो कहना ही पड़ता है। क्योंकि किसी को सुझाव देने हेतु भी पहले उसकी तारीफ करना बेहतर होता है। बस मैंने तारीफ कर तुरंत आगे कहा कि परंतु अर्जुन, तू मेरी एक बात समझ कि ''क्या कर्तव्य है और क्या अकर्तव्य है'' इसका निर्णय करने में शास्त्र यानी मनुष्य की अपनी अंतरात्मा ही एकमात्र प्रमाण है। अत: युद्ध करने या नहीं करने का निर्णय तू अपनी अंतरात्मा से ही ले। मनुष्य की अंतरात्मा हमेशा उसे ''नियत कर्म'' में लगाती है। हे अर्जुन, यहां नियत कर्म का अर्थ भी समझ लेना। दरअसल प्रकृति की व्यवस्था कुछ ऐसी है कि ''यहां किसको क्या करना'' यह हरपल प्रकृति तय करती ही चली जाती है। अंतरात्मा न जागी होने के कारण मनुष्य उसके विपरीत की हजार संभावनाएं खोजने में लग जाता है। और यही यहां हर मनुष्य का अज्ञान है। उसी से यहां हरकोई 'अकर्तव्य' में लगा हुआ है। अभी तेरा ही उदाहरण ले। युद्ध प्रकृति की महानलीला से अटल हो चुका है। और जब युद्ध अटल हो चुका है तो दिल खोलकर युद्ध करना तेरा ''स्वाभाविक नियत कर्म'' हो चुका है। ऐसे में भी तू शास्त्रों से लेकर स्वार्थ तक की चिंता पकड़े युद्ध करने के अलावा की हजार संभावनाएं खोज रहा है।

परंतु मेरा विश्वास कर, अपनी अंतरात्मा में झांक, तेरे पास इस समय युद्ध करने के अलावा अन्य कोई संभावना मौजूद ही नहीं है। यह कुदरत की ओर से इस समय तेरे लिए तय किया गया ''नियत कर्म'' है। इसमें किसी भी प्रकार के संशय की गुंजाइश ही कहां है? परंतु अज्ञानतावश मनुष्य निर्णय स्वयं करने की जिद्द पकड़ता है, और उसी कारण वह सामने आए 'कर्तव्य-कर्मों' से भी विमुख हो जाता है।

अर्जुन, सबसे बड़ी बात यह है कि आसुरी स्वभाववाला मनुष्य अपने स्वयं की प्रवृत्ति तथा निवृत्तियों को भी नहीं जानता है। वह यह तक नहीं समझता है कि इस जगत में बाह्य परिस्थितियां ही नहीं, उसके स्वयं के मन में उजागर हो रही प्रवृत्तियां तथा निवृत्तियां भी कुदरत के अधीन हैं। इसलिए मनुष्य को चाहिए कि वह अपने भीतर उठ रही प्रवृत्तियों के साथ बह जाए। उसमें भी उन प्रवृत्तियों को दबाने का चुनाव न करे। उसे यह समझना चाहिए कि उसके भीतर उठ रही कोई भी प्रवृत्ति कभी स्थायी नहीं होती है। अपने समय पर हर प्रवृत्ति एकदिन निवृत्त हो ही जाती है। परंतु जब जो प्रवृत्ति भीतर उठी है, मनुष्य को चाहिए कि उस वक्त वह उस प्रवृत्ति के प्रति ईमानदारी बरते। अपने भीतर चल रही वास्तविक प्रवृत्ति को पूर्णता से बाहर उजागर करे। यह जो बाहर-भीतर की शुद्धि है, यही दैवीसंपदा को प्राप्त हुए मनुष्य का प्रमुख लक्षण है। यही उसका सत्यभाषण भी है तथा यही उसका श्रेष्ठ आचरण भी है। और तेरी भीतरी प्रवृत्ति भी पूरी तरह से स्पष्ट है। उसमें राज्य पाने की लालसा भी छिपी हुई है, तथा कौरवों के ढाए जुल्मों का बदला लेने की चाह भी छिपी हुई है। ऐसे में 'असत्यभाषण' करके क्या फायदा? तू अपनी वास्तविक प्रवृत्ति के साथ बह जा। एकदिन तेरी यह प्रवृत्ति भी निवृत्त हो जाएगी। तेरी राज्य की चाह भी चली जाएगी और तेरे भीतर कौरवों के प्रति उभरा शत्रुता का भाव भी तिरोहित हो

'सत्य' कोई खोजने जाने की चीज नहीं है बल्कि जो सामने है... वही सत्य है

जाएगा। और उसदिन के बाद तू अपने को कभी किसी युद्ध के मैदान में भी नहीं पाएगा। परंतु आज तेरे लिए बेहतर है कि तू तेरी ''आज की प्रवृत्ति'' का साथ दे। मनुष्य अपनी प्रवृत्तियों के साथ बहे बगैर कुदरत से एकात्म कभी नहीं बना सकता है। और कोई मनुष्य कुदरत से एकात्म बनाए बगैर कभी भी दैवी संपदा को प्राप्त नहीं हो सकता है। ...तथा बिना दैवी संपदा को प्राप्त हुए उसकी मुक्ति नहीं होती है।

अर्जुन, इन आसुरी प्रवृत्तिवाले मनुष्यों की सबसे बड़ी विशेषता यह होती है कि वे इस जगत को आश्रयरहित, असत्य तथा बिना ईश्वर के अपनेआप केवल ''काम के कारण अस्तित्व में आया'' मानते हैं। और अक्सर ऐसे लोग ही ईश्वर में ज्यादा रुचि रखनेवाले दिखाई देते हैं। परंतु वास्तव में ईश्वर को मानने का अर्थ यह जानना है कि इस जगत का कण-कण उस एक ईश्वर का निर्मित किया हुआ है। और जब जगत का कण-कण उसका निर्मित किया हुआ है तो उसमें किसी भेद का कोई सवाल नहीं उठता है। परंतु दुर्भाग्य से अधिकांश शास्त्र ना सिर्फ भेद सिखाने में लगे रहते हैं बल्कि वे सब आपसी भेद का भी शिकार हुए पड़े हैं। और उसी कारण यहां आसुरी प्रवृत्तिवाले हरेक ने अपने अलग से ईश्वर बना रखे हैं। परंतु दैवी प्रवृत्ति को प्राप्त हुआ मनुष्य तहेदिल से यह जानता है कि यह पूरा जगत एक ईश्वर की रचना है। ईश्वर की रचना में न कोई दाग हो सकता है, और ना कुछ श्रेष्ठ और तुच्छ हो सकता है। ऐसे में कोई कैसे इस युद्ध को तुच्छ कहकर ठुकरा सकता है? हे अर्जुन, दैवी संपदा को प्राप्त व्यक्ति ''सबकुछ एक ईश्वरीय नियम से सबके हित में चलायमान है'' ऐसा मानता है। इसलिए वह ''जो हो रहा है वह अच्छा ही हो रहा है'' ऐसा मानकर लगातार करने योग्य कर्म करता चला जाता है। लेकिन इसके विपरीत आसुरी प्रवृत्ति का मनुष्य एक ओर जहां ईश्वर में मानने की बात करता है, वहीं दूसरी ओर वह जो कुछ हो रहा है, उसे बदलने की कोशिश में भी लगा रहता है। परंतु कटु सत्य यह है अर्जुन कि जबतक मनुष्य का ''जो हुआ...अच्छा हुआ, जो हो रहा है...अच्छा हो रहा है और जो होगा वह भी अच्छा ही होगा'' इस पर पूरा विश्वास नहीं बैठ जाता, बाहर से लाख ईश्वर की चर्चा करने के बावजूद उसका ईश्वर में विश्वास है, यह नहीं कहा जा सकता है।

हे अर्जुन, तू भी गौर करेगा तो तुझे भी समझ में आ जाएगा। जो कुछ भी हो रहा है उसे ईश्वर की मरजी से न होता हुआ मानने के कारण ही ऐसे लोग दम्भ, मान व मद से युक्त होते हैं। और इसी कारण वे घट रही हर घटना में दोष देखते हैं। और इसी वजह से वे घट रही घटना को बदलने की झूठी आशाएं पालते हैं। फिर उन उभरी झूठी आशाओं की पूर्ति हेतु शास्त्रों व धर्मों के नामपर ना जाने कैसे-कैसे मिथ्या, झूठे व भ्रष्ट सिद्धांतों का सहारा लेते हैं। ऐसे लोग ही पाप-पुण्य तथा स्वर्ग-नर्क के हजारों जालों में

अपने को उलझाते हैं। सबकुछ बदलने की चाह करनेवाले ये लोग हमेशा हजारों चिंताओं तथा कामनाओं से घिरे ही रहते हैं। मौत आने पर भी उनका इन चिंताओं तथा कामनाओं से छुटकारा नहीं हो पाता है। वे हमेशा ''बस इतना ही सुख है'' की शिकायत करते फिरते हैं। आशा की सैकड़ों फांसियों में फंसे ऐसे लोग जीवनभर असंतुष्टि की माला पहने दौड़ते ही रहते हैं। वे यही सोचा करते हैं कि आज यह पा लिया, अब कल वह पाना है। आज इस शत्रु को पछाड़ दिया, कल उसे पछाड़ना है। वे लोग ही फिर अहंकार पालते हैं कि मैं वह यज्ञ करूंगा, इतना दान करूंगा, ऐसा पुण्य कमाऊंगा। ऐसे आसुरी प्रवृत्ति के लोग जीते-जी तो नर्क की मनोदशा में रहते ही हैं, लेकिन उनका दुर्भाग्य यह है कि मृत्यु के पश्चात भी वे लोग नारकीय मन:स्थिति को ही भोगते हैं। ऐसे सभी व्यक्तियों को तू सबके हृदय में स्थित मुझ ईश्वर से द्वेष करनेवाला ही जान। यह तय जान अर्जुन कि ऐसी मनोदशावाले व्यक्तियों को मैं बार-बार आसुरी योनियों में ही जन्म देता हूँ।

अत: अर्जुन! तू तेरे हृदय में स्थित मुझ अंतर्यामी ईश्वर से द्वेष मत कर। तू उसकी शरण जा। यह तय जान कि सबकुछ उस एक ईश्वर की मरजी से हो रहा है। और यह जानकर उसका तय किया होने दे। उसे बदलने की कोशिश मत कर। जो कुछ घट रहा है उसे बदलने हेतु व्यर्थ की चिंताएं मत पाल। कुछ बदलने की कामना भी मत कर। तू न इस युद्ध को बदलने की कोशिश कर और न तेरे युद्ध लड़ने के माहौल को बदलने की कोशिश कर। ना तो तू जो राज्य आज उपलब्ध नहीं है उसे पाने की चाह कर, और ना तू कौरवों को शत्रु मानने की भूल कर। तू तो निर्विचार मनोदशा में स्थित हो जा तथा जो कुछ भी हो रहा है, उसमें अपने निमित्त कर्म को पहचान। ...तथा यह मान ही ले कि ''दिल खोलकर नियत कर्म करना'' इतनी ही मनुष्य की सत्ता है। और अपनी सत्ता की यह सीमा पहचानना ही एकमात्र ज्ञान है, यही धर्म है तथा यही सत्य है। मनुष्यों के लिए मुझे पाने का यही एकमात्र उपाय है। अत: तेरी सामान्य सत्ता में सिर्फ इस युद्ध का निमित्त बनना है। इसके आगे-पीछे के सारे निर्णय तुझे उस महासत्ता पर छोड़ देने हैं। सो तू भी हंसते हुए युद्ध करने का निमित्त बन तथा बाकी का सब उस महासत्ता पर छोड़ दे।

प्रैक्टिकल एप्लीकेशन - 21

कृष्ण ने यहां कहा कि कर्म करने की बजाय कर्म का 'निमित्त' बनना श्रेष्ठ है। तो निमित्त का अर्थ क्या है? यही कि मैं ''किसी और'' के लिए कर रहा हूँ। फिर हर बार वह ''कोई और'' सर्व यानी परमात्मा ही हो, यह जरूरी नहीं है। अच्छे कार्यों तथा अच्छे व्यक्तियों की सहायता का निमित्त भी बना ही जा सकता है। सो कृष्ण कह रहे हैं कि मैं कर्म अपने लिए करूं, उससे बेहतर है कि 'निमित्त' होकर करूं। और यह एक ऐसा जादू है कि पूछो ही मत। लगातार निमित्त बनकर कार्य करने वाला जल्द ही हवा में उड़ने की मस्ती पा लेता है। अपने लिए हरकोई कमाने में लगा है, फिर कोई कमा क्यों नहीं पा रहा है? यही तो समझना है। कभी परमात्मा, कभी जगत तो कभी दूसरों के लिए कमाने की कोशिश करो। कमाना इतना आसान हो जाएगा कि आप समझ ही नहीं पाएंगे। यह प्रकृति अपनेआप में एक विशाल विज्ञान है। तथा कृष्ण उस विज्ञान के दायरे में ही सारी बातें कर रहे हैं। सो कुल-मिलाकर कर्मों के निमित्त होना सीख जाओ। पहले दो-चार बार निमित्त बनके देखो। फिर दस-बीस... और फिर तो बस निरंतर निमित्त होकर कर्म करते चले जाओ। आप तो आप, दुनिया आपका जीवन देखकर चकित हो जाएगी। सो पहले निमित्त बनना तय कर लो। फिर अगले पेज पर दिये चार्ट में पहले पांच निमित्त कर्मों का विवरण तथा उसके अनुभव बाबत लिखो। और जब उसके परिणाम आए, तब उस बाबत भी लिखो। और जब देखो कि निमित्त बनने से भीतर भी हल्का महसूस हो रहा है तथा बाहर परिणाम भी शानदार आ रहे हैं, फिर तो रुकने की जरूरत ही क्या है? फिर तो निमित्त बनने का कोई मौका छोड़ना ही मत।

1 निमित्त बनकर किये कर्म को विस्तार से लिखें

....

....

....

....

कर्म करते वक्त भीतर क्या महसूस हुआ, वह लिखें

....

....

जब परिणाम आए तो उस बाबत लिखें

....

....

2 निमित्त बनकर किये कर्म को विस्तार से लिखें

....

....

....

....

कर्म करते वक्त भीतर क्या महसूस हुआ, वह लिखें

....

....

जब परिणाम आए तो उस बाबत लिखें

....

....

3 निमित्त बनकर किये कर्म को विस्तार से लिखें

....

....

....

....

कर्म करते वक्त भीतर क्या महसूस हुआ, वह लिखें

....

....

जब परिणाम आए तो उस बाबत लिखें

....

....

4 निमित्त बनकर किये कर्म को विस्तार से लिखें

....

....

....

....

कर्म करते वक्त भीतर क्या महसूस हुआ, वह लिखें

....

....

जब परिणाम आए तो उस बाबत लिखें

....

....

5 निमित्त बनकर किये कर्म को विस्तार से लिखें

....

....

....

....

कर्म करते वक्त भीतर क्या महसूस हुआ, वह लिखें

....

....

जब परिणाम आए तो उस बाबत लिखें

....

....

अध्याय – 17

अर्जुन:

मैं आपकी बात समझ गया। यहां मनुष्य का सबकुछ उसकी अंतरात्मा ही है। और मनुष्य को उसकी शरण होकर उसके आदेशानुसार ही समस्त कर्म करने चाहिए। मैं समझ गया कि मनुष्य की अंतरात्मा ही उसका एकमात्र शास्त्र है। बाहरी तमाम शास्त्र और ज्ञान उसके आगे निरर्थक है। परंतु कृष्ण! सवाल यह कि जो मनुष्य अपनी अंतरात्मा से संपर्क न बिठा पा रहा हो तथा अपनी मान्यताओं के अनुसार श्रद्धा को बाहर से ओढ़कर

उस अनुसार "अपनी अंतरात्मा को छोड़कर अन्य देवताओं का पूजन करता हो" तो ऐसे में उसका यह पूजन सात्विक माना जाना चाहिए अथवा राजसी? ...या फिर कहीं ऐसा पूजन तामसी तो नहीं?

कृष्ण:

अब वैसे तो समय बीता जा रहा है। मैं अर्जुन को पिछली बार भी यह समझा ही चुका हूँ कि तेरे पास युद्ध करने के अलावा कोई विकल्प नहीं है। परंतु उसके सवाल पूछने से स्पष्ट हो जाता है कि वह अब भी युद्ध करने हेतु तैयार नहीं है। हालांकि अबकी उसके सवाल में ईमानदारी भी है तथा जिज्ञासा भी। वह स्पष्ट कह रहा है कि मनुष्य की अंतरात्मा उसका सबकुछ है...यह तो मैं अब समझ गया। परंतु उसमें स्थित न हो पाऊं तो क्या? उसकी आवाज न सुन पाऊं तो क्या? ऐसे में तो मुझे अन्य ज्ञानियों द्वारा रचित शास्त्रों का ही सहारा लेना होगा। तो ऐसे में मेरा वह सहारा सात्विक होगा, राजसी होगा या तामसी होगा? अब जब सवाल इतना उचित है तो उसको कृष्ण से विस्तारपूर्वक उत्तर मिलना ही है। सो मैंने उत्तर देते हुए कहा कि हे अर्जुन, अपने स्वयं के शास्त्र और संस्कारों को ठुकराकर बाहरी शास्त्रों से प्रभावित होनेवाले लोग सात्विक, राजसी व तामसी तीनों प्रकार के हो सकते हैं। क्योंकि यहां भी सवाल तो उसकी मनोदशा का ही होता है, बाह्य कर्मों या प्रभावों का नहीं। अत: पहले तो तू ऐसा समझ कि सात्विक, राजसी व तामसी मनुष्य की मनोदशा होती है, उसके कर्म नहीं।

खैर अर्जुन, जगत में त्रिगुणी माया के आधार पर तीन तरह के पूजन करनेवाले लोग मौजूद हैं। उनमें सात्विक मनोदशा के लोग देवों यानी श्रेष्ठ ज्ञानियों, कलाकारों तथा वैज्ञानिकों के प्रति श्रद्धा रखते हैं। क्योंकि ये सभी अपने कर्मों से सर्व के उद्धार में लगे होते हैं। वहीं राजसी मनोदशा के व्यक्ति राक्षसों यानी धनवानों तथा सत्ताधीशों के प्रति अपनी श्रद्धा जताते हैं। लेकिन तामसी प्रवृत्ति के लोग तो भूतों यानी "मृत्यु पा चुके देवता तथा राक्षसों की मूर्तियों के प्रति" भी श्रद्धा रखते हैं। फिर ऐसे ही लोग अहंकार, कामना व आसक्ति के बल पर मन:कल्पित यज्ञ, तप व पूजन किया करते हैं। ये लोग अपनी अंतरात्मा का तो उल्लंघन करते ही हैं, साथ ही जीवित मनुष्यों का भी तिरस्कार करनेवाले होते हैं। ऐसे लोग जीवितों की अवहेलना कर मुर्दों पर अपनी ऊर्जा तथा अपना धन व्यय करते रहते हैं।

हे अर्जुन! सात्विक, राजसी और तामसी का यह भेद श्रद्धा के विषय में ही नहीं, जीवन के हर छोटे-मोटे कर्मों में भी प्रकट होता रहता है। क्योंकि कर्म कोई भी हो, अंत

हे
अर्जुन
इस संसार की
रचना
कुछ ऐसी है
कि यहां
मनुष्य
स्वयं अपना
मित्र है
तथा वह
स्वयं अपना
शत्रु है

में मनुष्य से हर कर्म करवाती तो उसकी मनोदशा ही है। इसीलिए तो मैं कहता हूँ कि सात्विक, राजसी और तामसी कर्म नहीं, मनुष्य की मनोदशा होती है। इसी बात को यदि मैं भोजन में रुचि रखने के संबंध में कहूं तो कड़वा, बासी, कच्चा और चिकना भोजन प्राय: तामसी प्रवृत्ति के मनुष्यों को पसंद आता है। भोजन की चर्चा मैं इसलिए कर रहा हूँ कि शरीर का असर मनोदशा पर तथा मनोदशा का असर शरीर पर पड़ता है। और यही कारण है कि मैंने जीवनभर कभी शरीर का तिरस्कार नहीं किया। क्योंकि अंत में अंतरात्मा भी रहती तो शरीर में ही है। ...उसका घर तो शरीर ही है। खैर, वैसे ही प्राय: गरम व तीखे भोजन राजसी मनोदशा के व्यक्ति को प्रिय होते हैं। और आयु, बल तथा स्वास्थ्य बढ़ानेवाले भोजन सात्विक मनोदशा के व्यक्ति को प्रिय होते हैं। ...परंतु अर्जुन जो इन तीनों गुणों के पार होकर अपनी अंतरात्मा में स्थित हैं, उन्हें ''न तो कर्मों का और ना ही भोजन का कोई भेद'' होता है। वह कुछ भी व कितना भी खाए, उसका उनकी मनोदशा पर असर नहीं होता है। मेरा ही उदाहरण ले, मैं जीवनभर छप्पनभोग खाकर भी कभी अपनी अंतरात्मा से विचलित नहीं हुआ।

खैर अर्जुन, वैसे ही यज्ञ यानी कर्म भी मनोदशा के अनुसार तीन ही प्रकार के होते हैं। कर्म करना ही कर्तव्य है...ऐसा मानकर बिना फल की आशा के जो कर्म करते हैं, उनके तमाम कर्म सात्विक माने जाने चाहिए। वहीं अहंकार से भरकर या फल को निगाह में रखकर जो कर्म किये जाते हैं, उन्हें तू राजसी जान। परंतु बिना अन्नदान से तथा बिना दक्षिणा के अर्थात अपना या अन्यों के हित-अहित का ध्यान रखे बगैर जो कर्म किये जाते हैं, उन्हें तू तामसी मान। क्योंकि क्रोध या बेहोशी के कारण किये गए ऐसे कर्म हमेशा अपने समेत सबका अहित करनेवाले ही सिद्ध होते हैं।

हे अर्जुन! आगे यह भी समझ कि कोई भी मनुष्य कर्म ''शरीर, वाणी तथा मन'' तीनों से करता है। ज्ञानियों का सम्मान करना तथा कभी किसी को अकारण न सताना, यह शरीर संबंधी तप है। वैसे ही यथार्थ यानी सामनेवाले के हित की बात करना, और किसी को अकारण न उकसाना यह सब वाणी संबंधित वे तप हैं, जो हरेक को करने ही चाहिए। वहीं अपने मन की शांति व प्रसन्नता बनाए रखना, यह मन संबंधी तप है। और मनुष्य को अपने शरीर, वाणी तथा मन से लगातार इस प्रकार के कर्म करते रहना चाहिए। इसे ही 'तप' कहा जाता है। दरअसल तप हमेशा मनुष्यों के कर्मों से झलकता है। इसलिए सीधे तौर पर तू ऐसा समझ कि कर्म चाहे शरीर से किया जा रहा हो या वाणी से, या फिर कर्म मन से ही क्यों न किया जा रहा हो, उसमें फल की चाह का अभाव होना ही सात्विक तप कहा जा सकता है। बाकी तो मान व सत्कार पाने हेतु अथवा स्वार्थ से भरकर जो कोई भी कर्म किये जाते हैं, उन तमाम कर्मों को तू राजसी तप जान। और जो मूर्खतापूर्वक अकारण अपने ही शरीर तथा मन को सताने हेतु हठपूर्वक किये जाते हैं, उन तमाम कर्मों को तू तामसी तप समझ।

हालांकि अर्जुन, इस पूरे ज्ञान की सबसे गहरी बात भी मैं तुझे समझाता हूँ। जिस कर्म से बाहर कहीं...कोई भी रत्तीभर प्रभावित नहीं होता, उन कर्मों का कोई बंधन मनुष्य को कभी नहीं पकड़ता है। परंतु मनुष्य की सारी समस्याओं की जड़ वे कर्म हैं जिनसे अन्य प्रभावित होते हैं। और यहीं मनुष्य को सावधानी बरतने की जरूरत है। अत: मैं तो कहूंगा कि जबतक ज्ञान की ऊंचाइयां न छू लो, अन्यों को प्रभावित करनेवाले कर्मों को टालना ही बेहतर है। क्योंकि अन्यों को प्रभावित करनेवाले तमाम कर्म लौटकर वापस आते हैं। अत: यह मानकर चलना कि दान देना या सेवा करना सदा अच्छा ही कर्म है, तो यह मनुष्य का अज्ञान है। तथा इसी का वह भुगत रहा है। क्योंकि अंत में तो 'दान या सेवा' भी दूसरों के जीवन में दखलंदाजी है। ...जबकि यह पूरा जगत परमात्मा के न्यायतंत्र के अधीन है। उसे हरकोई यहां अपने कर्मों के अनुसार भुगत रहा है। यह एक ऐसा खतरनाक खेल है जो अपनेआप चल रहा है। अत: इस खेल में दखलंदाजी बड़ी सोच-समझकर करनी चाहिए। परंतु जबतक जीवन है, हमारे व्यवहार से दूसरे प्रभावित होते ही हैं। सो अर्जुन, मैं तुझे दूसरों से व्यवहार करने के तरीके बतलाता हूँ ...जिससे तू कर्म करते हुए भी कर्मों के बंधन से सदा के लिए छूट जाएगा।

शुरुआत मैं दान से ही करता हूँ। दान यानी मदद। अब वैसे तो किसी की मदद करना अच्छी ही बात है, परंतु इसमें भी सावधानी बरतना आवश्यक है। क्योंकि यहां भी सवाल मनोदशा का ही है। दरअसल तो मनुष्य को यह मानकर ही चलना चाहिए कि दान देना यानी दूसरों की मदद करना कर्तव्य है। जैसे परमात्मा ने मनुष्य के प्रति अपने कर्तव्य का

निर्वाह करते हुए उसे चांद, तारे, हवा-पानी और खनिज दिये हैं, वैसे ही एक मनुष्य होने के नाते सबकी मदद करना मेरा कर्तव्य है; गहरे में ऐसा विश्वासपूर्वक मानकर जीनेवाला श्रेष्ठ है। परंतु फिर भी, ऐसे ज्ञानी को भी दान देने से पूर्व सावधानी बरतनी तो आवश्यक होती ही है। उस ज्ञानी को भी दान देने से पूर्व समय, स्थान तथा पात्र का खयाल रखना ही होता है। गलत समय, यानी पेट भरे व्यक्ति को जबरन खाना नहीं खिलाया जा सकता है। वैसे ही दान देते वक्त मनुष्य को स्थान का भी होश बनाए रखना होता है। चल यह बात मैं तुझे तेरे ही उदाहरण से समझाता हूँ। ...तो निश्चित ही अकारण दूसरों को मारना गलत है। परंतु युद्ध के मैदान में आकर युद्ध आरंभ होने के क्षण, अहिंसा की बातें करना ''स्थान का होश गंवाना'' है। वैसे ही दान देते वक्त पात्र यानी दान दिये जानेवाले व्यक्ति पर भी गौर करना जरूरी है। फिर से तेरे ही उदाहरण से समझाऊं तो किसी को भी मारना या सताना गलत ही है। परंतु इसका अर्थ यह नहीं है कि पापियों को बख्श दिया जाए। मैंने तो कंस, पंचजन, शृंगलव, नरकासुर और शिशुपाल समेत ना जाने कितनों के वध किये। मेरे वे सारे वध भी दान ही हैं, क्योंकि उससे मैंने पापियों के वध कर जनता को शांति उपलब्ध करवाई। सो अर्जुन, संक्षेप में यह समझ कि जब हमारा जीवन कुदरत से लेकर हजारों मनुष्यों के दान पर टिका हुआ है, तो अन्य मनुष्यों को दान देना हमारा भी कर्तव्य बनता ही है। बस यह दान देते वक्त मनुष्य को इतना ध्यान रखना चाहिए कि वह कुदरत की न्याय-व्यवस्था के बीच में तो नहीं आ रहा है। यानी उसे यह ध्यान रखना चाहिए कि कहीं वह गलत व्यक्ति को बख्श तो नहीं रहा है? कहीं वह मोहवश गलत व्यक्ति का समर्थन तो नहीं कर रहा है? अर्थात दान देते वक्त मनुष्य को 'समय, स्थान तथा पात्र' का होश हरहाल में बनाए ही रखना चाहिए। और ऐसा समय, स्थान तथा पात्र का ध्यान रखते हुए दिया गया दान ही ''सात्विक दान'' कहा जाता है। परंतु अर्जुन, जो कोई भी दान अपनी स्वार्थपूर्ति हेतु, सम्मान पाने हेतु या धन्यवाद पाने के उद्देश्य से दिया जाता है; उन तमाम प्रकार के दानों को तू राजसी जान। वहीं जो दान तिरस्कारपूर्वक तथा ''समय, स्थान और पात्र'' को ध्यान रखे बगैर दिया जाता है, उसे तू तामसी समझ।

हे अर्जुन, तू जरा इस सृष्टि के अस्तित्व को समझ। यह सृष्टि ''ॐ, तत् व सत्'' के मिलन से अस्तित्व में भी है तथा इन तीनों के मिलन से ही चलायमान भी है। ॐ यानी सर्वव्यापी वह परमात्मा जो सर्व के हित में रत है। अत: हर कर्म की शुरुआत उसे सर्व के हित की रक्षा के प्रण से ही करनी चाहिए। तत् यानी यहां सबकुछ परमात्मा ही है, ऐसा भाव हर कर्म करते वक्त होना ही चाहिए। अर्थात हर कर्म करते वक्त मनुष्य को यह समझना ही चाहिए कि इस कर्म से होनेवाले जो कुछ भी ''लाभ-हानि'' हैं, वे परमात्मा के ही हैं।

अत: उसे कर्म करते वक्त जाती स्वार्थ में कोई भी अलग से फल की कामना नहीं करनी है। और सत् यानी, सामने जो कर्म है उसी में ॐ का ध्यान रखते हुए ''सर्व के उद्धार हेतु'' कर्म करना है। सत् का अर्थ ही है, सामने पड़ा कर्म। सत् का सीधा अर्थ कहूं तो; कर्म न तो खोजने जाना है और ना ही सामने आए किसी कर्म को टालना है। और इसी बात को तेरे उदाहरण से समझाऊं तो यह सामने आया युद्ध तेरे लिए सत् है। अत: तुझे ''सत् की प्राप्ति हेतु'' युद्ध का मैदान छोड़ जंगलों में नहीं जाना है। बल्कि इसी युद्ध को सत्य मानकर गले लगाते हुए इसे ॐ यानी सर्व के हित को ध्यान में रखते हुए करना है। ...इसे परमात्मा का प्रसाद समझना है। तथा तत् यानी हार-जीत सब परमात्मा की ही है, यह मानते हुए युद्ध करना है। इसी ''ॐ-तत्-सत्'' से पूरी प्रकृति के कर्म हो रहे हैं, तथा मनुष्य को भी सामने आए सारे कर्म ''ॐ-तत्-सत्'' तीनों को ध्यान में रखकर ही करने हैं। हे अर्जुन, इनमें से एक की भी अवहेलना करके किये गए कर्म न इस लोक में फलदायी होते हैं, और न उस लोक में। अत: यह युद्ध ही तेरा एकमात्र सत्य है। बस जहन में परमात्मा को रखते हुए ''सबकुछ परमात्मा है'' ऐसा मानकर युद्ध करने हेतु खड़ा हो जा।

प्रैक्टिकल एप्लीकेशन - 22

इस अध्याय में कृष्ण हमें व्यवहार का तरीका सिखा रहे हैं। वे कह रहे हैं कि दान देना यानी मदद करना अच्छी बात है। पर हरेक को दान देना या हरेक की मदद करना, कतई ठीक नहीं है। क्योंकि यहां किसी के पास इतना नहीं है कि वह सबको सुखी कर सके। सबके पास सीमित ही है। अत: अपने सीमित सोर्स को देखते हुए सिर्फ योग्यता के आधार पर मदद की जानी चाहिए, रिश्ते या ममता के वश में आकर नहीं। मदद करते वक्त पक्षपात सर्वथा गलत है। और यह सारे सिद्धांत हर प्रकार की मदद पर लागू है। सलाम भी करना हो तो बड़े वैज्ञानिकों, कलाकारों तथा चिंतकों को किया जाना चाहिए। अहंकारियों को नहीं ही। सो कृष्ण यहां कह रहे हैं कि मदद हमेशा ''समय, स्थान व पात्र'' तीनों को ध्यान में रखकर करनी चाहिए। गलत समय, गलत स्थान या गलत व्यक्ति को की जाने वाली मदद के हमेशा दुष्परिणाम ही आते हैं। यह भी एक अति गहरा विज्ञान है। तथा अधिकांश इस बात की अवहेलना करने के कारण ही फंस जाते हैं। अत: यह समझो कि प्रकृति हमेशा सही समय पर, सही स्थान देखकर सिर्फ सही व्यक्ति की सहायता कर रही होती है। अत: आपको भी मदद करते वक्त प्रकृति के विपरीत नहीं ही जाना है, बल्कि आपको ''प्रकृति का निमित्त'' बनकर ही मदद करना है। यानी जिसके साथ प्रकृति, उसके साथ आप। इसके अलावा की जाने वाली सारी मदद प्रकृति के कार्य में दखलंदाजी है तथा उसके गंभीर परिणाम भुगतने पड़ते हैं। आप यह स्पष्ट समझ लें कि गलत समय, गलत स्थान पर गलत व्यक्ति को मदद करना, हत्यारे को चाकू थमाने जैसा है। सो कृष्ण कह रहे हैं कि मदद करना कर्तव्य है, परंतु समय, स्थान व पात्र का होश बनाये रखना जरूरी है। सो आज के बाद मदद करते वक्त आगे दिये गए चार्ट को ध्यान में रखना। यह चार्ट आपको सही समय, सही स्थान तथा सही व्यक्ति पहचानने में सहायक सिद्ध होगा। सो पहली पांच मदद करने का खयाल आते वक्त मदद करने से पहले यह चार्ट भर लेना। क्योंकि कृष्ण चाहते हैं कि प्रकृति आपकी मित्र बनी रहे, शत्रु न हो जाए।

1 जिसको मदद करना चाह रहे हो, उसके बाबत विस्तार से लिखो

....

....

....

....

....

....

....

....

समय सही होगा तो यह मदद परम आवश्यक होगी। तथा यह एक मदद उसे उबार लेगी।

आपकी मदद इस क्राइटेरिया में फिट बैठती है ☐ **हां**

स्थान सही होगा तो मदद उसे जीवन के सही मोड़ पर की जा रही होगी।

आपकी मदद इस क्राइटेरिया में फिट बैठती है ☐ **हां**

पात्र सही हो तो उसमें दी गई मदद के सहारे आगे बढ़ने की योग्यता होगी।

आपकी मदद इस क्राइटेरिया में फिट बैठती है ☐ **हां**

यह निश्चित करो कि मदद रिश्तों, सहानुभूति, अच्छा दिखने या नाम कमाने हेतु नहीं कर रहे हैं।

आपकी मदद इस क्राइटेरिया में फिट बैठती है ☐ **हां**

2 जिसको मदद करना चाह रहे हो, उसके बाबत विस्तार से लिखो

....

....

....

....

....

....

....

....

समय सही होगा तो यह मदद परम आवश्यक होगी।
तथा यह एक मदद उसे उबार लेगी।

आपकी मदद इस क्राइटेरिया में फिट बैठती है ☐ हां

स्थान सही होगा तो मदद उसे जीवन
के सही मोड़ पर की जा रही होगी।

आपकी मदद इस क्राइटेरिया में फिट बैठती है ☐ हां

पात्र सही हो तो उसमें दी गई मदद के
सहारे आगे बढ़ने की योग्यता होगी।

आपकी मदद इस क्राइटेरिया में फिट बैठती है ☐ हां

यह निश्चित करो कि मदद रिश्तों, सहानुभूति,
अच्छा दिखने या नाम कमाने हेतु नहीं कर रहे हैं।

आपकी मदद इस क्राइटेरिया में फिट बैठती है ☐ हां

3 जिसको मदद करना चाह रहे हो, उसके बाबत विस्तार से लिखो

....

....

....

....

....

....

....

....

समय सही होगा तो यह मदद परम आवश्यक होगी।
तथा यह एक मदद उसे उबार लेगी।

आपकी मदद इस क्राइटेरिया में फिट बैठती है ☐ **हां**

स्थान सही होगा तो मदद उसे जीवन
के सही मोड़ पर की जा रही होगी।

आपकी मदद इस क्राइटेरिया में फिट बैठती है ☐ **हां**

पात्र सही हो तो उसमें दी गई मदद के
सहारे आगे बढ़ने की योग्यता होगी।

आपकी मदद इस क्राइटेरिया में फिट बैठती है ☐ **हां**

यह निश्चित करो कि मदद रिश्तों, सहानुभूति,
अच्छा दिखने या नाम कमाने हेतु नहीं कर रहे हैं।

आपकी मदद इस क्राइटेरिया में फिट बैठती है ☐ **हां**

4 जिसको मदद करना चाह रहे हो, उसके बाबत विस्तार से लिखो

....

....

....

....

....

....

....

....

समय सही होगा तो यह मदद परम आवश्यक होगी। तथा यह एक मदद उसे उबार लेगी।

आपकी मदद इस क्राइटेरिया में फिट बैठती है ☐ हां

स्थान सही होगा तो मदद उसे जीवन के सही मोड़ पर की जा रही होगी।

आपकी मदद इस क्राइटेरिया में फिट बैठती है ☐ हां

पात्र सही हो तो उसमें दी गई मदद के सहारे आगे बढ़ने की योग्यता होगी।

आपकी मदद इस क्राइटेरिया में फिट बैठती है ☐ हां

यह निश्चित करो कि मदद रिश्तों, सहानुभूति, अच्छा दिखने या नाम कमाने हेतु नहीं कर रहे हैं।

आपकी मदद इस क्राइटेरिया में फिट बैठती है ☐ हां

5 जिसको मदद करना चाह रहे हो, उसके बाबत विस्तार से लिखो

....

....

....

....

....

....

....

....

समय सही होगा तो यह मदद परम आवश्यक होगी।
तथा यह एक मदद उसे उबार लेगी।

आपकी मदद इस क्राइटेरिया में फिट बैठती है ☐ **हां**

स्थान सही होगा तो मदद उसे जीवन
के सही मोड़ पर की जा रही होगी।

आपकी मदद इस क्राइटेरिया में फिट बैठती है ☐ **हां**

पात्र सही हो तो उसमें दी गई मदद के
सहारे आगे बढ़ने की योग्यता होगी।

आपकी मदद इस क्राइटेरिया में फिट बैठती है ☐ **हां**

यह निश्चित करो कि मदद रिश्तों, सहानुभूति,
अच्छा दिखने या नाम कमाने हेतु नहीं कर रहे हैं।

आपकी मदद इस क्राइटेरिया में फिट बैठती है ☐ **हां**

नोट: हो सके वहां तक चारों बॉक्स में टिक ✔ लगे तो ही मदद करो। खासकर बड़ी मदद करते वक्त तो इस बात का ध्यान रखो ही रखो। क्योंकि बने वहां तक कुदरत की चल रही शानदार लीला में अकारण के दखल मत ही पहुंचाओ। क्योंकि विश्व में योग्य लोगों की कहीं कोई कमी नहीं है। सो बने वहां तक मदद करने का क्राइटेरिया 'योग्यता' को बनाओ, आप कभी गलत नहीं पड़ेंगे।

अध्याय – 18

अर्जुन:

हे कृष्ण! मैं संन्यास और त्याग की गहराइयों को भी पृथक-पृथक समझना चाहता हूँ। कृपाकर उनके भी सात्विक, राजसी व तामसी विभाजनों को विस्तार से समझाइए।

कृष्ण:

कमाल है! अर्जुन मौके की नजाकत को समझने हेतु तैयार ही नहीं है। वह यह समझ ही नहीं रहा है कि वह युद्ध के मैदान में खड़ा है, किसी आश्रम में शिक्षा नहीं ले

रहा है। बात समझने हेतु उसके पास वर्षों का समय नहीं है, घड़ी-दो-घड़ी में उसे निर्णय करना है। और फिर इतना कुछ समझाने के बाद भी उसकी सूई अब भी त्याग और संन्यास पर ही अटकी पड़ी है। ...यानी उसके युद्ध न करने के प्रण में कोई विशेष कमजोरी नहीं आई है। कर्म व कर्तव्य क्या होता है, यह बार-बार समझाने के बावजूद उसकी रुचि अब भी त्याग और संन्यास के नामपर युद्ध के मैदान से भागने में ही बनी हुई है। परंतु मेरे पास भी अंतिम क्षण तक प्रयास करने के अलावा उपाय ही क्या है? सो मैंने सीधे कहा कि हे अर्जुन, संन्यास हो या त्याग, दोनों के मूल में तो 'कर्म' ही है। संन्यास व त्याग का अर्थ कर्मों से निवृत्ति कतई नहीं है। जबतक जीवन है तबतक कर्म तो मनुष्य को करने ही हैं। अत: ज्ञानीजन कर्मों में से कामना के त्याग को 'संन्यास' कहते हैं। और ठीक वैसे ही विचारशील पुरुष कर्मों में से फलों के त्याग को 'त्याग' कहते हैं। कुल-मिलाकर बात चाहे संन्यास की हो या त्याग की, अंत में तो मनुष्य को अपने स्वार्थ से छुटकारा पाना है, कर्मों से नहीं। सो तू सच्चा संन्यासी बनना चाहता हो या पक्का त्यागी, इस हेतु तुझे यह युद्ध नहीं त्यागना है; बल्कि तुझे इस युद्ध से अपने सारे स्वार्थ हटाने हैं। ...इस युद्ध में से सारी कामनाएं त्यागनी हैं।

हे अर्जुन, कई विद्वान कहते हैं कि कर्म-मात्र दोषयुक्त है। इसलिए वे कर्मों के त्याग की बात करते हैं। वहीं कई ज्ञानी कहते हैं कि दोषयुक्त होने के बावजूद अच्छे कर्म त्यागने योग्य नहीं है। परंतु मेरी दृष्टि में बात चाहे त्याग की हो या संन्यास की, मैं इनमें से किसी के भी विचारों से सहमति नहीं रखता हूँ। क्योंकि मैं सीधा व साफ सत्य कहता हूँ। मेरा विश्वास जान कि मेरी बात में रत्तीभर मिलावट नहीं है। अत: पहले तू 'त्याग' के संबंध में मेरा मत सुन। यह पूरी प्रकृति त्रिगुणीमाया से ओतप्रोत है तथा त्याग भी त्रिगुणीमाया से घिरा ही हुआ है। सो त्याग अच्छा ही है, ऐसा नहीं है। त्याग भी सात्विक, राजसी व तामसी होता ही है। और त्याग के इस भेद को तू विस्तार से सुन। परंतु यह बात ध्यान रख कि 'त्याग' में भी कर्म तो किसी कीमत पर त्यागने या टालने योग्य नहीं ही है। चांद-तारे, हवा, पानी, पृथ्वी वगैरह में से कोई भी क्षणभर को कर्म से विचलित नहीं हो रहा है। क्योंकि कर्म ही अस्तित्व में बने रहने की शर्त है। कर्म त्यागते ही ''वस्तु हो या व्यक्ति'' सबका अस्तित्व मिट जाता है। अत: तमाम प्रकार की आसक्तियों को त्यागकर लगातार कर्तव्यकर्म करते रहना, यह सर्वश्रेष्ठ मनुष्य का लक्षण है। और ऐसे कर्तव्यकर्मों में से आसक्ति तथा फलों का त्याग ही एकमात्र सात्विक त्याग है। परंतु कोई यह मानकर कर्म त्यागे कि इससे मुझे कष्ट होगा, तो यह कर्म को त्यागने का उचित कारण नहीं है। क्योंकि कर्म मनुष्य को अपने नफे-नुकसान हेतु नहीं, बल्कि सर्व के नफे-नुकसान हेतु करने होते हैं। अत: तू भी

युद्ध में अपने नफे-नुकसान पर ध्यान मत दे। यह अपने नफे-नुकसान की चिंता त्यागना ही एकमात्र सच्चा सात्विक त्याग है। ...जबकि अपने नुकसान से डरकर कर्मों का त्याग करना राजसी त्याग कहा जाता है। ऐसे राजसी त्यागों से कभी सच्चे त्याग को उपलब्ध नहीं हुआ जा सकता है। लेकिन यदि कोई मोह में फंसकर नियत कर्मों के ही त्याग पर उतर आए, तो कर्मों का ऐसा त्याग 'तामसी' कहा जाता है। और ध्यान रख अर्जुन कि इस क्षण यह युद्ध कुदरत की ओर से तेरे लिए ''नियत हुआ कर्म'' है।

खैर, सौ बातों की एक बात यह है कि यह कुदरत की विशाल लीला अपनेआप चल रही है। इसमें मनुष्य को न तो कर्मों का चुनाव करना है, और ना ही कर्मों को त्यागना है। सो, जो मनुष्य किसी एक कर्म को अशुभ मानकर उससे द्वेष नहीं करता तथा दूसरे को शुभ मानकर उसे करने हेतु आकर्षित नहीं होता, एक वही लगातार ''करने योग्य कर्म'' करता चला जा सकता है। वरना अक्सर तो शुभ-अशुभ के चक्कर में पड़ा मनुष्य 'कर्तव्य कर्मों' से भी चूकता चला जाता है। जैसे तू इस समय युद्ध को अशुभ कर्म मानकर त्यागना चाह रहा है। लेकिन यह सच्चा त्याग कतई नहीं है। वहीं तू यह भी समझ ले कि स्वार्थ के आधार पर कर्मों को चुनना और त्यागना भी... किसी भी दृष्टिकोण से सात्विक गुण नहीं है। अर्जुन, यह नियम है कि अपने स्वार्थ हेतु कर्मों के चुनाव करनेवालों को अपने चुनावों के आधार पर सुख-दुख प्राप्त होते रहते हैं। परंतु जो सदैव के लिए कर्मों में से फलों का त्याग कर देते हैं, उन्हें अपने कर्मों का फल किसी काल में कभी नहीं भुगतना पड़ता है। क्योंकि अंत में तो कर्म व फल दोनों मानसिक हैं। इच्छित फल मिले तो मनुष्य खुश व विपरीत परिणाम आए तो वह दुखी। परंतु जिसके मन में फल की कोई लालसा ही नहीं, उसे कुछ भी हो जानेपर कोई फर्क नहीं पड़ता है।

सबको यह समझ लेना चाहिए कि मुसीबतों का डटकर सामना करने वालों के साथ परमात्मा हमेशा खड़ा रहता है

अर्जुन, मैं मनुष्य के मन और उसके जीवन का सबसे बड़ा ज्ञानी हूँ। अत: फल की लालसा करने के पांच मूलभूत कारण भी तू विस्तार से सुन। क्योंकि इन पांचों कारणों को हटाए बगैर मनुष्य की फलों की लालसा समाप्त नहीं होनेवाली। सो तू इसपर विशेषरूप से गौर कर। फल की लालसा का पहला कारण है, अधिष्ठान। यानी किसी का आश्रय या आश्वासन मिल जाए तो आदमी में फल की लालसा जागती है। मेरे देखे अधिकांश शास्त्र आसरे देकर ही मनुष्य में फल की लालसा जगाते हैं। तू भी यदि इस समय स्वर्ग और नर्क की चिंता कर रहा है तो उस हेतु भी ये अज्ञान से भरे शास्त्र ही जिम्मेदार हैं। वैसे ही ''स्वयं की क्षमता'' मनुष्य में फलों की लालसा जगाने का दूसरा कारण है। तू ही गौर कर, चूंकि तुझे अपनी तीरंदाजी पर भरोसा था, इसीलिए तू राज्य पाने के फल की लालसा लिए इस युद्ध के मैदान में आ पहुंचा था। यदि तेरे में वीरता न होती तो तुझे राज्य पाने की चाह भी न जागती। वैसे ही कई बार संयोग भी मनुष्य में फल की लालसा जगा देते हैं। अनेक बार अनुकूल परिस्थितियों के कारण मनुष्य फल की लालसा का शिकार हो जाता है। वहीं अक्सर मनुष्य की स्वयं की इच्छाएं भी उसे फलों की लालसा जगाने हेतु प्रेरित करती है। हे अर्जुन, प्रकृति की इस महान चल रही लीला के विपरीत यह मनुष्य जो कुछ भी कर्म करता है, उसके यही पांच मूलभूत कारण हैं। परंतु बजाय इन पांच कारणों के, मनुष्य अपनी आत्मा को ही कर्ता समझता है। और यही उसका सबसे बड़ा अज्ञान है। यहां हरेक को यह स्पष्ट समझ लेना चाहिए कि उसके जीवन में जो कुछ भी घट रहा है उस हेतु ये पांच कारण जवाबदार हैं, परमात्मा नहीं। परमात्मा की तो अपनी ही एक दुनिया है जिसमें इन पांच कारणों पर विजय पाए लोग ही जीते हैं। और यदि तू इस समय मेरी बात नहीं समझ पा रहा है तो उस हेतु भी यह पांच कारण ही जवाबदार हैं। क्योंकि मैं बात परमात्मा की दुनिया से कर रहा हूँ और तू उसे इन पांच कारणों में खोजने की कोशिश कर रहा है।

अर्जुन, ऐसा समझ कि फल की लालसा के कारण ही मनुष्य में कर्ता का भाव जागता है। परंतु जिसे फल की लालसा नहीं उसमें ''मैं कर्ता हूँ'' ऐसा भाव जाग ही नहीं सकता। और जिसमें कर्तापन का भाव नहीं, वह इस युद्ध में मौजूद योद्धाओं को तो क्या, समस्त लोकों का भी नाश कर दे; तो भी पाप से नहीं बंधता है। क्योंकि जो कर्ता ही नहीं, वह विनाश करनेवाला भी कैसे हो सकता है? परमात्मा ने ना जाने कितनी बार इस सृष्टि का निर्माण किया तथा ना जाने कितनी बार इसका लय किया, फिर भी परमात्मा सदैव से पापरहित ही है। ...क्योंकि उसमें कर्ता का भाव नहीं है। अत: तू युद्ध त्यागने की मत सोच, सिर्फ कर्ताभाव त्याग दे। इस एक त्याग के बाद तू कितनी ही मार-काट मचा दे, मैं वचन देता हूँ कि तू पाप को प्राप्त नहीं होगा।

खैर, तू नहीं समझ पा रहा है तो मैं तुझे ''कर्मों का विज्ञान'' और विस्तार से कहता हूँ। तू जल्द-से-जल्द समझने का प्रयास कर, क्योंकि अपने पास ज्यादा समय नहीं है। अर्जुन! ज्ञाता, ज्ञान और ज्ञेय ये तीनों मिलकर मनुष्य को कर्म करने हेतु उकसाते हैं। ज्ञाता, यानी जाननेवाला। यहां हर किसी का जाननेवाला मजबूत है। इसी कारण यहां हरकोई अपना एक अलग अस्तित्व माने बैठा है। ...जैसे तू भी अपने को अर्जुन मान रहा है। फिर यह ज्ञाता अपनी स्वार्थपूर्ति हेतु ज्ञान ओढ़ता है। उसके इस ज्ञान से कर्म करने के कारण पैदा होते हैं, जैसे तेरा युद्धज्ञान तुझे यहां युद्ध के मैदान में घसीट लाया, तथा तेरा शास्त्रज्ञान तुझे यहां से भगाने में लगाये हुए है। और कर्म की प्रेरणा पाने का तीसरा कारण है ज्ञेय यानी साधन। जैसे शस्त्रों के सहारे तू यहां युद्ध के मैदान में आया है और अब रथ के सहारे तू यहां से भागना चाह रहा है। सो कुल-मिलाकर इतना समझ कि ज्ञाता, ज्ञान और ज्ञेय न हो तो मुनष्य कर्मों के चुनाव में न पड़े। वह एक शुद्ध द्रष्टा बनकर लगातार प्रकृति से नियत हो रहे कर्म करता चला जाए। खैर अर्जुन, जैसे तीन कारणों से मनुष्य कर्म करता है वैसे ही तीन कारणों से वह अपने कर्मों के फल भी भोगता है। पहला कारण है कर्तापन का एहसास, यानी स्वयं कुछ कर सकता है ऐसा भ्रम ''कर्मों के फल भुगतने का'' पहला कारण है। दूसरा है कारण, यानी स्वार्थ। अपने स्वार्थ के कारण मनुष्य चल रही इस महान लीला से हटकर कर्म करने में लग जाता है। और इसी का वह सर्वाधिक भुगतता है। और तीसरी है क्रिया। ...यानी कर्म करने की विधि। अर्जुन, जो इन तीनों से छुटकारा पा ले, वह कर्म का फल कभी नहीं भोगता है।

खैर अर्जुन, तुमने जिज्ञासा की ही है तो तू ज्ञान, कर्म तथा कर्ता के गुणों के भेद भी मुझसे समझ ले। पहले मैं ''ज्ञान'' की चर्चा कर लेता हूँ। सो अर्जुन, जिस ज्ञान से मनुष्य भिन्न-भिन्न पदार्थों तथा समस्त जीवों को एक परमात्मास्वरूप जानता है, ऐसे ज्ञान को तू सात्विक ज्ञान समझ। किसी भी कारण से किसी भी प्रकार के भेद को उत्पन्न करनेवाले ज्ञान को तू सात्विक ज्ञान मत समझ। वैसे ही जिस ज्ञान से मनुष्य सबके भिन्न-भिन्न भावों को अलग जानता है, उस ज्ञान को तू राजस ज्ञान समझ। परंतु जो ज्ञान सिर्फ स्वार्थ सिखाता है, वह ज्ञान सिवाय तामसी ज्ञान के और कुछ नहीं है।

हे अर्जुन, अब वैसे ही तू कर्मों के भेद को भी विस्तार से समझ। मनुष्य अपने जीवन में जितने भी कर्म बिना फल की लालसा के करता है, उसके उतने ही कर्मों को तू 'सात्विक कर्म' समझ। फल की लालसा में ओढ़े गए संन्यास को या फिर किये गए त्याग को कतई 'सात्विक कर्म' नहीं समझना चाहिए। अरे, फल की लालसा में तो किया गया परमात्मा का पूजन भी सात्विक कर्म नहीं होता है। लेकिन बिना फल की लालसा के तो

हे
अर्जुन
जो हुआ
अच्छा
हुआ
जो
हो रहा है
अच्छा
हो रहा है
और
जो होगा
वह भी
अच्छा
ही
होगा

किया गया युद्ध भी सात्विक कर्म हो जाता है। वैसे ही जो कर्म मनुष्य भोगों की लालसा हेतु करता है, तथा उस हेतु जो कुछ भी परिश्रम करता है, उसके उन तमाम परिश्रमों को तू राजसी कर्म समझ। परंतु जब कोई मनुष्य बिना परिणाम की चिंता किये उग्रतावश कोई कर्म करता है, तो उसके ऐसे कर्म को तू तामसी कर्म समझ। यही नहीं, अपने सामर्थ्य को पहचाने बगैर किये गए कर्मों को भी तू तामसी कर्म ही समझ। और संसार में ऐसी तामसी प्रवृत्तिवाले मनुष्य ही अपने हाथों अपने विनाश में लगे हुए हैं। युद्ध के मैदान में मौजूद कौरव इसका सर्वश्रेष्ठ उदाहरण है।

अर्जुन, वैसे ही अब तू मुझसे कर्ता के भेद भी समझ ले। जो कर्ता संगरहित है यानी अपने में ही मस्त है, वह सात्विक कर्ता माना जाता है। वैसे ही जिस कर्ता का रस सिर्फ कार्य में होता है, तथा जो कार्य करने में आनेवाली अड़चनों से विचलित नहीं होता है, वह कर्ता भी सात्विक कर्ता ही होता है। परंतु जो कर्ता आसक्ति व लोभ से भरा है, जो अपने लोभ व आसक्ति के कारण सुख-दुख भोगता रहता है; ऐसे बात-बात पर सुख-दुख भोगनेवाले कर्ता को तू राजसी कर्ता समझ। लेकिन जो घमंडी तथा धूर्त है, जो कर्म दूसरों को नुकसान पहुंचाने हेतु करता है; ऐसे कर्ता को तू तामसी कर्ता समझ।

खैर, जब मैं तुझे मनुष्य के मन के गहरे सत्य समझा ही रहा हूँ तो तू मुझसे बुद्धि व धृति के भी भेद विस्तारपूर्वक समझ ले। जगत की त्रिगुणीमाया में मनुष्य की बुद्धि के भी तीन प्रकार होते हैं। जो बुद्धि जगत की तमाम प्रवृत्तियों तथा निवृत्तियों को, समस्त कर्तव्यों तथा अकर्तव्यों को तथा सभी प्रकार के बंधन व मोक्ष को भी कुदरत की इस महान लीला से आते व जाते देखती है, वह बुद्धि सात्विक है। जो मनुष्य के भीतर-बाहर घट रही तमाम घटनाओं में अपने या अन्यों को नहीं, बल्कि एक

परमात्मा को कर्ता देखता है, वही सत्य देखता है। वहीं जो बुद्धि अपने ज्ञान के बल पर ''धर्म व अधर्म'' तथा ''कर्तव्य और अकर्तव्य'' के चुनाव में लगी है, उस बुद्धि को तू राजसी समझ। और तू भी इस समय ऐसे ही चुनाव में लगा है। परंतु जो बुद्धि अधर्म को भी यह धर्म है, ऐसा मान लेती है...वह तामसी बुद्धि है। और अधिकांश जगत इस तामसी बुद्धि का ही शिकार है। यहां हरकोई फल की लालसा में की जानेवाली धार्मिक विधियों को धर्म मानने की भूल कर रहा है।

हे अर्जुन, वैसे ही मनुष्य की तीन प्रकार की धृति यानी धारण-शक्ति भी होती है। जो मनुष्य ध्यानपूर्वक अपने मन, प्राण और इन्द्रियों को धारण करता है, वह सात्विक धारणशक्ति वाला समझा जाता है। अर्थात जो मनुष्य अपने अस्तित्व को जानता है तथा उसका साथ देता है, वह सच्चे मार्ग पर चलनेवाला समझा जाना चाहिए। क्योंकि सबको यह समझना चाहिए कि अपने विरुद्ध जाकर यहां कोई... कभी नहीं फल-फूल सकता है। वैसे ही जो अपनी कामनाओं और आसक्ति के बल पर धर्म, विचार तथा बाहरी संपत्ति को धारण करता है वह ''राजसी धारणशक्ति वाला'' समझा जाना चाहिए। परंतु जो कोई मन में भय, चिंता व दुख वगैरह को धारण करता है, और चाहने पर भी जिनका इनसे छुटकारा नहीं होता; उन्हें तू तामसी धारणशक्ति वाला मान।

अर्जुन, अब तू मुझसे मनुष्यों के सुखों के प्रकार भी समझ। जो कोई अपने स्वयं के साथ प्रसन्न रहता है, उसे सात्विक सुख का सच्चा खोजी कहा जाता है। जो कोई मनुष्य सदैव ऐसे कर्मों में लगा रहता है, जिससे अंत में भी वह सुख को ही उपलब्ध हो; ऐसा मनुष्य भी सात्विक सुख की चाह रखनेवाला ही समझा जाना चाहिए। अत: सुख की खोज से मुझे ऐतराज नहीं। तू भी इस युद्ध में सुख खोज रहा है, तो चलेगा। परंतु तू बराबर ध्यान लगा के समझ कि स्थायी सुख तुझे युद्ध करने पर मिलेगा या युद्ध से भागने पर। क्योंकि जिसका सुख ''इन्द्रियों तथा विषयों के संयोग पर'' निर्भर होता है, वह सुख राजसी कहा जाता है। तुझे भी जब जीत का यकीन था तब तू राज्य का सुख पाने को लालायित था, और आज जब तेरा युद्ध जीतने पर से यकीन हट गया तो तू स्वयं को राज्य के सुख से वंचित करना चाहता है। बाहरी विषयों के संयोगों के आधार पर जिनके सुख-दुख बदलते रहते हैं, ऐसे लोग राजसी सुख के खोजी कहे जाते हैं। वहीं जो वर्तमान कष्ट कम करने हेतु भविष्य के महादुख को गले लगाते हैं, उन्हें तू तामसी समझ। और तू भी इस समय राजसी से तामसी सुख की ओर प्रवृत हो रहा है। लेकिन मेरी बात याद रख कि तू युद्ध के मैदान से भागेगा तो वर्तमान कष्ट से भी हजार गुना कष्ट आनेवाले समय में भोगेगा।

हे अर्जुन, पृथ्वी, आकाश या देवतालोक जिस किसी के भी बाबत तू सोचता है, उनमें ऐसा कोई नहीं है जो प्रकृति की इस त्रिगुणीमाया से अछूता हो। और इसी के आधार पर इस मनुष्यलोक में भी ''मनुष्य के कर्मों को उसके स्वभाव के अनुसार'' विभाजित किया गया है। और कोई मनुष्य अकारण अपने उन स्वभावगत कर्मों से इनकार नहीं कर सकता है। कहने का तात्पर्य यह कि चूंकि तू स्वभाव से क्षत्रिय है, अत: हारने के डर से तू युद्ध से इनकार नहीं कर सकता है। क्योंकि वीरता, तेज, स्वाभिमान तथा युद्ध से अकारण न भागना यह सब क्षत्रिय के स्वाभाविक गुण होते हैं। वैसे ही ब्राह्मण, वैश्य तथा शूद्र के भी अपने-अपने स्वाभाविक गुण होते हैं। इस कारण यहां कोई भी अपने स्वाभाविक कर्मों से भाग नहीं सकता। तथा अर्जुन, एक राज की बात और समझ ले कि परमात्मा पाने हेतु यहां किसी क्षत्रिय या शूद्र को ब्राह्मण होने की आवश्यकता नहीं है। ऐसा भ्रम स्वार्थी अज्ञानी फैलाते हैं। क्षत्रिय हो या शूद्र, वैश्य हो या ब्राह्मण, यहां सभी फलों को त्यागकर तत्परतापूर्वक अपने कर्म करते हुए परमसिद्धि को प्राप्त हो ही सकते हैं।

अर्जुन, यहां सभी कर्मों में कोई-न-कोई दोष होता ही है। सूर्य जीवन देता है तो तपाता भी है। परंतु वह तपाने की ग्लानि में जीवन देने का महान कर्म नहीं त्याग रहा है। वैसे ही तू युद्ध करेगा तो मारकाट तो होगी ही, परंतु उसके डर से तू पापियों के अंत करने का मौका नहीं जाने दे सकता है। अत: युद्ध से भागने की बजाय तू युद्ध से भागने की प्रेरणा देनेवाले अपने मन के विकारों पर गौर कर। इन सारे विकारों की जड़ में छिपी फलों की लालसा को पहचान। तू यह समझ कि फल की लालसा त्यागते ही तेरे युद्ध करने व न करने के तमाम जाती कारण तिरोहित हो जाएंगे। फिर तू निस्संदेह पापियों के नाश करने के एक उद्देश्य से युद्ध करने हेतु खड़ा हो जाएगा। और इस प्रकार युद्ध करने से तू परमात्मा को उपलब्ध हो जाएगा। और मैं तुझसे कई बार कह चुका हूँ कि समभाव में स्थित होना ही, फल की लालसा त्यागने का एकमात्र उपाय है। अत: तू युद्ध अपने लिए नहीं, परमात्मा के लिए कर। ...वह पापियों का नाश चाहता है, तू पापियों के नाश करने का निमित्त हो जा। तू तेरा कर्म तथा उसके परिणाम की चिंता दोनों मुझे अर्पित कर दे। ...तू पूरी तरह से हट जा। फिर यह युद्ध तू नहीं करेगा, मैं करूंगा। और जब तेरे बदले युद्ध मैं करूंगा तो निश्चित ही पलभर में तुझे समस्त संकटों से उबार भी लूंगा। परंतु स्वार्थ, अहंकार व गलत ज्ञान के कारण अगर तू मेरी बात नहीं मानेगा, तो यह स्पष्ट समझ ले कि तू नष्ट हो जाएगा। और मैं तुझे अपने विश्वस्वरूप के दर्शन करा ही चुका हूँ। अत: मेरी बात पर अविश्वास करने हेतु तेरे पास सिवाय तेरे अपने अहंकार के अन्य कोई कारण मौजूद नहीं है। और हर अहंकार का विनाश करना ही मेरा एकमात्र कर्तव्य है। और यह

स्पष्ट समझ ले कि अपने कर्तव्यकर्मों का पालन करते वक्त मैं मित्रता या रिश्तेदारी नहीं देखूंगा।

क्या करूं...? मेरी परिस्थिति भी समझें। अपने कर्मों से कौरवों का विनाश तय हो चुका है। परंतु यह विनाश प्रकृति तो करने से रही। उस हेतु निमित्त तो मनुष्यों को ही बनना पड़ेगा। ऐसे में अर्जुन निमित्त बना रहे व युद्ध के मैदान से न भागे, यह देखना मेरे कर्तव्य में आता है। और मैं यह कर्म जीवनपर्यंत निभाने को तैयार हूँ। परंतु समय उसकी इजाजत नहीं दे रहा है। अब तो चारों ओर का नजारा चिल्ला-चिल्लाकर कह रहा है कि किसी भी क्षण युद्ध प्रारंभ होने का बिगुल बज जाएगा। अब अर्जुन को समझाने में तो मैंने अपनी ओर से कोई कसर बाकी रखी नहीं थी। और जो अबतक नहीं समझा उसके आगे भी समझने की संभावना नहिंवत् ही थी। ऐसे में मेरे पास उसे और समझाने की बजाय उसके "युद्ध से भागने के कारण" पर तगड़ा प्रहार करना ज्यादा उचित था। और वह अपने जाती स्वार्थ के कारण युद्ध से भागना चाह रहा था, इसमें मुझे कोई संदेह नहीं था। सो मैंने सीधे मजबूताई से उसके स्वार्थ पर ही हमला कर दिया। मैंने उससे स्पष्ट कहा कि तू मेरी बात मानेगा तो तुझे सब मनचाहा मिल जाएगा, परंतु तू युद्ध से भागेगा तो तहस-नहस हो जाएगा। ऐसे में मैं रिश्तेदारी या मित्रता नहीं देखूंगा। मैं तेरा सारथी युद्ध के मैदान में हूँ। युद्ध के मैदान में मैं तेरे लिए सबकुछ करूंगा। परंतु तू सोचता है कि मैं तुझे युद्ध के मैदान से ले चलूं, तो वह कभी नहीं होनेवाला। युद्ध के मैदान से बाहर तुझे अपनी जवाबदारी पर जाना होगा, और वह भी अपने पांवों से चलकर। ऐसे में तुझपर कोई हमला कर दे तो मेरी कोई जवाबदारी नहीं होगी। अतः तू मुझ परमात्मा की कृपा चाहता है तो तुझे युद्ध के मैदान में ही डटकर खड़ा होना होगा। यहां सबको यह समझ लेना चाहिए कि मुसीबतों का

सामना करनेवालों के साथ तो परमात्मा खड़ा रहता है, परंतु मुसीबतों के डर से भागनेवालों का साथ परमात्मा छोड़ देता है।

खैर, डरा तो उसे अच्छे से दिया ही था। यूं भी कई बार डरे हुए व्यक्ति को और डराकर भी काम पर लगाया जाता है। और बस आगे मैंने उसे उसी तर्ज पर मौके की नजाकत का सत्य समझाते हुए कहा कि हे अर्जुन यदि तू अपनी जिद्द व अपने अहंकार का आश्रय लेकर यह सोच रहा है कि "मैं युद्ध नहीं ही करूंगा" तो तेरा यह सोचना मूर्खतापूर्ण है। तेरे अपने चंद स्वभाव ही तुझे युद्ध में घसीट लेंगे। यदि तुझ जाते हुए पर कर्ण ने तीर बरसाना शुरू कर दिया तो तू खामोश नहीं रह पाएगा। ऐसे में निश्चित ही तू उसके तीरों का शिकार होने की बजाय धनुष उठाना पसंद करेगा। और मान ले कि तू एकबार को युद्ध के मैदान से सलामत निकल भी गया तो भी... द्रौपदी से तेरा मोह उसके एक इशारे पर तुझे फिर युद्ध के मैदान में ला खड़ा करेगा। सीधा समझ ले कि अटल हो चुका यह युद्ध तुझे करना तो हरहाल में पड़ेगा ही, चाहे अपनी मरजी से कर या दूसरों के दबाव में आकर कर। और मैं तुझसे इतना ही कह रहा हूँ कि जब युद्ध करना ही है तो अपनी मरजी से दिल खोलकर कर। ...ऐसे में तू अपनी श्रेष्ठ वीरता दिखा पाएगा। और तो ही युद्ध का परिणाम अपनी चाह अनुसार ला पाएगा। वरना यदि बेमन से युद्ध किया तो मुफ्त में मारा जाएगा। मैंने अपनी ओर से तुझे गोपनीय से भी अति गोपनीय ज्ञान दे दिया। तू मेरे एक-एक शब्द पर विचार कर, और फिर जो निर्णय लेना हो ले ले। बस इतना समझ ले कि तेरी जिंदगी और मौत दोनों तेरे ही हाथ में है।

आश्चर्य यह कि अब भी वह युद्ध करने हेतु राजी हो चुका हो, ऐसा नहीं लग रहा था। हां, गहरे चिंतन में डूबा अवश्य जान पड़ रहा था। खैर, मैंने उसके चिंतन को सही दिशा देने के उद्देश्य से अपनी बात आगे बढ़ाते हुए कहा कि अर्जुन, एक बात का और ध्यान रख लेना। मैंने जो तुझसे मनुष्य के मन और उसके जीवन के तमाम रहस्य कहे हैं, वे तुझे किसी भी न सुनने की इच्छावाले से कभी नहीं कहना है। ना ही अपनी आत्मा का सर्वथा तिरस्कार कर रहे किसी अयोग्य व्यक्ति से तुझे यह उपदेश कहना है। प्रकृति का यह नियम हरेक को हमेशा के लिए ध्यान में रख लेना चाहिए कि प्रकृति अयोग्य व्यक्ति को कभी कुछ नहीं देती। वहीं प्रकृति किसी की इच्छा के विपरीत भी उसके साथ कोई जबरदस्ती नहीं करती है। परंतु हां, कोई प्रेमपूर्वक यह रहस्यमय ज्ञान सुनना चाहे, तो उसे यह ज्ञान अवश्य देना चाहिए। इस ज्ञान को सुननेवाले तथा इस सत्यज्ञान को फैलानेवाले, दोनों मेरे सच्चे भक्त माने जाने चाहिए। यह समझ ले अर्जुन कि उनसे बढ़कर मेरा प्रिय अन्य कोई हो ही नहीं सकता है। और मेरा ऐसा जो कोई भी भक्त इस ज्ञान को भीतर उतार लेता है,

वह तो निस्संदेह मुझे ही प्राप्त होता है। अर्जुन, यह एक ऐसा ज्ञान है जिसपर किसी भी युग का व्यक्ति मनन करेगा तो उसका उद्धार हो जाएगा। और तुमने तो मुझसे यह साक्षात सुना है। आश्चर्य यह है कि फिर भी तू अभी तक असमंजस में है। समस्या क्या है? क्या तुमने इस महा ज्ञान को ध्यान से नहीं सुना? और यदि ध्यान से सुना है तो तेरा अज्ञानजनित मोह नष्ट क्यों नहीं हो रहा है?

अर्जुन:

हे कृष्ण! आपकी परमकृपा से मेरा मोह नष्ट हो गया है। अब मुझे कोई भ्रम नहीं। मैं समझ चुका हूँ कि युद्ध लड़ने के अलावा अन्य कोई विकल्प है ही नहीं मेरे पास। अत: अब तहेदिल से आपकी आज्ञा का पालन करूंगा।

संजय:

हे महाराजा धृतराष्ट्र, मैंने श्रीकृष्ण व अर्जुन के संवाद को ध्यान से सुना है। इस महान ज्ञान को सुनकर मैं धन्य हो चुका हूँ। और सच कहूं तो जहां श्रीकृष्ण है...वहीं पर विजय है, ऐसा मेरा स्पष्ट मत है।

गीता:

चलो, अर्जुन युद्ध करने हेतु राजी तो हो गया। और अच्छा यह था कि वह समय रहते राजी हो गया था। बस कृष्ण ने तुरंत रथ दोनों सेनाओं के बीच से हटाकर वापस पांडवों के खेमें में खड़ा कर दिया। बस एक बात मैं कहना चाहूंगी। अर्जुन युद्ध करने हेतु राजी तो हुआ था, परंतु वह फलों की कामना अब भी नहीं त्याग पाया था। यह युद्ध लड़ना उसने बुद्धिपूर्वक चुना था, आत्मा से नहीं। और यही कारण था कि युद्ध से पूर्व जो अर्जुन युद्ध करने से भिक्षा मांगना ज्यादा श्रेष्ठ समझ रहा था, उसने युद्ध जीतने के बाद कभी संन्यास की बात नहीं कही। चलो, यह कोई खास बात नहीं। कर्म किया है और फल में राज्य मिला है, तो उसे भोगना ही चाहिए। परंतु हद तो अर्जुन ने तब कर दी जब अपने राज्य को फैलाने हेतु तथा चक्रवर्ती सम्राट बनने हेतु उसने ना सिर्फ अश्वमेध यज्ञ किया, बल्कि उस हेतु उसने अकारण लोगों का वध भी किया। और यह सब उसी अर्जुन ने किया जो इस युद्ध में हिंसा को पाप कह रहा था। यह सब फल की आशा में उसी अर्जुन ने किया जिससे कृष्ण ने इस पूरी चर्चा में अनेकों बार फल की आशा त्यागने को कहा था। इन सब बातों से मैं कहना यह चाह रही हूँ कि अर्जुन तो मौका चूक गया, पर आप मत चूकना। मुझसे बेहतर

ज्ञान उपलब्ध नहीं हो सकता। इसका भरपूर फायदा उठाना तथा अपनी फल की आशाओं को कमजोर करते चले जाना। यह समझ ही लेना कि फल की आशा मनुष्य का एकमात्र शत्रु है। मैं जानती हूँ कि जबतक अंतरात्मा से निकटता नहीं बढ़ेगी, फल की आशा त्यागना आसान नहीं होगा। तबतक कभी संसार की तो कभी संन्यास की, कभी धन की तो कभी परमात्मा की आशा करते ही रहोगे। यह भी कहोगे कि फल की आशा ही त्याग देंगे तो कर्म कैसे करेंगे? अज्ञानतावश यह भी कहोगे कि बिना फल की आशा किये आगे कैसे बढ़ेंगे? मैं कह रही हूँ कि फल की आशा में तो सभी कर्म कर रहे हैं, कितने सुखी और सफल हो गए? अत: मैं कृष्ण का कहा यह सत्य वचन एकबार फिर दोहराती हूँ कि फल की आशा त्यागनेवाला ही सुखी, सफल और महान हो सकता है। सो, जितनी जल्दी हो सके, कृष्ण के द्वारा सिखाई "बिना फल की आशा के कर्म करने की" कला सीख जाओ। अड़चन आती हो तो कृष्ण द्वारा दिया गया यह ज्ञान बार-बार पढ़ो। उनकी बताई बातों पर मनन करो, उनका अभ्यास करो। मैं यह सब एकबार फिर इसलिए दोहरा रही हूँ क्योंकि मैं सम्पूर्ण मनुष्यजाति को "सुख और सफलता" के शिखर पर बैठा देखना चाहती हूँ। यूं भी मैं मनुष्य को सुख और सफलता दिलवानेवाले सूत्रों से गुंथा हुआ एक महाग्रंथ ही हूँ। और इतनी बात चली है तो यह भी कह दूं कि मैं कृष्ण के जीवन का सार हूँ। मैं कोई कोरे सूत्र नहीं, बल्कि कृष्ण के अनुभवों का निचोड़ हूँ। कृष्ण ने एक सामान्य ग्वाले से सोने की नगरी द्वारका के राजा तक का सफर बिना फल की आशा के लगातार कर्म करते रहने से ही तय किया था। उसी से उन्हें महा ज्ञान उपलब्ध हुआ था। और आप तो जानते ही हैं कि कृष्ण संन्यास के नहीं, कर्मों के पक्षधर हैं। कृष्ण जंगलों में भटकने को नहीं, दिल खोलकर जीने को प्रधानता देते हैं। इसलिए हर आनेवाले नये युग के साथ उनकी कही बातों का महत्त्व बढ़ता चला जाएगा। निवेदन सिर्फ इतना करना चाहती हूँ कि आप इसका भरपूर फायदा उठाएं। ...बस इसी उम्मीद के साथ आपकी गीता अब आपसे इजाजत लेती है।

नोट: कृपया गीता का यह सार पढ़ते वक्त व पढ़ने के बाद भी बार-बार भगवद्गीता के श्लोक भी अवश्य पढ़ें व सुनें। निवेदन मैं यह भी करूंगा कि गीता के श्लोकों को उसी भाषा में सुनें व पढ़ें जिसमें आपको माहिरात हासिल हो।

प्रैक्टिकल एप्लीकेशन - 23

इस अध्याय का सबसे बड़ा सबक है, कृष्ण द्वारा अर्जुन को दी गई चेतावनी। दूसरे अध्याय से कृष्ण अर्जुन को समझाने में लगे हैं पर वह टस से मस नहीं हो रहा है। कृष्ण ने उसे बचाने हेतु क्या कुछ नहीं समझाया? लेकिन जब अर्जुन पर इसका असर नहीं हुआ तो कृष्ण ने उसे चेताते हुए कहा कि ''यदि तू मेरी बात नहीं मानेगा तो नष्ट व भ्रष्ट हो जाएगा''। और उनकी यह चेतावनी अर्जुन को ही नहीं, हम सबको भी है। प्रकृति समय पार के नियमों के तहत अरबों वर्षों से अस्तित्व में है। हमारा मन हो या जीवन, वह भी इन्हीं नियमों के अधीन है। और हमारे लिए प्रकृति का सबसे महत्त्वपूर्ण नियम यह है कि जिसका मन जितना ऊंचा उठेगा, उतना उसका जीवन शानदार रहेगा। वरना वह नित नये संकटों में उलझकर नष्ट हो जाएगा। तथा विश्व की तमाम स्पीरिच्युअल शिक्षा मनुष्य को शानदार जीवन जीने की राह दिखाने हेतु है। क्योंकि शानदार व यादगार जीवन जीना ही मनुष्य का एकमात्र धर्म है। इसके अलावा धर्म के नामपर चल रहे अन्य उपद्रवों को आप तवज्जो न दो, तो ही आपके लिए बेहतर है। यदि उनमें रत्तीभर प्रकृति का विज्ञान होता तो मनुष्य का यह हाल ही न होता। अत: हम समझदारों के बीच में उनकी चर्चा करना भी हमारी समझ की तौहीन है। वे कहते हैं कि मन कैसा भी हो चलेगा, बस आप तो दक्षिणा देकर बाहर विधि-विधान कर लो। अब यह बात ही प्रकृति के परमनियम के विपरीत है। ऐसा हो सकता होता तो कृष्ण को इतनी लंबी गीता कहने की जरूरत ही क्या थी? कोई मंत्र या कोई धागा अर्जुन को दे देते...। हम समझदार हैं, अत: समझदारों वाली ही बात करें। और मुद्दे की बात यह कि गीता में कृष्ण हमारे मन को जैसा सेट करना चाहते हैं, हमें अपने मन को वैसा बनाना चाहिए। वरना अर्जुन की तरह प्रकृति व कृष्ण हमें भी चेताने से बाज नहीं आएंगे कि ''अब तुम नष्ट व भ्रष्ट हो जाओगे''। कुल-मिलाकर जीवन एक ऐसा अवसर है, जिसे गंवाया नहीं जा सकता है। और गीता जीवन शानदार बनाने हेतु एक ऐसा वरदान है, जिसे अपनाने के अलावा दूसरा उपाय नहीं है। अत: उम्मीद करता हूँ कि आप हाथ लगे इस महान अवसर को गंवाएंगे नहीं। सो एप्लीकेशन भरो तथा जीवन बनाने हेतु अपनी दृढ़ता दिखाओ।

अपनी भाषा में लिखो कि मैं प्रकृति को चेताने का मौका नहीं दूंगा। जरूरत पड़ी तो गीता बार–बार पढ़ूंगा।

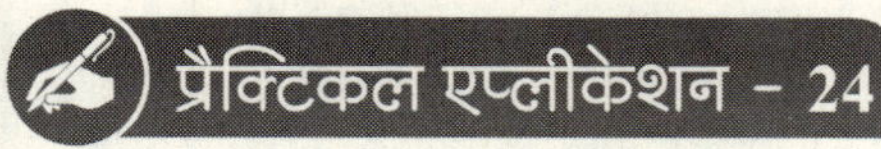

प्रैक्टिकल एप्लीकेशन - 24

अपनी भाषा में लिखो कि मैं गीता के महत्त्व को समझ गया हूँ तथा अपने को उस अनुसार ढालकर एक शानदार जीवन जीऊंगा।

नोट: यह ध्यान रखना कि जितना ज्यादा आप प्रैक्टिकल एप्लीकेशन्स में लिखेंगे, उतनी ही गीता पर आपकी पकड़ बैठती चली जाएगी। और लिखना शांत मन से एकांत में तथा वह भी पूरी ईमानदारी से।

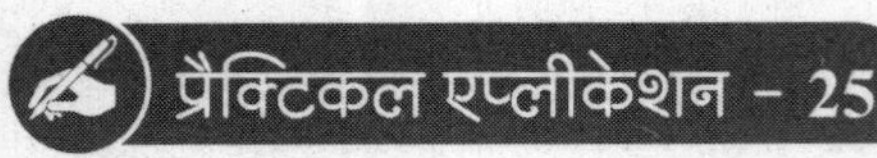

प्रैक्टिकल एप्लीकेशन - 25

गीता पहली बार पढ़ने के बाद मन तथा विचारों में क्या परिवर्तन आया, वह विस्तार से लिखो।

प्रैक्टिकल एप्लीकेशन - 26

हर महीने अपने को चेक करें तथा कितने प्रतिशत गीता भीतर उतरी, वह लिखें। ऐसा दस महीने तक निरंतर करें। ध्यान रहे, मैं यहां गीता समझी नहीं, बल्कि उसे जीवन में उतारी कह रहा हूँ।

महीना	प्रतिशत
1.	....
2.	....
3.	....
4.	....
5.	....
6.	....
7.	....
8.	....
9.	....
10.	....

नोटः इस गीता को एक वरदान की तरह लेना। इसे कभी अपने से जुदा मत करना। हर कठिन मौके पर यह राह दिखाती रहेगी। अपनी ही लिखी बातें पढ़ते रहने से आपको निरंतर अपने बाबत स्पष्टता बनी रहेगी। और जल्द ही हर श्लोक तथा उसकी विस्तार से की गई टिप्पणी के साथ एक ''महागीता'' भी आ ही रही है। बस पहले इस संक्षिप्त गीता को ग्रहण कर लो। ताकि उस विशाल तथा गहरी गीता को पूरा-पूरा आसानी से समझ सको...।

धन्यवाद
दीप त्रिवेदी

दीप त्रिवेदी द्वारा लिखित अन्य बेस्टसेलर्स

एक ऐसी किताब जो ना सिर्फ मनुष्य के सातों मनों को उजागर करती है, बल्कि उन सबका आपको अपने भीतर अनुभव भी करवाती है। साथ ही अपने भीतरी मनों की शक्तियों को कैसे जगाना, यह भी बताती है। कुल-मिलाकर यह किताब आपके मन का रिमोट कन्ट्रोल आपके हाथ में थमा देती है।

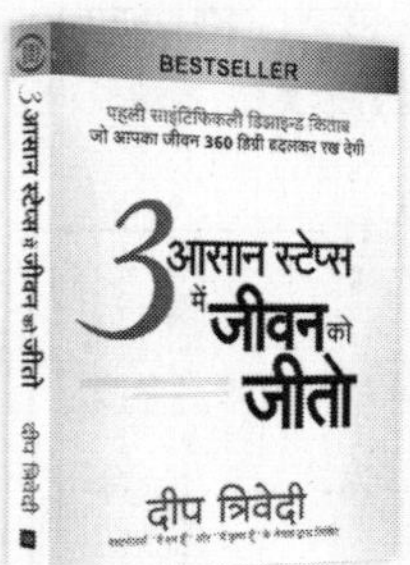

"3 आसान स्टेप्स में जीवन को जीतो" मनुष्य के मन और जीवन को पूरी तरह से बदलने की क्षमता रखती है। इसमें जीवन से संबंधित तमाम महत्त्वपूर्ण बातों को ना सिर्फ समझाया गया है, बल्कि उन्हें जीवन में अपनाने के आसान और प्रैक्टिकल तरीके भी बताये गए हैं।

अक्सर गहरी बातें कहानी व चुटकुलों के जरिए ना सिर्फ जल्दी समझ में आती हैं, बल्कि भीतर शीघ्र ही उतर भी जाती हैं। इस किताब में ऐसी ही सर्वकालीन सर्वश्रेष्ठ कहानियां हैं। यह वो किताब है जिसे ना सिर्फ पूरे परिवार को पढ़ना चाहिए बल्कि बच्चों को इन कहानियों तथा उसके सार के बाबत बताना भी चाहिए।

यह किताब "आत्मा" के अस्तित्व को वैज्ञानिक तरीके से सिद्ध करती है। इसे पढ़ने वाला आसानी से अपने भीतर आत्मा का अनुभव कर लेगा। यह वो किताब है जिसके जरिए "आत्मा व उसकी शक्तियां" कोई कहानी न होकर भीतर अनुभव होने वाली चीज हो गई है।

कृष्ण से अद्भुत व विशाल जीवन दूसरा कोई नहीं है। करीब 30 शास्त्रों की रिसर्च कर कृष्ण की यह संपूर्ण सायकोलॉजिकल बायोग्राफी लिखी गई है। इसमें कृष्ण के जीवन के एक-एक दिन का हिसाब है। 6 किताबों के इस ऐतिहासिक बुक सेट से ना सिर्फ कृष्ण ने क्या-क्या किया है, यह समझ आता है, बल्कि क्यों किया यह भी स्पष्ट हो जाता है।

सरल भाषा में लिखी यह पहली ऐसी किताब है जो समझाती है कि कैसे व क्यों सबकुछ सायकोलॉजी है। साथ ही जिंदगी का सबसे प्रमुख सवाल "क्या मेहनत व प्रयत्न जरूरी है" का यह किताब उत्तर देते हुए "डूइंग व हैपनिंग" के पीछे के विज्ञान और सायकोलॉजी को भी समझाती है।

उपरोक्त सभी किताबें अंग्रेजी, हिंदी, मराठी और गुजराती में www.aatmanestore.com के साथ-साथ सभी प्रमुख बुक स्टोर्स, ई-कॉमर्स साइट्स और दीप त्रिवेदी ऐप में ई-बुक और ऑडियोबुक फॉर्मेट में उपलब्ध है

DEEPTRIVEDI APP

now available on

  firetvstick androidtv PWA

- 650+ घंटे का एक्सक्लूसिव ऑडियो और वीडियो कंटेंट जिसे देखिए और सुनिए अपनी सुविधानुसार ऑफलाइन मोड में।
- सुनिए दीप त्रिवेदी द्वारा लिखित "मैं कृष्ण हूँ - कृष्ण की सम्पूर्ण सायकोलॉजिकल बायोग्राफी" सहित उनकी अन्य किताबों की 200 घंटों से भी अधिक की ऑडियो बुक्स सिर्फ दीप त्रिवेदी ऐप में।
- दीप त्रिवेदी द्वारा लिखित सभी ई-बुक्स पढ़ें एक्सक्लूसिवली सिर्फ दीप त्रिवेदी ऐप में।
- दीप त्रिवेदी ऐप को अंग्रेजी और हिंदी भाषा में चलाने की सुविधा उपलब्ध।
- देखिए दीप त्रिवेदी के इंटरएक्टिव सेशन्स का लाइव प्रसारण सबसे पहले सिर्फ दीप त्रिवेदी ऐप में। स्लो इंटरनेट स्पीड में भी शानदार ऑडियो और वीडियो प्लेबैक।
- दिन की शुरुआत करें कबीर के अनमोल दोहे, भगवद्गीता के अद्भुत सूत्र और दीप त्रिवेदी के 5000+ सुप्रीम सायकोलॉजिकल कोटेशन्स से।

DeepTalks
TAO TE CHING
by DEEP TRIVEDI

DeepTalks
Ashtavakra Gita
by DEEP TRIVEDI

DeepTalks
bhagavad gita
by DEEP TRIVEDI

DeepTalks
Secrets
by DEEP TRIVEDI

WORKSHOPS
by
DEEP TRIVEDI